2018年 第7回 映画英語アカデミー賞

小学生部門

中学生部門

高校生部門

大学生部門

〈監修〉映画英語アカデミー学会

スクリーンプレイ

はじめに

「映画英語アカデミー学会」（TAME）会則第2条は本学会の意図に関し、「映画の持つ教育研究上の多様な可能性に着目し、英語 Education と新作映画メディア Entertainment が融合した New-Edutainment を研究し、様々な啓蒙普及活動を展開するなどして、我が国の英語学習と教育をより豊かにすることを目的とする」と、述べています。

また第3条では「本学会は教育界を中心に、映画業界・DVD 業界・DVD レンタル業界・IT 業界・放送業界・出版業界・雑誌業界、その他各種産業界（法人、団体、個人）出身者が対等平等の立場で参画する産学協同の学会である」と、学会を構成する本質的属性を明確にしています。

そして、本学会が毎年選考している映画英語アカデミー賞の趣旨については、同細則第2条で「本賞は、米国の映画芸術科学アカデミー（Academy of Motion Picture Arts and Sciences、AMPAS）が行う映画の完成度を讃える "映画賞" と異なり、外国語として英語を学ぶ我が国、小・中・高・大学生を対象にした、教材的価値を評価し、特選する "映画賞" である」と、説明されています。

こうしたことから、本学会では毎年1月、前年の一年間に我が国で発売開始された英語音声を持つ新作映画 DVD 等のメディアを対象に、選考委員会が学校部門別（小学、中学、高校、大学）にノミネート作品を選定し、2月末日まで会員による投票を行って、それぞれ一作品ずつ、その年度の映画英語アカデミー賞作品を決定します。

小学校から大学に至るまで、英語教育の現場に最も相応しいと思える、また学習者が楽しく、しかも効果的に英語学習できる最良の教材とみなされた映画に与えられるこの賞は、様々な業界の方たち、とりわけ英語教育に携わる人を中心に、作品の中で用いられている英単語や語句のレベル、会話のスピード、発音、また内容とかテーマなどを多角的に検討し、選定したものです。

　詳しくは、以下の学会ホームページをご覧下さい。

http://www.academyme.org/

　さて、本書は第 7 回 映画英語アカデミー賞受賞作品ならびにノミネート作品を取り上げ、それらの映画ならびに英語学習の視点から見た魅力や問題点などを、本学会会員が詳しく解説した書籍です。なお、ここに収められた映画をはじめ、第 1 回から第 5 回 映画英語アカデミー賞受賞作品の「ワークシート」および第 6 回までの全ての「映画紹介」は、学会ホームページの所定のページにおいて会員限定で閲覧可能、授業等で利用できるようになっています。

　最後に、映画を用いた英語や文化教育、また英語学習に興味、関心があり、会則にご賛同いただける方は、どなたでも本学会にご加入いただけますので、本誌後段のページをご覧の上、ご検討いただけたら幸いです。

平成 30 年 6 月

　　　　　　映画英語アカデミー学会　　　　会　長　曽根田 憲三

目　次

はじめに……………………………………………………………… 2
本書の構成と利用の仕方…………………………………………… 6
映画メディアのご利用にあたって………………………………… 10

小学生部門受賞　モアナと伝説の海

総合評価表　　　　　　………………子安　惠子………… 13

中学生部門受賞　リトル・ボーイ　小さなボクと戦争

総合評価表　　　　　　………………能勢　英明………… 19

高校生部門受賞　LION／ライオン　〜25年目のただいま〜

総合評価表　　　　　　………………小暮　舞………… 25

大学生部門受賞　素晴らしきかな、人生

総合評価表　　　　　　………………國友　万裕………… 31

【各部門ノミネート映画の総合評価表】

小学生部門
　コウノトリ大作戦！………………………………………………… 38
　ピートと秘密の友達………………………………………………… 42
中学生部門
　パッセンジャー……………………………………………………… 46
　メッセージ…………………………………………………………… 50
高校生部門
　はじまりへの旅……………………………………………………… 54
　ラ・ラ・ランド……………………………………………………… 58
大学生部門
　手紙は憶えている…………………………………………………… 62
　マンチェスター・バイ・ザ・シー………………………………… 66

目　次

【2017年DVD発売開始映画の総合評価表】

アングリーバード･････････････････････････････････ 72

インフェルノ･･････････････････････････････････････ 76

奇蹟がくれた数式 ･･･････････････････････････････ 80

グランド・イリュージョン　－見破られたトリック－ ･･･ 84

高慢と偏見とゾンビ ･････････････････････････････ 88

コロニア･･ 92

コンカッション ･････････････････････････････････ 96

ザ・コンサルタント ･････････････････････････････ 100

ジェイソン・ボーン ･････････････････････････････ 104

シング･･･ 108

シング・ストリート　未来へのうた ･････････････ 112

スウィート17モンスター ･･･････････････････････ 116

世界一キライなあなたに ･･･････････････････････ 120

ドクター・ストレンジ･･･････････････････････････ 124

トランボ　ハリウッドに最も嫌われた男 ･･･････ 128

ニュースの真相･････････････････････････････････ 132

ハドソン川の奇跡･･･････････････････････････････ 136

ハンズ・オブ・ラヴ 手のひらの勇気 ･･･････････ 140

BFG: ビッグ・フレンドリー・ジャイアント ･････ 144

美女と野獣･････････････････････････････････････ 148

ブリジット・ジョーンズの日記 ダメな私の最後のモテ期 ･･ 152

ベストセラー 編集者パーキンズに捧ぐ ･･･････ 156

マリアンヌ･････････････････････････････････････ 160

ミス・シェパードをお手本に･･･････････････････ 164

ヤング・アダルト・ニューヨーク ･･･････････････ 168

ローグ・ワン/スター・ウォーズ・ストーリー ･･･ 172

ワンダーウーマン･･･････････････････････････････ 176

2017年発売開始DVD一覧表 ･･･････ 181	理 事 会 ･････････････････････ 220
会　　則 ････････････････ 212	ノミネート委員会 ･･････････････ 221
運営細則 ････････････････ 216	リスニングシート作成委員会 ･･････ 221
支部会則 ････････････････ 218	入会申込書 ･･･････････････････ 222
発 起 人 ････････････････ 219	

■2017年発売開始DVD一覧表■
　本書の最後のページにあるこの欄は、2017年の1年間に日本で発売開始された、英語を基調とした新作映画メディアのうち、英語学習にふさわしいと思われるほとんどの映画DVDの概略紹介です。見開き左右ページを使用して、参考までに編集しました。なお、掲載は映画邦題の50音順です。

本書の構成と利用の仕方 1

■総合評価表■

第7回映画英語アカデミー賞受賞　小学生部門

● 邦題 ⤵

モアナと伝説の海

あらすじ

「女神テ・フィティの心は命を創り出す力があり、海に覆われていた世界に島・植物・動物を誕生させた。ある時、伝説の英雄マウイがテ・フィティの心を盗み出すが、巨大な溶岩の悪魔テ・カァの襲撃を受け、心を海に落としてしまう。心が失われて世界に闇が生まれる。世界がその闇に覆われてしまう前に、海に選ばれし者が現れ、テ・フィティに心を返しに行く」これはモトゥヌイ島の伝承です。

● あらすじ＝簡単な映画のストーリーや展開、特徴、モチーフなどの説明です。

島では珊瑚礁を超えて外洋へ出ることは禁止。でも幼いモアナは興味津々で、海と運命的な出会いをします。ある時島の近海から魚が消え、作物も実らなくなります。祖母タラからモアナは「海に選ばれし者」だと告げられ、島を救うため、心を見つけ出して平和な世界を取り戻そうと決心。珊瑚礁を超えて進み、マウイを見つけます。まず、姿を自在に変える能力を持つ「神の釣り針」を取り戻しに、巨大な蟹のタマトアの元へ向かいます。途中、ココナツの海賊カカモラの一団から襲撃を受けますが撃退。タマトアから釣り針を取り戻すことにも成功します。

テ・フィティの島に近づく二人の前に、テ・カァが立ちはだかります。モアナの失敗に怒ってマウイは去ってしまいますが、エイに生まれ変わった祖母に励まされて単身テ・カァに挑むモアナの元に、再びマウイが戻ります。テ・カァは心を失くしたテ・フィティだと判り、テ・カァの胸に心を戻しました。するとテ・カァはテ・フィティの姿に戻り、世界に再び緑と平和が蘇りました。

● 映画の背景＝この映画の歴史的背景、文化的背景の説明、事前知識、映画構想と準備、製作の裏話などの解説です。

映画の背景

＊ディズニー、新しい時代のヒロイン誕生！
(1)モアナは「私はお姫様じゃない」〔Chap.11, 52:05〕と言い、歴代のディズニーのプリンセスとは違うのよと主張。海に選ばれ、島を救うために冒険に乗り出す勇敢な彼女は、手首も足首も太くて、アクション・ヒーロー的です。
(2)恋には落ちず、ロマンス抜き。半神半人のマウイと共に航海の旅に出るのですが、どんなにロマンティックな風景が広がっても、マウイとモアナの間にはロマンスは忍び寄りません。バディ・ムービー的です。
(3)新しいタイプの相棒。今までなら可愛い豚のプアがモアナのお供に付いたことでしょう。ところが今回はあまり可愛くなく、意思の疎通さえ疑わしい鶏のヘイヘイです。プアを置き去りにしてプリンセスにつきものの甘さを排除し、役立たずで馬鹿みたいなニュー・タイプの相棒がお供になったのです。
＊『リトル・マーメイド』『アラジン』『プリンセスと魔法のキス』等の監督、ロン・クレメンツとジョン・マスカーにとって初のコンピューター・アニメです。でもマウイの入墨はセルアニメの手法で表現されています。
＊アニメ界への挑戦！水しぶきをCGでリアルに再現することは至難の技とされています。髪の毛や水はアニメでは最も難しい要素なのです。この作品では、アニメに残された最後の未開拓分野である水の表現に挑んでいます。

● 映画情報＝原作や製作年、製作費、配給会社など、映画の基本情報の紹介です。

映画情報

製 作 費：1億5,000万ドル	製作会社：Walt Disney Animation Studios
製 作 年：2016年	言　　語：英語
製 作 国：米国	ジャンル：アニメ、冒険、ファンタジー
配給会社：Walt Disney Studios Motion Pictures	使用楽曲：*How Far I'll Go*（Auli'i Cravalho）他

● 原題

● この総合評価
表の執筆者

● 写真＝この映
画の DVD 表
紙写真です。

● 発売元＝DVD
とブルーレイ
情報です。発
売元と価格は
時々変わりま
すからご注意
ください。（日
付に留意を）

● 映画の見所＝
「あらすじ」
や「映画の背
景」でふれら
れなかった他
の重要事項
の説明です。

● 印象的なセ
リフ＝映画
のストーリー
を左右する
セリフ、決ま
り文句、キー
ワードのご
紹介です。

● 公開情報＝公
開日や公開
状況、受賞実
績など、劇場
公開段階で
の記録です。

モアナと伝説の海

Moana

⟨執筆⟩ 子安　惠子

映画の見所

映画が問いかける「自分探しの旅」

祖母タラは、珊瑚礁を超えたいモアナに、that voice inside is who you are（その心の声が本当の自分さ）〔Chap.2, 10:10〕と教えます。航海を諦めようとするモアナに、The quiet voice still inside you... Do you know who you are?（まだ聞こえる心の声で…お前は何者だい？）〔Chap.17, 81:32〕と再びタラが問いかけると、モアナは the call isn't out there at all. It's inside me... I know the way. I am Moana.（呼んでいるのは誰でもない、心の声ね…わかったわ、私はモアナ）〔Chap.17, 81:50〕と自分の心の声に気づきます。

テ・カァ＝テ・フィティと気づいたモアナがテ・カァに Who you truly are.（本当のあなたは誰なの）〔Chap.18, 89:40〕と問いかけ、心を返します。映画の最後は自分探しへの答え We know the way.〔Chap.19, 96:04〕で終わります。

MovieNEX

モアナと伝説の海

©Disney

発売元:ウォルト・ディズニー・ジャパン
MovieNEX価格：4,000円
（2018年5月現在、本体価格）

印象的なセリフ

【I am Moana of Motonui.】〔Chap.6, 29:57〕祖母タラは今際の際に、モアナに海へ出て行き、マウイを見つけるよう促します。そしてマウイに会ったら必ず言う言葉を教えます。モアナは独りぼっちの航海の間中、この言葉を繰り返します。

I am Moana of Motonui.	私はモトゥヌイのモアナ
You will board my boat,	この船にお乗り
sail across the sea,	そして海を渡って
and restore the heart of Te Fiti.	心をテ・フィティに返しなさい

【We were voyagers!】〔Chap.5, 26:01〕「旅人だった　私たちは海へ出てた！」珊瑚礁の向こうの海は荒く、かろうじて戻ってこれたものの船は大破、モアナは足に怪我をします。意気消沈した彼女に、祖母タラは閉ざされた洞窟内にある大きな船を見せます。先祖が海を渡り、島を開拓してきた海の旅人だったことを知ったモアナは大喜び。大声でこの言葉を繰り返します。

【The ocean chose me.】〔Chap.17, 77:15〕「海が私を選んだの」のセリフは、モアナの口からも、また祖母タラからも The ocean chose you.（海がお前を選んだのさ）〔Chap.6, 29:46〕と繰り返されます。

【Who you truly are.】〔Chap.19, 89:40〕「本当のあなたは誰なの」モアナの自分への問いかけを、テ・カァに。テ・フィティを元の姿に戻したセリフです。

公開情報

公開日：2016年11月23日（米国） 　　　　2016年 3月10日（日本）	オープニング・ウィークエンド：5,663万1,401ドル 興行収入：2億4,875万7,044ドル（米国）
上映時間：107分	音　声：英語
年齢制限：G（日本）、PG（米国）	字　幕：日本語、英語

15

本書の構成と利用の仕方 2

第7回映画英語アカデミー賞受賞　小学生部門

● 邦題 ▸▸▸▸▸▸

モアナと伝説の海

● 英語の特徴＝会話の速度、発音の明瞭さ、語彙、専門用語、文法の準拠度など、この映画の英語の特徴を解説します。

英語の特徴

『プリンセスと魔法のキス』の監督によるディズニー映画ですから、四文字言葉、セックス用語、暴力、陰惨、悲惨、虐待、戦争、虐殺場面など一切ありません。

今回の舞台はどこかの南の島。主人公モアナを演じるのはハワイの先住民の血を引く米国人です。数百人の候補からオーディションで選ばれただけあり、セリフも歌も大変聞き取りやすい発音です。会話のスピードも、速くありません。父や母は幼いモアナには言い聞かすように話しかけますし、祖母タラはゆっくりですから、一番聞き取りやすいでしょう。ただお年寄りなので、声質のせいで始めは聞き取りにくさを感じるかもしれません。マウイとの会話が一番速いかもしれませんが、全体的には速くありませんし、明瞭な発音です。父親役のテムエラ・モリソンはニュージーランド人ですが、英国訛りはあまり感じられません。ただ1箇所訛りが出ています。珊瑚礁を超えて海に出て行きたいモアナに We have one rule. A rule that keeps us safe.（決まり事、命を守るためだ）〔Chap.3, 14:39〕で safe の発音が /ei/ というより /a/ に近い、オーストラリアの発音が聞き取れます。あとは皆米国人ですので、聞き取りやすい映画となっています。

舞台が南の島と大海原の海の上ですから、文法、語彙共に難しいものはありません。あえて見つければ、船のパーツの語彙ぐらいですが、専門用語というほどのものではありません。

● 学習ポイント＝この欄はこの映画を使用して英語を学習する人たち（主に中学生・高校生レベルの方々）へのアドバイス。

学習ポイント

初心者にお薦めの短いセリフが満載です。でも短いとはいえ、どれも内容の濃いセリフばかりです。

○ まず祖母のタラ。エイを周りに泳がせて踊るタラに、モアナがヘンだと言うと…
I'm the village crazy lady.　　　私は村の変わり者　　〔Chap.4, 21:11〕
That's my job.　　　ヘンなのが仕事だよ

○ 珊瑚礁を超えた海は荒く、かろうじて戻ったものの船は大破し、足に怪我をしたモアナ。それを見ただけで祖母タラはすべてを理解し、彼女に言います。
Whatever just happened,　　　何があったにしても　　〔Chap.4, 20:09〕
blame it on the pig.　　　豚のせいに

○ 母も珊瑚礁を超えて行きたいモアナの心中をよく理解して、モアナに言います。
Sometimes who we wish we were,　　　時にはなりたい自分や　〔Chap.3, 15:53〕
what we wish we could do,　　　やりたいことがあっても
is just not meant to be.　　　叶わないこともあるわ

○ テ・フィティから、マウイは再び神の釣り針を、モアナは帰るための船を贈られ、そして別れの時。Good-bye ではもう会えないかもしれない感じが強すぎます。会えないかもしれないけど、また会いたいという気持ちが一杯詰まったサヨナラが…
See you out there, Maui.　　　またね、マウイ　　〔Chap.19, 93:12〕

● スタッフ＝製作・監督・脚本など、スタッフの紹介です。

スタッフ

製　作：オスナット・シューラー	製作総指揮：ジョン・ラセター
監　督：ジョン・マスカー、	音　楽：オペタイア・フォアイ他
ロン・クレメンツ	編　集：ジェフ・ドラヘイム
脚　本：ジャレド・ブッシュ	アニメーター：エリック・ゴールドバーグ

モアナと伝説の海

薦	●小学生　●中学生　○高校生　○大学生　○社会人	リスニング難易表	
お薦めの理由	この映画には至る所に「ディズニー」が散りばめられています。セリフではないので、幼稚園や小学校1年生から楽しめます。いくつ見つかるでしょうか。 (1)最初の場面。タパ布の刺繍に、『アナと雪の女王』のエルサが生み出したボディガードのマシュマロウが。(2)幼いモアナが心を見つける場面で、海の泡が「ミッキー・マウス」の形を。(3)モアナとマウイが出会い、マウイが歌う場面。『リトル・マーメイド』の、水色シマシマ模様の「フランダー」が一瞬登場。(4)ココナツの海賊カカモラの中に、「ベイマックス」の顔のカカモラが。(5)巨大な蟹タマトアの住処への潜入時、紫色のお面のモンスターは『ズートピア』のナマケモノのフラッシュ。(6)タマトアの背中には『アラジン』の「魔法のランプ」が乗っかって。(7)マウイがタマトアに挑む場面。釣り針を取り戻したもののコントロールが効かず、一瞬だけ『アナと雪の女王』のスヴェンに変身。(8)『シュガー・ラッシュ』の主人公ラルフがヴァンド・ロールで登場。画面右端にご注目。	スピード	2
		明瞭さ	2
		米国訛	1
		米国外訛	1
		語彙	2
		専門語	1
		ジョーク	1
		スラング	1
		文法	2

発展学習

映画の基本である伝説が、タパ布に描かれた絵と共に子供たちに語られる場面で始まります。実際に絵を描いて、紙芝居をしてみてはいかが?〔Chap.1, 00:55〕

In the beginning there was only ocean	始めは海しかなかった
until the Mother Island emerged. Te Fiti	そこへ現れたのが母なる島テ・フィティ
Her heart held the greatest power ever known.	この心には偉大なる力が宿り
It could create life itself.	命を作り出すことができた
And Te Fiti shared it with the world.	テ・フィティはその命を世界に分け与えた
But in time some began to seek Te Fiti's heart.	だがやがてその心を狙う輩が現れた
...one day, the most daring of them all	ある日　誰より恐れ知らずの者が
voyaged across the vast ocean to take it.	心を奪うべく　広大な大海原を渡った
He was a demi-god of the wind and sea.	…彼は風と海をつかさどる半神半人
...A shapeshifter who could change form	神の釣り針の力で
with the power of his magical fishhook.	自在に姿を変えられる男だった
And his name was Maui.	その者の名は　マウイ
But without her heart,	心を奪われたテ・フィティは
Te Fiti began to crumble	崩れ落ち
giving birth to a terrible darkness.	恐るべき暗黒の闇が生まれた

キャスト

モアナ：アウリイ・カルバーリョ	タラ（祖母）：レイチェル・ハウス
マウイ：ドウェイン・ジョンソン	タマトア：ジェマイン・クレメント
トゥイ（父）：テムエラ・モリソン	ヘイヘイ：アラン・テュディック
シーナ（母）：ニコール・シャージンガー	トゥイ（歌声）：クリストファー・ジャクソン

●お薦め＝お薦めレベルを小学生から社会人まで（複数有り）

●リスニング難易表＝この映画の発声者の特徴を9項目各5点満点（各項目〔易〕1→5〔難〕）で評価しました。

●お薦めの理由＝小学生から社会人まで、お薦めしたい理由の説明をしています。

●発展学習＝「学習ポイント」で触れられなかったことについてさらに深く（大学生・社会人レベルで）解説します。

●キャスト＝主演など、キャストの紹介です。
（役名：役者名）

映画メディアのご利用にあたって

■ 発売元と価格 ■

本書は、映画メディア（DVD、ブルーレイ、3D、4K など）の発売元と価格に、必ず情報時点を表示しています。発売元は時々変わりますからご注意ください。また、価格は発売元が設定した希望小売価格です。中古価格、ディスカウント価格ではありません。

■ 購入とレンタル ■

映画メディアは、購入されるか、レンタルされるか、購入者から適法に借り受けるか、となります。最近では iPad や携帯のアプリでのダウンロードでもお楽しみいただけます。

■ 家庭内鑑賞 ■

一般家庭向けに販売されている映画メディアは、映画冒頭に警告画面があります。これは、少人数の家庭内鑑賞のみの目的で販売されていることを意味していますのでご注意ください。また、「無許可レンタル不可」などとも表示されています。

■ レンタルDVD ■

各種レンタル店でレンタルした映画メディアも同様です。通常は、家庭内鑑賞しかできませんので、上映会はできません。

■ 映画上映会 ■

不特定多数が鑑賞する映画上映会は、DVD 販売会社などによる事前の許可が必要です。各会社にお問い合わせください。

また、正規に、上映会用映画メディアを貸し出している専門の会社もあります。

映画上映会の㈱M.M.C.　ムービーマネジメントカンパニー

Tel ： 03-5768-0821 URL ： http://www.mmc-inc.jp/

著作権法

第三十五条　学校その他の教育機関（営利を目的として設置されているものを除く。）において教育を担任する者は、その授業の過程における使用に供することを目的とする場合には、必要と認められる限度において、公表された著作物を複製することができる。ただし、当該著作物の種類及び用途並びにその複製の部数及び態様に照らし著作権者の利益を不当に害することとなる場合は、この限りでない。

第三十八条　公表された著作物は、営利を目的とせず、かつ、聴衆又は観衆から料金（いずれの名義をもってするかを問わず、著作物の提供又は提示につき受ける対価をいう。以下この条において同じ。）を受けない場合には、公に上演し、演奏し、上映し、又は口述することができる。ただし、当該上演、演奏、上映又は口述について実演家又は口述を行う者に対し報酬が支払われる場合は、この限りでない。

■ 授業におけるDVDの上映 ■

　著作権法第三十八条等の著作権法が特に許容する方法によれば、例外的に上映することも可能です。

　例えば、映画の DVD を、公教育（民間英語学校を含まない）の授業の目的に沿って、教室で一部または全部を上映して、（無料で）生徒たちに見せることは、著作権法が許容する方法の一つです。

■ テキストの作成 ■

　著作権法第三十五条等の著作権法が特に許容する方法によれば、映画のセリフなどを文字に起こして、授業用のテキストや問題を作成することも可能です。

　例えば、映画のセリフを教師または生徒が自ら聞き取り、公教育（民間英語学校を含まない）の授業の目的に沿って、映画のセリフをそのまま記載した必要部数の印刷物を作成することは、著作権法が許容する方法の一つです。ただし、学習用教材として一般販売されている書籍をコピーすることは、違法のおそれがあります。

■ 写真の利用 ■

　映画 DVD の画像をキャプチャーして、印刷物に無断で使用することは違法のおそれがあります。もし必要とあらば、映画の写真を有料で貸し出している会社が、国内でも数社ありますのでご利用ください。

■ ルールを守って英語教育 ■

　その他、映画を使用した英語教育には著作権法上のルールがあります。さらに詳しくは、映画英語教育学会発行「著作権ガイドライン」などを参考にしてください。

著作権ハンドブック

　映画英語教育学会（ATEM）（現映像メディア英語教育学会／The Association for Teaching English through Multimedia）では「映画ビデオ等を教育に使用する時の著作権ハンドブック」を発行しています。

　著作権の複製権から頒布権などの用語解説に始まり、次に映画ビデオの教育使用に関するさまざまなQ＆Aで編集されています。さらに、法的な解説と進み、最後に日本の著作権法全文の紹介と米国オレゴン州で公開された「Copyright Guidelines」の日米対訳もあります。

問い合わせ先：映像メディア英語教育学会事務局
〒169-0075 東京都新宿区高田馬場4-3-12　アルク高田馬場4F
株式会社広真アド内　　　http://www.atem.org/

第7回映画英語アカデミー賞
小学生部門受賞

モアナと伝説の海

©Disney

第7回映画英語アカデミー賞受賞　小学生部門

モアナと伝説の海

あらすじ

「女神テ・フィティの心は命を創り出す力があり、海に覆われていた世界に島・植物・動物を誕生させた。ある時、伝説の英雄マウイがテ・フィティの心を盗み出すが、巨大な溶岩の悪魔テ・カァの襲撃を受け、心を海に落としてしまう。心が失われて世界に闇が生まれる。世界がその闇に覆われてしまう前に、海に選ばれし者が現れ、テ・フィティに心を返しに行く」これはモトゥヌイ島の伝承です。

島では珊瑚礁を超えて外洋へ出ることは禁止。でも幼いモアナは興味津々で、海と運命的な出会いをします。ある時島の近海から魚が消え、作物も実らなくなります。祖母タラからモアナは「海に選ばれし者」だと告げられ、島を救うため、心を見つけ出して平和な世界を取り戻そうと決心。珊瑚礁を超えて進み、マウイを見つけます。まず、姿を自在に変える能力を持つ「神の釣り針」を取り戻しに、巨大な蟹のタマトアの元へ向かいます。途中、ココナツの海賊カカモラの一団から襲撃を受けますが撃退。タマトアから釣り針を取り戻すことにも成功します。

テ・フィティの島に近づく二人の前に、テ・カァが立ちはだかります。モアナの失敗に怒ってマウイは去ってしまいますが、エイに生まれ変わった祖母に励まされて単身テ・カァに挑むモアナの元に、再びマウイが戻ります。テ・カァは心を失くしたテ・フィティだと判り、テ・カァの胸に心を戻しました。するとテ・カァはテ・フィティの姿に戻り、世界に再び緑と平和が蘇りました。

映画の背景

＊ディズニー、新しい時代のヒロイン誕生！

(1)モアナは「私はお姫様じゃない」〔Chap.11, 52:05〕と言い、歴代のディズニーのプリンセスとは違うのよと主張。海に選ばれ、島を救うために冒険に乗り出す勇敢な彼女は、手首も足首も太くて、アクション・ヒーロー的です。

(2)恋には落ちず、ロマンス抜き。半神半人のマウイと共に航海の旅に出るのですが、どんなにロマンティックな風景が広がっても、マウイとモアナの間にはロマンスは忍び寄りません。バディ・ムービー的です。

(3)新しいタイプの相棒。今までなら可愛い豚のプアがモアナのお供に付いたことでしょう。ところが今回はあまり可愛くなく、意思の疎通さえ疑わしい鶏のヘイヘイです。プアを置き去りにしてプリンセスにつきものの甘さを排除し、役立たずで馬鹿みたいなニュー・タイプの相棒がお供になったのです。

＊『リトル・マーメイド』『アラジン』『プリンセスと魔法のキス』等の監督、ロン・クレメンツとジョン・マスカーにとって初のコンピューター・アニメです。でもマウイの入れ墨はセルアニメの手法で表現されています。

＊アニメ界への挑戦！水しぶきをCGでリアルに再現することは至難の技とされています。髪の毛や水はアニメでは最も難しい要素なのです。この作品では、アニメに残された最後の未開拓分野である水の表現に挑んでいます。

映画情報

製　作　費：1億5,000万ドル
製　作　年：2016年
製　作　国：米国
配給会社：Walt Disney Studios Motion Pictures

製作会社：Walt Disney Animation Studios
言　　語：英語
ジャンル：アニメ、冒険、ファンタジー
使用楽曲：*How Far I'll Go*（Auli'i Cravalho）他

Moana

(執筆) 子安　惠子

映画の見所

映画が問いかける「自分探しの旅」

祖母タラは、珊瑚礁を超えたいモアナに、that voice inside is who you are（その心の声が本当の自分さ）〔Chap.2, 10:10〕と教えます。航海を諦めようとするモアナに、The quiet voice still inside you... Do you know who you are?（まだ聞こえる心の声を…お前は何者だい？）〔Chap.17, 81:32〕と再びタラが問いかけると、モアナは the call isn't out there at all. It's inside me... I know the way. I am Moana.（呼んでいるのは誰でもない、心の声ね…わかったわ、私はモアナ）〔Chap.17, 81:50〕と自分の心の声に気づきます。

テ・カァ＝テ・フィティと気づいたモアナがテ・カァに Who you truly are.（本当のあなたは誰なの）〔Chap.18, 89:40〕と問いかけ、心を返します。映画の最後は自分探しへの答え We know the way.〔Chap.19, 96:04〕で終わります。

発売元：ウォルト・ディズニー・ジャパン
MovieNEX価格：4,000円
（2018年5月現在、本体価格）

印象的なセリフ

【I am Moana of Motonui.】〔Chap.6, 29:57〕祖母タラは今際の際に、モアナに海へ出て行き、マウイを見つけるよう促します。そしてマウイに会ったら必ず言う言葉を教えます。モアナは独りぼっちの航海の間中、この言葉を繰り返します。

I am Moana of Motonui.	私はモトゥヌイのモアナ
You will board my boat,	この船にお乗り
sail across the sea,	そして海を渡って
and restore the heart of Te Fiti.	心をテ・フィティに返しなさい

【We were voyagers!】〔Chap.5, 26:01〕「旅人だった　私たちは海へ出てた！」珊瑚礁の向こうの海は荒く、かろうじて戻ってこれたものの船は大破、モアナは足に怪我をします。意気消沈した彼女に、祖母タラは閉ざされた洞窟内にある大きな船を見せます。先祖が海を渡り、島を開拓してきた海の旅人だったことを知ったモアナは大喜び。大声でこの言葉を繰り返します。

【The ocean chose me.】〔Chap.17, 77:15〕「海が私を選んだの」のセリフは、モアナの口からも、また祖母タラからも The ocean chose you.（海がお前を選んだのさ）〔Chap. 6, 29:46〕と繰り返されます。

【Who you truly are.】〔Chap.19, 89:40〕「本当のあなたは誰なの」モアナの自分への問いかけを、テ・カァに。テ・フィティを元の姿に戻したセリフです。

公開情報

公　開　日：2016年11月23日（米国）
　　　　　　2016年 3月10日（日本）
上映時間：107分
年齢制限：G（日本）、PG（米国）
オープニング・ウィークエンド：5,663万1,401ドル
興行収入：2億4,875万7,044ドル（米国）
音　　声：英語
字　　幕：日本語、英語

第7回映画英語アカデミー賞受賞　小学生部門

モアナと伝説の海

英語の特徴	『プリンセスと魔法のキス』の監督によるディズニー映画ですから、四文字言葉、セックス用語、暴力、陰惨、悲惨、虐待、戦争、虐殺場面など一切ありません。 　今回の舞台はどこかの南の島。主人公モアナを演じるのはハワイの先住民の血を引く米国人です。数百人の候補からオーディションで選ばれただけあり、セリフも歌も大変聞き取りやすい発音です。会話のスピードも、速くありません。父や母は幼いモアナには言い聞かすように話しかけますし、祖母タラはゆっくりですから、一番聞き取りやすいでしょう。ただお年寄りなので、声質のせいで始めは聞き取りにくさを感じるかもしれません。マウイとの会話が一番速いかもしれませんが、全体的には速くありませんし、明瞭な発音です。父親役のテムエラ・モリソンはニュージーランド人ですが、英国訛りはあまり感じられません。ただ1箇所訛りが出ています。珊瑚礁を超えて海に出て行きたいモアナに We have one rule. A rule that keeps us safe.（決まり事、命を守るためだ）〔Chap.3, 14:39〕で safe の発音が /ei/ というより /a/ に近い、オーストラリアの発音が聞き取れます。あとは皆米国人ですので、聞き取りやすい映画となっています。 　舞台が南の島と大海原の海の上ですから、文法、語彙共に難しいものはありません。あえて見つければ、船のパーツの語彙ぐらいですが、専門用語というほどのものではありません。
学習ポイント	初心者にお薦めの短いセリフが満載です。でも短いとはいえ、どれも内容の濃いセリフばかりです。 ○ まず祖母のタラ。エイを周りに泳がせて踊るタラに、モアナがヘンだと言うと… 　I'm the village crazy lady.　　　　私は村の変わり者　　　　〔Chap.4, 21:11〕 　That's my job.　　　　　　　　　ヘンなのが仕事だよ ○ 珊瑚礁を超えた海は荒く、かろうじて戻ったものの船は大破し、足に怪我をしたモアナ。それを見ただけで祖母タラはすべてを理解し、彼女に言います。 　Whatever just happened,　　　　　何があったにしても　　　〔Chap.4, 20:09〕 　blame it on the pig.　　　　　　　豚のせいに ○ 母も珊瑚礁を超えて行きたいモアナの心中をよく理解して、モアナに言います。 　Sometimes who we wish we were,　時にはなりたい自分や　　〔Chap.3, 15:53〕 　what we wish we could do,　　　　やりたいことがあっても 　is just not meant to be.　　　　　叶わないこともあるわ ○ テ・フィティから、マウイは再び神の釣り針を、モアナは帰るための船を贈られ、そして別れの時。Good-bye ではもう会えないかもしれない感じが強すぎます。会えないかもしれないけど、また会いたいという気持ちが一杯詰まったサヨナラは… 　See you out there, Maui.　　　　　またね、マウイ　　　　〔Chap.19, 93:12〕
スタッフ	製　作：オスナット・シューラー　　　　製作総指揮　：ジョン・ラセター 監　督：ロン・クレメンツ　　　　　　　音　　楽　：オペタイア・フォアイ他 　　　　ジョン・マスカー　　　　　　　編　　集　：ジェフ・ドラヘイム 脚　本：ジャレド・ブッシュ　　　　　　アニメーター：エリック・ゴールドバーグ

モアナと伝説の海

薦	●小学生　●中学生　○高校生　○大学生　○社会人	リスニング難易表	
お薦めの理由	この映画には至る所に「ディズニー」が散りばめられています。セリフではないので、幼稚園や小学校1年生から楽しめます。いくつ見つかるでしょうか。 (1)最初の場面。タパ布の刺繍に、『アナと雪の女王』のエルサが生み出したボディガードのマシュマロウが。(2)幼いモアナが心を見つける場面で、海の泡が「ミッキー・マウス」の形を。(3)モアナとマウイが出会い、マウイが歌う場面。『リトル・マーメイド』の、水色シマシマ模様の「フランダー」が一瞬登場。(4)ココナツの海賊カカモラの中に、「ベイマックス」の顔のカカモラが。(5)巨大な蟹タマトアの住処への潜入時、紫色のお面のモンスターは『ズートピア』のナマケモノのフラッシュ。(6)タマトアの背中には『アラジン』の「魔法のランプ」が乗っかって。(7)マウイがタマトアに挑む場面。釣り針を取り戻したもののコントロールが効かず、一瞬だけ『アナと雪の女王』のスヴェンに変身。(8)『シュガー・ラッシュ』の主人公ラルフがエンド・ロールで登場。画面右端にご注目。	スピード	2
		明瞭さ	2
		米国訛	1
		米国外訛	1
		語彙	2
		専門語	1
		ジョーク	1
		スラング	1
		文法	2

発展学習	映画の基本である伝説が、タパ布に描かれた絵と共に子供たちに語られる場面で始まります。実際に絵を描いて、紙芝居をしてみてはいかが？〔Chap.1, 00:55〕	
	In the beginning there was only ocean	始めは海しかなかった
	until the Mother Island emerged. Te Fiti.	そこへ現れたのが母なる島テ・フィティ
	Her heart held the greatest power ever known.	この心には偉大なる力が宿り
	It could create life itself.	命を作り出すことができた
	And Te Fiti shared it with the world.	テ・フィティはその命を世界に分け与えた
	But in time some began to seek Te Fiti's heart.	だがやがてその心を狙う輩が現れた
	…one day, the most daring of them all	ある日　誰より恐れ知らずの者が
	voyaged across the vast ocean to take it.	心を奪うべく　広大な大海原を渡った
	He was a demi-god of the wind and sea.	…彼は風と海をつかさどる半神半人
	…A shapeshifter who could change form	神の釣り針の力で
	with the power of his magical fishhook.	自在に姿を変えられる男だった
	And his name was Maui.	その者の名は　マウイ
	But without her heart,	心を奪われたテ・フィティは
	Te Fiti began to crumble	崩れ落ち
	giving birth to a terrible darkness.	恐るべき暗黒の闇が生まれた

キャスト	モアナ　　　：アウリィ・カルバーリョ	タラ（祖母）　：レイチェル・ハウス
	マウイ　　　：ドウェイン・ジョンソン	タマトア　　　：ジェマイン・クレメント
	トゥイ（父）：テムエラ・モリソン	ヘイヘイ　　　：アラン・テュディック
	シーナ（母）：ニコール・シャージンガー	トゥイ（歌声）：クリストファー・ジャクソン

第7回映画英語アカデミー賞
中学生部門受賞

リトル・ボーイ
小さなボクと戦争

第7回映画英語アカデミー賞受賞　中学生部門

リトル・ボーイ 小さなボクと戦争

あらすじ	第二次世界大戦下、カリフォルニアの漁村に住む８歳の少年ペッパー・バズビーが主人公です。彼は背が低いために「リトル・ボーイ」と呼ばれてからかわれていました。そんなペッパーの楽しみは、「相棒」である父ジェイムズとの空想遊びと奇術師ベン・イーグルのマジックを見ることでした。戦争中とはいえ、平穏に暮らしていたバズビー家ですが、兄のロンドンが徴兵されることになりました。ところが、ロンドンは徴兵検査に引っかかり、代わりに父が戦場に駆り出されることになります。心の支えを失い、ペッパーは苦悩しますが、ベン・イーグルのマジックショーでアシスタントを務め、手を触れずにビンを動かすことに成功し、自分にも念の力があるのだと信じます。そして、戦争を終わらせて戦場の父を呼び戻そうと念を送ります。そんなある日、ペッパーは、日系人強制収容所から釈放されたハシモトの家の窓ガラスを割ります。ペッパーは教会の司祭に、ビンを動かしたのは信じる気持ちであると諭され、教会に伝わる実行すべき行いが書かれたリストを渡されます。そこには「ハシモトの力になる」という項目も加えられていました。すぐにペッパーはその項目を１つずつ実行していき、ハシモトとの交流も始まります。始めはお互いを牽制し合いながらでしたが、やがて年齢や国という枠を越え、心が通い合う友達になります。そして、リストの項目をすべてなし終えたペッパーの強い思いが奇跡を起こすことに…。
映画の背景	メキシコ出身のモンテヴェルデ監督とポーティーロが脚本を書いていますが、執筆のきっかけは、広島に落とされた原子爆弾が "Little Boy" と呼ばれていたことを知ったことでした。主人公のペッパーは、戦争が終わって父が戻ってくるようにと、来る日も来る日も念を送ります。ペッパーは、米国が広島に "Little Boy" と呼ばれる原子爆弾を投下したことを新聞報道で知りました。ペッパーは、自分のあだ名と同じ名前の爆弾のおかげで終戦に向かい、父が帰ってくると大喜びし、村の人もペッパーを称賛します。しかし、ペッパーは映画ニュースで広島の悲惨な状況を見たり、その報復に捕虜が虐待されるかもしれないことを母から知らされたりして、現実が単純なものでないことに気づきます。日米の戦争をペッパーという少年の目を通して描いていますが、監督も脚本家もメキシコ出身のためか、米国の行動を称賛したり断罪したりすることなく、一歩引いたところから第三者の視点で描くことに成功しています。 　直接その場面はありませんが、米国が長崎に投下した原子爆弾も登場します。長崎に落とされた原子爆弾は "Fat Man（太った男）" と呼ばれていました。ペッパーをいじめるガキ大将の父であり、ペッパーの母に援助をちらつかせ再婚を迫る医師である Dr. Fox（フォックス医師）は太った男です。fox はずる賢さを暗示する語であり、長崎に投下された原子爆弾のメタファーととらえることができます。
映画情報	製 作 費：2,000万ドル　　　　　　　撮影場所：メキシコ・バハカリフォルニアスル州ロスカボス、ロサリトビーチ 製 作 年：2014年 製 作 国：メキシコ、米国　　　　　　言　　語：英語、日本語 配給会社：Open Road Films (II)　　　ジャンル：ドラマ、歴史、戦争

Little Boy

(執筆) 能勢　英明

映画の見所

　モンテヴェルデ監督は「本作は人生や戦争という困難の中で本当に大切なものは何かを描いています」と言っています。見所はたくさんありますが、その視点から１つ紹介します。蒙古襲来時に、小柄な日本の侍マサオ・クメが「意志の力」を信じて強大な敵に立ち向かう場面です。この話をハシモトから教えられたペッパーは、信念に従って行動することの大切さを感じ取り、いじめに立ち向かう行動や山を動かす行動に移して行くのです。

　マサオ・クメがモンゴル人と戦う場面のハシモトのナレーションです。　〔Chap.9, 53:12〜〕
Masao Kume believed that nothing was more powerful than the will. The will to face one's fear… and to act.
（マサオ・クメは悟った。意志の力に勝るものはないと。恐怖と向き合い行動する意志だ）

発売元：日活
DVD価格：3,900円
（2018年5月現在、本体価格）

印象的なセリフ

この映画のテーマを象徴するセリフを紹介します。
○ 教会でのクリスピン司祭の説教　　　〔Chap.5, 21:43〜〕
　If we have faith the size of a mustard seed, we can move a mountain. If we can move a mountain, then nothing will be impossible for us. Not even ending this war. And having our loved ones back.
　（辛子の種ほどの信仰心があれば山を動かせる。山が動けば不可能なことは何もない。この戦争を終わらせることも。そして愛する人たちが戻ってくる）
○ ペッパーが山を動かす場面　　　〔Chap.11, 63:20〜〕
　London　：How are you gonna bring Dad back, you idiot?
　　　　　　（どうやって父さんを呼び戻すんだ、この大バカ）
　Pepper　：Like with the mustard seed. You can move a mountain.
　　　　　　（辛子の種を使うんだ。山だって動かせるよ）
○ 現在のペッパーのナレーション　　　〔Chap.17, 94:39〜〕
　I was holding on to my mustard seed because the journey was not over yet.
　（辛子の種を信じていたよ。旅は終わっていなかったからね）
聖書のマタイ伝に "The kingdom of heaven is like a mustard seed." とあり、"mustard seed" は「大きな発展につながる小さなもの」の意味があります。

公開情報

公　開　日：2015年4月24日（米国）
　　　　　　2016年8月27日（日本）
上映時間：106分
年齢制限：G（日本）、PG-13（米国）
音　　声：英語
字　　幕：日本語
受　　賞：（メキシコ）ルミナス賞作品賞、
　　　　　最優秀監督賞、新人賞

第7回映画英語アカデミー賞受賞　中学生部門

リトル・ボーイ 小さなボクと戦争

英語の特徴

　８歳の少年ペッパー（リトル・ボーイ）を中心とする場面での会話のスピードは比較的ゆっくり目で、日本語母語話者には聞き取りやすい英語です。また、ハシモトが話す英語は日本語訛りがあり、これもまた日本語母語話者には聞き取りやすい英語です。ネイティブ・スピーカーのような発音でなくても十分コミュニケーションが取れるということを感じさせてくれます。

　教会の司祭を "father" を使って、"Father Oliver" のように呼んでいます。基本単語でありながら、中学校の検定教科書では扱われることのないキリスト教文化圏での "father" の使い方が学べます。その一方で、知識として知っていても使うべきでない語も出てきます。その最たるものが "Jap(s)" "Nip" です。第二次世界大戦時、これらの語が当たり前のように使われていたことがわかります。文字にしたときには、残念ながら今の中学生には "Japan" "Japanese" "Nippon" "Nipponese" の短縮形ととらえる生徒もいますが、映画の場面を見て、これらの発話を聞くと日本人の蔑称であることがわかります。日本では米国や英国を「鬼畜米英」と呼んでいた時代です。また、背の低い主人公が自ら "I'm not a midget, right?"〔Chap.3, 09:05〜〕とフォックス医師に尋ねる場面がありますが、フォックス医師は、"We shouldn't use that word. Midget is a mean word for people with dwarfism." と言って "midget" という言葉の使用を戒めています。

学習ポイント

日常生活で応用できるセリフをいくつか取り上げます。
○ ベン・イーグルのショーのチケットを買う場面　　　　　　　〔Chap.3, 12:00〜〕

　Pepper　　：Hi, Jenny. Can I have two tickets for the Ben Eagle show?
　　　　　　　（こんにちは、ジェニー。ベン・イーグルショーのチケットを２枚下さい）
　Jenny　　：Does this mean your father's coming back?
　　　　　　　（これって、お父さんが帰って来るってことなの？）

○ ペッパーがハシモトの家に謝罪に行く場面　　　　　　　　〔Chap.6, 33:08〜〕
　Hashimoto：What do you want?（何の用だ）
　Pepper　　：I'm sorry about the other day.（このあいだはごめんなさい）

○ ハシモトがバズビー家に招かれる場面　　　　　　　　　　〔Chap.10, 58:21〜〕
　Mrs. Busbee：Do you have hot dogs in Japan, Mr. Hashimoto?
　　　　　　　（ハシモトさん、日本にもホットドッグがありますか）
　Hashimoto：No, Mrs. Busbee.（ありません、バズビーさん）

○ ペッパーの母がフォックス医師の求婚を断る場面　　　　　〔Chap.17, 91:51〜〕
　You're a good man, Dr. Fox. But I will always be Mrs. James Busbee.
　　　（フォックス先生、先生はいい方です。でも私はこれからもジェイムズ・バズビーの妻です）　＊夫の姓名にMrs. を付けて「〜氏夫人」という意味。

スタッフ

製　　作：アレハンドロ・モンテヴェルデ他	製作総指揮：エドゥアルド・ヴェラステーギ他
監　　督：アレハンドロ・モンテヴェルデ	撮　　影：アンドリュー・カデラーゴ
脚　　本：アレハンドロ・モンテヴェルデ	音　　楽：ステファン・アルトマン他
ペペ・ポーティーロ	編　　集：メグ・ラムジー他

リトル・ボーイ 小さなボクと戦争

薦	●小学生　●中学生　●高校生　●大学生　●社会人	リスニング難易表	
		スピード	2
	この映画は、日米の戦争をメキシコ人監督が第三者の立場から8歳の少年と日系人との心の交流を通して描き出しています。中学校のどの英語教科書にも平和教育の観点から戦争を扱った題材がありますが、それらは内なる視点、つまり日本人の著者や編集者の視点で書かれています。同じものでも視点を変えると違う景色が見えてくるわけで、検定教科書の戦争を扱った題材に外からの視点を補うのに秀逸な作品です。また、米国映画において、白人の主人公に日本人（アジア人）が勇気を与えるというプロットが珍しい作品でもあります。	明瞭さ	2
お薦めの理由		米国訛	2
		米国外訛	2
		語彙	2
	さらにこの映画は人権教育の観点からも活用できます。たとえば日系人強制収容所の場面です。「強制収容所」といえば、アウシュビッツは中学校社会科の歴史教科書に説明がありますが、日系人強制収容所についてはその記述すらありません。一方、米国では1988年以降、すべての学校でこの事実を学習することになっています。社会科の教科書の補充学習も可能です。	専門語	2
		ジョーク	2
		スラング	3
		文　法	2

発展学習	中学3年生の英語の授業でこの映画を見せたとき、日系人強制収容所の場面やハシモトが差別されている理由がわからないという生徒が何人もいました。簡単に米国に渡航できる今、無理もありませんが、第二次世界大戦時に海外に住む日系人がどのように処遇されたのかを学ぶ機会がもっと必要だと感じた次第です。 　明治維新で農村部を中心に余剰労働力が生じ、海外への出稼ぎ労働者が出現しました。これが、後に明治政府が主導する移民政策に発展します。その人たちの多くは、さとうきび畑などの農園での仕事や道路建設などの仕事に従事しました。ハワイや米国本土、南米などに今なお日系人が多く暮らしているのはその名残と言えます。米国では、戦争に伴い、日系人が土地や財産を奪われ、強制収容所に送られました。1988年にレーガン大統領は「1988年市民自由法（日系米国人補償法）」に署名し、米国政府は人種差別に基づく日系人強制収容の事実を初めて公式に認め、日系米国人に謝罪し、署名した日に生存している被強制収容者全員に対してそれぞれ2万ドルの補償金を支払いました。 　日系人強制収容所の場面やハシモトが差別されている理由を理解するのに、お薦めの小説があります。日系米国人作家シンシア・カドハタの小説 *Weedflower*（邦題『草花とよばれた少女』）です。これは、作者の父の強制収容所での体験をもとに中高生向けに書かれた読みやすい作品ですので、発展学習にお薦めです。

キャスト	ペッパー　　　：ジェイコブ・サルヴァーティ　　ペッパーの母：エミリー・ワトソン ロンドン　　　：デヴィッド・ヘンリー　　　　　ペッパーの父：マイケル・ラパポート ハシモト　　　：ケイリー＝ヒロユキ・タガワ　　ベン・イーグル：ベン・チャップリン オリバー司祭：トム・ウィルキンソン　　　　　マサオ・クメ　：尾崎英二郎

第7回映画英語アカデミー賞
高校生部門受賞

LION／ライオン
〜25年目のただいま〜

第7回映画英語アカデミー賞受賞　高校生部門

LION／ライオン　〜25年目のただいま〜

あ ら す じ	1986年インド、カンドワ。5歳のサルーは貧しいながらも優しい母や兄グドゥ、妹と幸せな生活を送っていました。ある日遠方の仕事に行く兄についていきますが、道中で寝てしまったため、仕事に行かなければならない兄はすぐ戻ると言ってサルーを駅で寝かせておきました。目覚めて兄がいない事に気づいたサルーは兄を探して止まっていた列車に乗り込みます。偶然列車は動き出し、サルーはそのまま約1600km離れた街まで連れていかれてしまいます。その街で故郷の町の名前を告げますが言葉が通じず、家に帰れなくなってしまいました。 　数か月ストリートチルドレンとして生きのびたサルーは警察に保護され、劣悪な環境の施設に送られます。施設に来た養子幹旋をするミセス・スードに、タスマニアに住むジョンとスーを紹介され、自分の家族が見つからないことに絶望していたサルーは彼らの養子になることを決めタスマニアへ向かいました。 　養子になり何不自由なく生きてきたサルーですが、昔兄にせがんだお菓子を友人宅で見た時故郷の記憶がよみがえり、友人の勧めでグーグルアースを使って生まれ故郷を探し始めます。しかし少ない記憶を頼りに広大なインドの中から故郷を探すことは非常に困難で、自分を探す母や兄を思い苦しみます。探し始めて数年後、諦めかけていた時にふと今まで探していた範囲の外側の地形に見覚えがあると気づき、ついに故郷を探しだして、家族と再会することができました。

映 画 の 背 景	本作品はサルー・ブライアリーが本人の実体験を描いた『25年目の「ただいま」5歳で迷子になった僕と家族の物語』という本を映画化した作品です。インドで迷子になりオーストラリアで養子として育ったサルーが、グーグルアースを使って生まれ育った故郷と家族を見つけるという驚きの実話は世界中で話題になり、日本のドキュメンタリー番組でも特集されていました。映画公開に合わせてサルー・ブライアリー本人も来日し、「本作は多少脚色されているが、再現度が高く当時の気持ちがよみがえった」と話していました。 　迷子になったサルーが故郷に帰れなかった理由の一つに、カルカッタで言葉が通じなかったことが挙げられるでしょう。インドの公用語はヒンディー語ですが、州によって公用語が違うこともあり、言語だけでも20以上存在します。共通語として英語が話されることもありますが、学校に行っていないサルーは故郷で話されていたベンガル語しか話すことができません。映画の背景として、英語を含むインドの言語についてさらに調べてみるのも良いでしょう。 　本作品はCMディレクターとして活躍していたガース・デイヴィスの長編映画初監督作品です。サルー役に『スラムドッグ＄ミリオネア』で主役を演じたデヴ・パテル、育ての親のジョンとスー役にオーストラリア出身のデヴィッド・ウェンハムと自身も養子を引き取っているニコール・キッドマンが出演しています。

映 画 情 報	製 作 費：1,200万ドル 製 作 年：2016年 製 作 国：オーストラリア、米国、英国 配給会社：ギャガ（日本）	撮影場所：インド、タスマニア 言　　語：英語、ヒンディー語、ベンガル語 ジャンル：ドラマ 使用楽曲：*Never Give Up*（Sia）

LION／ライオン　〜25年目のただいま〜

Lion

(執筆) 小暮　舞

映画の見所

発売元：ギャガ
DVD価格：3,800円
Blu-ray価格：4,800円
（2018年5月現在、本体価格）

　この映画は起こった出来事とサルーの内面に焦点が絞られており、セリフや効果音、BGMが非常にシンプルなので、サルーが最終的には故郷と生みの親を見つけられるということを知っていても、観客は彼が体験したことを追体験し、迷子になった不安やなかなか故郷を見つけられない事への葛藤、自分の過去、家族への思いなどを実感できるように作られています。映像も美しく、時折思い出される兄や母の姿は心を掻き立てられますし、大空から俯瞰で映る景色はグーグルアースで空から故郷を探すことに重なり効果的に訴えかけます。インドやタスマニアの美しい景色も見所です。

　また、この映画を通じてインドのストリートチルドレンの置かれている状況やオーストラリアの養子縁組について知ることができるのも見所の一つです。

印象的なセリフ

　故郷がなかなか見つからずに引きこもりになっていたサルーが、体調を崩していたスーのもとへ行った時のセリフです。サルーも弟も問題を抱えていることに対してスーを苦しめていると感じ次のように言います。〔Chap 10, 85:10〕

Saroo　：I'm sorry you couldn't have your own kids.
Sue　　：What are you saying?
Saroo　：We... we... weren't blank pages, were we? Like your own would have been. You weren't just adopting us but our past as well. I feel like we're killing you.
Sue　　：I could have had kids.
Saroo　：What?
Sue　　：We chose not to have kids. We wanted the two of you. That's what we wanted. We wanted the two of you in our lives. That's what we chose. That's one of the reasons I fell in love with your dad. Because we both felt as if... the world has enough people in it. Have a child, couldn't guarantee it will make anything better. But to take a child that's suffering like you boys were. Give you a chance in the world. That's something.

自分の子を産むより不幸な子を養子にする方が意義があるというスーの本心は、長く続いた苦しみからサルーを救い出す印象的なセリフです。

公開情報

公 開 日：2016年11月25日（米国）
　　　　　2017年 4月 7日（日本）
上映時間：119分
年齢制限：G（日本）、PG-13（米国）
音　　声：英語、ヒンディー語、ベンガル語
字　　幕：日本語
受　　賞：オーストラリア映画協会賞12部門
ノミネート：アカデミー作品賞他5部門

第7回映画英語アカデミー賞受賞　高校生部門

LION／ライオン　〜25年目のただいま〜

英語の特徴	本作品では、サルーがインドにいる映画の前半は、ヒンディー語とベンガル語でストーリーが進んでいき、英語は使用されません。サルーが養子になり舞台がタスマニアに移る場面〔Chap 6, 45:35〕からは、オーストラリア英語が中心になります。サルーが子供の時はまだ英語に不慣れな彼に対してジョンとスーが短い英文で語り掛けているので、聞き取りやすいです。サルーが大人になると、サルーと恋人のルーシー、ジョンとスー、弟のマントッシュの話すオーストラリア英語が中心になります。彼らの話す英語は、a を「エイ」ではなく「アイ」と発音するなど、発音にオーストラリア英語の特徴が見られるものの、訛りはきつくなく聞き取りやすいです。ただ場面によっては話すスピードが速い時やつぶやくように話すことも多いので、聞き取りが難しいところもあります。そのほかの英語としては、サルーの大学の友人にインドの訛りがある英語を話す人もいます。彼らの英語は、訛りはあるものの聞き取りにくいほどではないので、リスニングに挑戦してみるのも良いでしょう。 　語彙に関しては、Hello, mate. や Where are you going, mate? のように、「あなた」という呼びかけで使う mate などオーストラリア英語特有の語彙が使われていますが、専門用語やスラングなどはほとんどなく、暴力的なシーンもないので汚い言葉も使われていません。
学習ポイント	この映画ではサルー達の話すオーストラリア英語と大学の友人が話すインド訛りの英語に触れることができます。サルーの学友 Bharat のセリフを次の日本語を頼りに聞き取りをしてみましょう。〔Chap 8, 62:35〕 Bharat：Listen to me. We can find out how fast passenger trains went back then. We take the speed (multiply) by the hours that you were on the train. That's it, we create a (search) radius. And inside there you'll find the station with the (rain)(tank).（中略） 　（いいかい、当時の汽車の時速を調べられるから、その速度に汽車に乗っていた時間を掛けるんだ。そうすれば探す半径がわかる。その中で給水塔のある駅を探すんだ） 　またこの少し後の会話で、インドから留学してきている裕福な友人は、サルーの両親が「貼り紙」をして探さなかったのかと言ったり、お母さんが女性で石運びをしていると聞いて驚くなど、豊かに生活してきた友人とサルーの故郷の貧しさとの常識の差が感じられる部分があります。サルーは母親が文盲だったというセリフがありますが、インドの識字率は77%、貧困層の多い被差別カーストでは66%と言われています。このことからカースト制や貧富の差などを含むインドの文化について調べてみるのも良いでしょう。

スタッフ	製　　作：イアン・カニング他	製作総指揮：アンドリュー・フレイザー他
	監　　督：ガース・デイヴィス	撮　　影：グリーグ・フレイザー
	脚　　本：ルーク・デイヴィス	音　　楽：フォルカー・ベルテルマン他
	原　　作：サルー・ブライアリー他	編　　集：アレキサンドル・デ・フランチェスキ

28

LION／ライオン　〜25年目のただいま〜

薦	○小学生　　○中学生　　●高校生　　●大学生　　●社会人	リスニング難易表	
お薦めの理由	この作品で話されている英語は基本的にはオーストラリア英語ですが、サルーの友人を通してインド訛りの英語を聞けたり、海外の大学の雰囲気を知ることができます。また映画前半ではインドの貧しい村の生活、ベンガル語やジャレビという揚げ菓子などインドの文化に触れることができ、後半ではタスマニアの雄大な景色を見ることができるので映像だけでも見ごたえがあります。 　また、立派に成長したサルーですが、自分の生まれ故郷や家族を見つけたいという強い思いが捨てきれず5年間諦めずに探し続けました。「自分探しの旅」は時に困難ですが、実りが多いことを教えてくれます。また、数々の困難を生き延びたサルーが優しい青年に成長したのも、多くの愛情を受けて育ったからと言えるでしょう。特にサルーの帰りを25年待ち続けて遠くには引っ越さなかった生みの母、本当の子として育ててくれたジョンとスーとの関わりから、家族とは何なのかについて考えさせてくれます。様々な事を考えるきっかけをくれる映画です。	スピード	2
		明 瞭 さ	3
		米 国 訛	2
		米 国 外 訛	3
		語 　 彙	3
		専 門 語	2
		ジョーク	2
		スラング	2
		文 　 法	2

発展学習	映画の最後に書かれているように、毎年インドで行方不明になる子供は8万人以上います。実際カルカッタでは10万人以上のストリートチルドレンがいるそうです。ストリートチルドレンとなったサルーは、段ボールを敷いて寝ようとした所を襲われたり、人身売買されそうになったり、孤児院に行ったりと苦しい生活を送りました。サルーの弟マントッシュは、精神的に問題を抱えた難しい人物として描かれていますが、これは彼が虐待など厳しい幼少期を送ってきたからだと言われています。この事から、この映画をきっかけにインドの貧しい子供たちの置かれている環境について調べてみるのも良いでしょう。 　作品中サルーを養子縁組してくれたミセス・スードは40年以上にわたり2千人以上をオーストラリアへ養子縁組してきました。サルー・ブライアリー本人も現在はインドで孤児院を営み、インドからオーストラリアへの養子縁組の支援活動を積極的にしているそうです。ハリウッドではニコール・キッドマンをはじめアンジェリーナ・ジョリーとブラッド・ピットなど著名人も外国から養子を迎えています。日本では養子を迎える事は米国などに比べるとまだまだ普及しているとは言えない状況です。養護施設があるのでストリートチルドレンはほぼいませんが、養護が必要な子の多くは施設で育ち、里親委託や養子縁組はまだ少ないです。日本における里親や養子の制度について調べてみてはどうでしょう。

キャスト	サルー・ブライアリー：デヴ・パテル	ジョン・ブライアリー：デヴィッド・ウェンハム
	幼少期のサルー　　：サニー・パワール	グドゥ　　　　　　：アブシェーク・バラト
	ルーシー　　　　　：ルーニー・マーラ	マントッシュ・ブライアリー：ディヴィアン・ラドワ
	スー・ブライアリー：ニコール・キッドマン	カムラ　　　　　　：プリヤンカ・ボセ

第7回映画英語アカデミー賞
大学生部門受賞

素晴らしきかな、人生

第7回映画英語アカデミー賞受賞　大学生部門

素晴らしきかな、人生

あらすじ	クリスマスのニューヨーク。最愛の娘を亡くしたハワードは、失意のどん底にいます。彼は広告代理店の共同経営者なのですが、順調だった仕事も手につかなくなり、「愛」「時間」「死」に宛てて、届くはずもない手紙を書いて、投函しています。ハワードの同僚たちはそんな彼を心配します。このままでは会社の経営も上手くいかなくなってしまうからです。そこで、彼らは、ハワードが手紙を書いている3つの事柄を肯定的なものとして彼に受け入れさせるアイデアを思いつきます。具体的には、舞台俳優たちに頼んで、「愛」「時間」「死」をそれぞれ演じさせることにするのです。彼らが、それぞれの概念の化身としてハワードの前に現れ、ハワードの手紙に応えて語りかけ、娘の死は決して絶望的なことではないことを訴えていきます。しかし、閉ざされたハワードの心は簡単には溶けません。絡んでくる彼らを怒鳴りつけ、追い払い、彼はまた自分の殻に閉じこもっていきます。一方、ハワードと接するなかで、周りの人物たちも自分たちの問題に気づき始めます。彼らも家族との関係、過去のトラウマ、自分の病気で悩んでいることが明らかにされていきます。ハワードは子供を亡くした親の会に出入りするようになり、そこでマデリンという女性と知り合います。彼女の存在が少しずつ彼の心を溶かしていきます。マデリンはなんと彼の別れた妻だったのです。ついに光を見出した彼は、娘の死を受け入れ、立ち直ることになります。
映画の背景	監督は、ニューヨークを舞台に若い女性が奮闘していく人気映画『プラダを着た悪魔』のデヴィッド・フランケルです。今回もニューヨークのクリスマスの風景を織り交ぜながら都会的なドラマを繰り広げています。主役のハワードを演じるウィル・スミスを筆頭に、ナオミ・ハリス、ケイト・ウィンスレット、ヘレン・ミレン、エドワード・ノートン、キーラ・ナイトレイといったアカデミー賞受賞もしくはノミネートされた経験のあるスターたちが、たっぷりと登場するところも魅力でしょう。ウィル・スミスは、アフリカ系のスターですが、ハワード役は黒人である必然性は全くありませんし、黒人差別という問題には触れられていません。これはすでに肌の色を超えて人間たちが愛で結ばれていることを示しているのです。映画の原題は *Collateral Beauty*（幸せのおまけ）です。この映画では死の時に現れる美しさ、それが幸せのおまけなのだと訴えています。人間だったら誰でも必ず死にます。その意味では人間は平等です。死は周りの人を悲しませるけれど、受け入れなくてはならないものなのです。その問題について考えさせてくれる映画です。邦題は、1946年のフランク・キャプラ監督の名作『素晴らしき哉、人生』と同じタイトルです。二つの映画は話の筋立ては全く違っていますが、ニューヨークを舞台に善意の男を主人公にし、死をテーマにしているところでは重なります。両者とも、死を優しく見つめるハートウォーミングな映画と言っていいでしょう。
映画情報	製 作 費：3,600万ドル　　　　　　撮影場所：ニューヨーク 製 作 年：2016年　　　　　　　　言　　語：英語 製 作 国：米国　　　　　　　　　　ジャンル：ドラマ 配給会社：Warner Bros.　　　　　　使用楽曲：*Let's Hurt Tonight*（OneRepublic）

素晴らしきかな、人生

Collateral Beauty

(執筆) 國友　万裕

映画の見所

何よりもメタファー的な場面は、映画の序盤に出てくる、オフィスの机の上に美しく整然と並べられたドミノが1つずつ倒れていく場面でしょう。観ていて、勿体無い気持ちにもなってきます。そこで沈鬱な表情を浮かべて、立っているハワード。ここはこれから始まるドラマへの伏線です。仕事も成功し、申し分ない人生を歩んでいたにも関わらず、娘を亡くしたことで、ハワードの人生は崩れていきます。1つのことがきっかけでそれまで築き上げていたものが音を立てて崩れていくということは人間の人生に起きうることです。人間の人生、人間の心はこのドミノ倒しに似ているという言い方ができるのではないでしょうか。この後、映画の中盤でハワードがドミノをもう一度立てようとしていく場面が挿入されますが、これは彼の心が少しずつ回復して来ていることを示唆しています。

発売元：
ワーナー・ブラザース ホームエンターテイメント
DVD価格：1,429円
Blu-ray価格：2,381円
（2018年5月現在、本体価格）

印象的なセリフ

カウンセリング的、あるいは啓発的なセリフが出てくることに注目してください。
(1) Shed your skin, find your life.（殻を破れば人生が見つかる）というコピーを会社の同僚たちが思いつく場面があります。人間はなかなか自分の殻を破れないものです。良くあるセリフなのですが、ここでは殻を skin（皮膚）という言葉で表現しています。直訳すれば、「皮膚を脱ぎ捨てて、自分の人生を見つけなさい」という意味になります。ファンタジー映画では皮膚を割いて違った人物が現れることはよくありますが、それを思い出させます。
(2) Maybe You should stop trying to force your reality on her and just… just go into her reality.（あなたの現実を彼女に強いるのではなく、彼女の現実に入っていきなさい）これもいいセリフです。人間は自分の価値観で他人を見がちですが、人それぞれ現実の捉え方は違っています。
(3) 「愛」「時間」「死」について考えさせるセリフも全編に散りばめられています。ハワードが「死」に向かって、It all basically says that you're a natural part of life, we shouldn't hate you, we shouldn't fear you. I guess we should just accept you, right?（あなたは人生の自然な一部だ、だからあなたを憎み、恐るべきではない。だからあなたを受け入れなきゃいけないんだろう？）というところなどが印象的です。

公開情報

公 開 日：2016年12月16日（米国）
　　　　　2017年 2月25日（日本）
上映時間：97分
年齢制限：G（日本）、PG-13（米国）
音　　声：英語、日本語
字　　幕：日本語、英語
ノミネート：第48回NAACPイメージ・アワード
　　　　　主演男優賞

第7回映画英語アカデミー賞受賞　大学生部門

素晴らしきかな、人生

<table>
<tr>
<td rowspan="2">英語の特徴</td>
<td>

この映画はG（General audiences）指定となっています。つまり、年齢制限はなく、子供でも見ていいという映画です。したがって、Fuck のような卑語はほとんど全く出て来ません。加えて、ニューヨークのインテリたちの物語なので、全体に会話が洗練されていて、発音も明瞭です。ジョークも控え目ですが、やや早口であるという部分が難しいところかもしれません。

注目して欲しい場面を1つ挙げるとすると、冒頭の場面で、ハワードが大勢の人の前でスピーチをしているところでしょう。What is your "why"?（あなたの「なぜ」は何ですか？）と大きな命題を最初に問いかけた後、Why did you even get out of bed this morning?（なぜ、あなた今朝、起きたのですか？）Why did you eat what you ate?（なぜ、あなたはあなたが食べたものを食べたのですか？）Why did you wear what you wore?（なぜ、あなたはあなたが着たものを着たのですか？）Why did you come here?（なぜ、あなたはここに来たのでしょうか？）と細かい問いかけをし、Not that. The big "why."（いや、そういう問題ではないんです。もっと大きな「なぜ」です）と少しずつ、聴衆を彼のスピーチに引き込んでいき、そして、Love, Time, Death（愛、時間、死です）と間を置きながら答えを明かしていきます。米国人はスピーチが上手いです。ジョークを交えながら語っていく、ハワードのスピーチもその一例です。

</td>
</tr>
<tr><td></td></tr>
<tr>
<td>学習ポイント</td>
<td>

ハワードのことを心配して同僚たちが語り合う場面、ホイットは、クレアとサイモンに次のように語ります。

I do really think that we are out of other options. He terrorized the grief counselor for six months. He totally blew off the Ayahuasca shaman we flew in all the way from Peru. And our... our intervention was a disaster.（他に選択肢はないんだ。彼はカウンセラーを震え上がらせ、ペルーから呼んだ呪術師も門前払い、試したことは全部失敗した）ここで「震え上がらせる（悩ませる）」という意味で、terrorize というテロを思わせるような言葉を使ったり、「失敗した」という意味で blew off を使ったりしているのは口語ならではと言えるでしょう。

また、stuff の用法にも注意してください。ホイットが娘と会う場面で、最初に Where is your stuff?（お前の荷物はどこだ？）と問いかけます。その後、I got all kinds of stuff planned（たくさんのことを計画しているんだよ）と語りかけます。このように stuff という言葉は、物、事柄をいうのに極めて便利に使用されます。映画をリスニングしていると、stuff や things という言葉が頻繁に聞こえてくることに気づくはずです。例えば、「〜など」という意味を表現するのに and so on をつけるのを習ったことがあるかと思いますが、これは日本的な表現であり、英語では、stuff like that, things like that というのが一般的です。

</td>
</tr>
<tr>
<td>スタッフ</td>
<td>

製　　作：バード・ドロス他　　　　製作総指揮：トビー・エメリッヒ他
監　　督：デヴィッド・フランケル　　撮　　影：マリス・アルベルチ
脚　　本：アラン・ローブ　　　　　　音　　楽：セオドア・シャピロ
美　　術：ベス・マイクル　　　　　　編　　集：アンドリュー・マーカス

</td>
</tr>
</table>

34

素晴らしきかな、人生

薦	●小学生　　●中学生　　●高校生　　●大学生　　○社会人	リスニング難易表	

		スピード	3
お薦めの理由	ファンタジックな物語ですし、出てくる人が善人ばかりなので、映画を見ていて、あまりにも話ができ過ぎ、現実はこうは行かないと思う人も多いでしょう。しかし、人生について考えるための寓話として割り切って見てみるととても含蓄のある映画ですし、心が癒される映画です。若い人たちは、「愛」「時間」「死」について普段深く考えることはないかと思われますが、これらの問題は人間の人生に関わる最も大きなテーマです。この映画は、それについての哲学をわかりやすく噛み砕いて、説明してくれます。宗教的な格言も出て来ますし、「死は人が想像するものとは違う、もっと幸運だ」という大詩人ホイットマンの言葉からの引用もあります。人生に悩んで、落ち込んだとき、もう一度見たくなる映画と言っていいのではないでしょうか。英語もほとんど訛りがなく、スラングも出て来ませんので、大学生くらいの人には絶好の映画であると思われます。何度も繰り返し見て、セリフを暗記すると会話の練習にもなります。	明瞭さ	2
		米国訛	2
		米国外訛	1
		語彙	3
		専門語	2
		ジョーク	2
		スラング	2
		文法	3

発展学習	「愛」「時間」「死」がこの映画のテーマです。このテーマについて、グループでディスカッションし、自分の考えをまとめてみましょう。自分の愛するペットが死んだときのことや、小学校の頃のトラウマでいまでも癒えていないものはあるでしょう。恋人に対する愛、友人に対する愛、家族に対する愛、人間全体に対する愛、愛の形によっても捉え方は違ってきます。 　またニューヨークを舞台にした映画という意味で発展学習をするのも一つの案です。ニューヨークを舞台にした映画のなかで、上級者の人にお勧めなのは、ウッディ・アレンの映画です。アレンはニューヨークにこだわってきた映画作家です。彼のアカデミー受賞作『アニー・ホール』（1977）は、ニューヨークの男女の出会いと別れを描いて、いまでも人気の高い映画です。アレンの映画はインテリ向けのハイブラウなものが多いので、英語の難易度は高いです。ジョークも連発されますし、登場人物たちは早口で多弁なので、彼の映画をすべて理解するのは現地のニューヨーカーでないと難しいかもしれません。その他、ブリックリンを舞台にしたポール・オースター原作の『スモーク』（1995）もお薦めです。これも英語は文学的で難しいところが多いですが、しみじみとニューヨークの味わいを醸し出しています。どれかテーマを決めて、ニューヨークの名所などについて調べるのも、米国の歴史や風土を知る上で勉強になるかと思われます。

キャスト	ハワード　　：ウィル・スミス　　　　　　マデリン　：ナオミ・ハリス ホイット　　：エドワード・ノートン　　　ラフィ　　：ジェイコブ・ラティモア エイミー　　：キーラ・ナイトレイ　　　　クレア　　：ケイト・ウィンスレット サイモン　　：マイケル・ペーニャ　　　　ブリジット：ヘレン・ミレン

第7回映画英語アカデミー賞

各部門ノミネート映画

小学生部門

中学生部門

高校生部門

大学生部門

第7回映画英語アカデミー賞ノミネート作品　小学生部門

コウノトリ大作戦！

あらすじ	コウノトリのハンターが社長の「コーナーストア」は荷物の宅配会社です。しかし、以前は赤ちゃんを望む家族からの注文を受け、赤ちゃんを作って配達する会社でした。ある一羽のコウノトリが、赤ちゃんの可愛さに心を奪われ自分のものにしようと思います。配達するべき住所がわからなくなり、チューリップと名付けられたその赤ちゃんは成長し、「コーナーストア」で働いています。いつも失敗をするチューリップは今は稼動していない部署に回されます。一方、不動産会社を営むネイトの両親は仕事が中心で、一人息子のネイトのために十分に時間をかけてくれません。ネイトは一緒に遊ぶ弟を欲しがり、屋根裏で赤ちゃんを届けてくれる会社のパンフレットを見つけ、一人で手紙を出します。コウノトリにお願いした赤ちゃんがやってくることを心待ちにして一人でその準備をします。その様子を見て、両親もネイトを手伝い始めます。 　チューリップが回されたのは赤ちゃんを製造して配達の準備をする部署でした。チューリップはネイトからの手紙を機械に入れ、赤ちゃんが出来上がります。社長にこのことを知られたくないジュニアとチューリップは様々な困難を経て無事にネイトとその両親の元に赤ちゃんを届けます。その後チューリップは自分の家族に会いに行きます。赤ちゃんを望んでいた家族の元に、18年を経て成長した娘がやってきたのです。
映画の背景	コウノトリが赤ちゃんを運んでくる、という寓話がこの映画の背景にあります。ニコラス・ストーラーは『寝取られ男のラブ♂バカンス』(2008)、『ネイバーズ』(2014)、『ネイバーズ２』(2016) では監督、『ガリバー旅行記』(2010) では脚本を担当しました。前述の三作品はコメディ映画に分類されています。その要素を取り入れ、ストーラーは『コウノトリ大作戦！』でアニメーション映画のデビューを飾りました。 　ダグ・スウィートランドは『トイ・ストーリー』(1995)、『モンスターズ・インク』(2001)、『ファインディング・ニモ』(2003)、『カーズ』(2006) などを手がけたディズニー・ピクサー作品のアニメーターです。この『コウノトリ大作戦！』で監督も務めました。 　キャスト（声の出演者）はケルシー・グラマー（ハンター）、アンディ・サムバーグ（ジュニア）、ケイティ・クラウン（チューリップ）、ジェニファー・アニストン（サラ）、タイ・バーレル（ヘンリー）を中心に素晴らしい顔ぶれで、老若男女を楽しませ、愉快にさせる演技です。ケルシー・グラマーはテレビドラマ『チアーズ』で２回エミー賞にノミネートされた米国の俳優で、11年間にわたり主演を務めた『そりゃないぜ!?フレイジャー』は、５年連続でエミー賞作品賞を受賞しました。
映画情報	製　作　費：7,000万ドル　　　　　　　　撮影場所：米国 製　作　年：2016年　　　　　　　　　　　言　　語：英語 製　作　国：米国　　　　　　　　　　　　ジャンル：コメディ、アドベンチャー 配給会社：Warner Bros.　　　　　　　　使用楽曲：*Good Day*（DNCE）

Storks

(執筆)黒澤　純子

発売元：
ワーナー・ブラザース ホームエンターテイメント
DVD価格：1,429円
Blu-ray価格：2,381円
(2018年5月現在、本体価格)

映画の見所

　ジュニアとチューリップが赤ちゃんを届けようとする途中、狼に襲われます。赤ちゃんがあまりにも可愛くて、狼たちは食べるのではなく、自分たちが育てようと考えます。狼のすきを見て赤ちゃんを取り戻して逃げ出すジュニアとチューリップ。それを執拗に追いかけてくる場面はハラハラ、どきどきの連続です。またその間、狼たちが力を合わせて自分たちの体で橋、ボート、潜水艦、飛行機を次々と形成していく場面は楽しめます。

　いつもは仕事で忙しいネイトの両親。コウノトリが赤ちゃんを届けやすいように一生懸命準備するネイトを見て、両親は屋根の改造をネイトと一緒にし始めます。両親はそれまでに忘れていたネイトと過ごす大切な時間や家族の絆を思い出します。家族が一緒に大工仕事を楽しむ場面は心が温まります。

印象的なセリフ

【コウノトリの使命】社長のハンターを退治したあと、ジュニアはコウノトリを集め、みんなの前で自分たちの使命について言います。〔Chap.9, 74:56〕

An annoying person asked me once why I wanna be boss.
(以前嫌なやつからなんで社長になりたいの、って聞かれた)
Well, I never knew why until today. (その答えがやっとわかった)
Baby delivery is our true calling.
(赤ちゃんの配達はわれわれコウノトリに天が与えた仕事である)
This is the heart of what storks were put on this Earth to do.
(コウノトリはそのために地球に遣わされた)
This is our mission. (これはわれわれの使命だ)
We provide ourselves on customer service.
(我々コウノトリは、顧客サービスに自信を持っている)
Well, this is a family that never got the baby asked for.
(赤ちゃんが来るのをずっと待っている家族のために)
Make a plan. Stick to the plan. (作戦を立てる。その作戦に固執する)
Always deliver. (いつでも届ける)
ジュニアは自分の言葉通り、その使命を果たします。

公開情報

公開日：2016年 9月23日（米国）
　　　　2016年11月 3日（日本）
上映時間：86分
年齢制限：G（日本）、PG（米国）
音　声：英語、日本語
字　幕：英語、日本語
受　賞：ハートランド映画祭（トゥルーリー・ムービング・ピクチャー賞）

第7回映画英語アカデミー賞ノミネート作品　小学生部門

コウノトリ大作戦!

<table>
<tr>
<td>英語の特徴</td>
<td>

　ジュニアとチューリップの会話は比較的速いスピードで話されます。発音は明瞭です。語彙は豊かで、難しい単語もありますが、小・中学生で聞き取れる単語もたくさんあります。興味がある場面の中から聞き取り、選択して学習するとよいでしょう。

　会話の中で、"stupid"、"butt"、"dumb"、"crazy"、"lam"、"what the heck" などの言葉も出てきますが、これらは登場人物たちがユーモアを交えて会話をやり取りする中で、あるいは登場人物たちが悪い状況に陥った時に出てくる語で、相手を傷つけるつもりで使われているわけではありません。

　狼が獲物を食べることを連想させる単語 "devour" が出てくる場面（"I'm gonnna devour this thing."（このがき食ってやるぜ））は怖い気もしますが、赤ちゃんの可愛さに狼たちは心を奪われます。"This tastes like flowers."（花のような味がするよ）"Are you in love? I'm in love, too."（メロメロなのか？おれもメロメロだぜ）、そして、"This tiny thing is now a wolf, everybody."（このかわいこちゃんは今から仲間入りする）に気持ちが変わります。この狼たちの言葉に観客も安堵するでしょう。赤ちゃんを自分たちのものにしたいために執拗にジュニアとチューリップたちを追いかけます。狼たちの時々見せるユーモアある顔つきは、狼の最初の言葉 "devour" が真意ではなくなったことがわかります。

</td>
</tr>
<tr>
<td>学習ポイント</td>
<td>

【基本的な表現】ここで小学生、中学生が覚えておきたい表現を挙げます。ジュニアとチューリップの会話です。

1．Tulip ：I have so many questions to ask you!
　　　　（あなたにたくさん聞きたいことがあるの）
　　"I have ~." は「～を持っている」「～がある」という表現です。～の部分に名詞を入れて自分の身の回りに関する文章を作ってみましょう。

2．Junior: Why don't you come down and we can talk all day?
　　　　（じゃあ、降りて来いよ。たっぷり話そうぜ）
　　"Why don't you ～?" は「あなたたちは～したらどうですか」という表現で、丁寧な提案を表わします。状況により軽い命令を表わすこともあります。

3．Tulip ：It's working. We're flying!（大成功！私飛んでる！）
　　　　　This is the greatest day of my life!（人生最高の日）
　　"work" は「（計画などが）うまくいく、作用する」という意味で使っています。英語圏の子供たちが遊びや学校生活の中でよく使う動詞です。［the ＋最上級＋in (of)…］の形で、「…の中でいちばん～だ」という表現です。「最上級」の作り方は、形容詞の語尾に -est、e で終わる単語には、-st を、<子音字+y>で終わる語は y を i にかえて -est をつけます。

</td>
</tr>
<tr>
<td>スタッフ</td>
<td>

製　　作：ニコラス・ストーラー他　　　製作総指揮：フィル・ロード他
監　　督：ニコラス・ストーラー　　　　撮　　影：サイモン・ダンズドン
　　　　　ダグ・スウィートランド　　　音　　楽：マイケル・ダナ他
脚　　本：ニコラス・ストーラー　　　　編　　集：ジョン・ベンゾン

</td>
</tr>
</table>

40

コウノトリ大作戦！

薦	●小学生　●中学生　○高校生　○大学生　○社会人	リスニング難易表	
お薦めの理由	弟が欲しいと願っているネイトの願いから始まる物語。次期社長を約束されたジュニアは、手違いで出来上がった赤ちゃんのことを現社長のハンターに知られたくない一心で赤ちゃんを届けようとします。その途上、様々な困難に遭ってもあきらめず立ち向かっていく勇気、そして（始めは利己的な考えからとはいえ）自分が決めた任務を遂行しようとする責任感の強さを見て欲しいと思いお薦めします。 　ジュニアとチューリップがいろいろと工夫して赤ちゃんにご飯を食べさせようとする様子、寝る時間を削って一生懸命赤ちゃんの世話をする姿は、子育ての大変さを子供たちに教えてくれます。また動物（コウノトリ）と人間という枠を超え協力して、愛情を持って赤ちゃんの世話をする様子に心を動かされます。 　また、以前は仕事に忙しくネイトに関わる時間が少なかったネイトの両親も、新しい家族を迎える準備をするために親子で協力し合う様子は心温まります。	スピード	3
		明瞭さ	3
		米国訛	2
		米国外訛	2
		語　彙	3
		専門語	2
		ジョーク	2
		スラング	3
		文　法	2

発展学習	稼動していない部署に回されたチューリップ。時間をつぶすために、一人芝居をします。その中でのセリフです。

1. Bored, bored, bored.　　　　　　　（ひま、ひま、超ひま）
2. Are you kidding?　　　　　　　　　（冗談でしょ）
3. How dare you!　　　　　　　　　　（そっちこそ！）
4. You're fired!　　　　　　　　　　　（あなたはくびです！）
5. You can't fire me!　　　　　　　　（くびになんてできないわ！）
6. Wait! I'm so sorry, I didn't mean it!　（待って、そんなつもりじゃなかったの）
7. Guys! Group hug! Group hug!　　（みんな、ハグしよ。ハグしよ）

　一人芝居のため滑稽と思われるような場面ですが、セリフの1, 2, 3, 6, 7などは、英語圏の学校生活でもよく使われる表現です。"mean" は、「本気で言う、（人が）～のつもりで言う（する）」という意味です。
"guys" は複数形で使う時、仲間たちで「みんな」と呼びかける場合、また先生も授業中に生徒たちに呼びかける時などによく使われます。4, 5の表現はドラマや映画などの中、あるいは現実の社会で、上司と従業員の間で出てくる表現です。

キャスト	ジュニア　　：アンディ・サムバーグ チューリップ：ケイティ・クラウン ネイト　　　：アントン・スタークマン ヘンリー　　：タイ・バーレル	トーディ：スティーブン・クレイマー・グリックマン ハンター　：ケルシー・グラマー ジャスパー：ダニー・トレホ サラ　　　：ジェニファー・アニストン

第7回映画英語アカデミー賞ノミネート作品　小学生部門

ピートと秘密の友達

あらすじ	ピートは両親と山の中を楽しくドライブしていた時、突然鹿が飛び出し、父親がハンドルを切り過ぎて車は崖から転落。一瞬にして両親を亡くします。森の中をさまよう5歳のピートを野生の狼たちが狙います。その場のピートを救ったのは大きな緑色の生き物、ドラゴンでした。ドラゴンと心を通わせたピートは、エリオットと名付け、一緒に森の中で幸せに暮らしていました。存在が知られるまでは。 6年後、森林保護をしているグレースと恋人ジャックの娘ナタリーがピートを見つけます。ピートはすべてに怯え、搬送された病院から脱走を図りますが保護され、一晩ジャックの家でグレースやナタリーと過ごします。なぜ森の中で暮らしていたのか、誰と一緒だったのかを不思議に思うグレースは、父ミーチャムがよく子供たちに話す作り話、ドラゴンの話を思い出します。身元が判明したピートを社会福祉局が保護することになるのですが、グレースはピートのことを思い、福祉局ではなく森へと向かいます。 ジャックの兄ギャビンは、森で大きな足跡を見つけてドラゴンの存在を確信。見世物にしようと、仲間と共に麻酔銃で捕まえます。ピートとナタリー、ミーチャムはエリオットを救い出して森へ向かいます。麻酔から覚めたエリオットは、橋の所で追随車に対して火を吐きます。運悪くジャックとグレースの車が崩壊した橋から谷底へ。しかしエリオットが二人を背中に乗せて舞い上がったのでした。
映画の背景	『ピートとドラゴン』（日本未公開）は1977年、ディズニーがミュージカルで映画化しています。再びディズニーが最新技術の「実写＋アニメ」で蘇らせました。 【異なる点】1977年版のピートは、ゴーガン一家に奴隷のようにこき使われる少年で、ドラゴンのエリオットに助けられて港町へ逃げてきます。舞台は海沿いの町。エリオットを捕まえようとする詐欺師や、ピートを追ってきたゴーガン一家との騒動が描かれます。2016年版では、ピートは自動車事故で両親を亡くし、ドラゴンの住む森に取り残されます。ピートはエリオットに保護され、6年間人間と接することなく森で育ちます。ピートとエリオットが出会うのは森を伐採する林業従事者です。舞台は森と製材所のある町。木が切られ、人間が森に入ってくることがピートとエリオットの危機となります。 ピートの味方は、1977年版では灯台守の親子でしたが、2016年版は森林保護官のグレースと彼女の父親、そしてナタリーです。 【エレクトリカル・パレード】東京ディズニーランドのエレクトリカル・パレードで必ず登場する緑色のドラゴン。そう、あれはエリオットだったのです。 【エリオットについて】特技：姿を消すことができる。菜食主義。体長6.7m、翼幅24m。優しくて温かくて、猫と犬がモデル。2000万本の毛が1本1本描かれ、フワフワとして柔らかい肌触り。

映画情報	製作費：6,500万ドル	撮影場所：ニュージーランド
	製作年：2016年	言　語：英語
	製作国：米国	ジャンル：ファンタジー、冒険、家族
	配給会社：Walt Disney Studios Motion Pictures	使用楽曲：*It's A Good Day*（Peggy Lee）他

Pete's Dragon

(執筆) 子安　惠子

映画の見所

　見所は後半に2つあります。怒ったエリオットが車に向かって火を吐きます。しかし捕まえようとする連中は後方に、助けようとするグレースとジャックの車が前方だったので、グレースの車が炎に包まれてしまいます。それに気づいて助けようとした瞬間橋桁が崩れ、グレース、ジャック、エリオットは谷底へ。皆が諦めかけた時、エリオットが二人を背中に乗せて舞い上がります。そして二人はエリオットから降り、皆一番大切な人のもとへと駆けつけます。ピートはエリオットに、ナタリーは父親のジャックに、父ミーチャムはグレースに。それぞれが一番大切な人と抱き合う感動の場面です。

　後日ピートは新しい家族と共に、北極星に導かれ、ドラゴンが住むという北の地を目指します。そこには多くのドラゴンがいて、楽しそうに宙を飛ぶ元気なエリオットがいたのです。

発売元：ウォルト・ディズニー・ジャパン
DVD価格：1,429円
Blu-ray価格：3,800円
（2018年5月現在、本体価格）

印象的なセリフ

【勇気ある少年】ピートのことを勇気のある少年だと言うセリフ。言い手を変えて3回出てきます。お母さん、次にグレース、そしてミーチャムです。
事故に遭う直前、母がピートに言います。　　　　　　　　　　〔Chap.1, 1:37〕
　I think you are the bravest boy I've ever met.　あなたは一番勇気のある男の子
一晩預かるグレースはピートの身の上を知り、言います。　　　〔Chap.8, 51:58〕
　You're very brave. Did you know that?　勇気があるわ　知ってた？
　You might be the bravest boy I've ever met.　一番勇気のある子かも
映画の最後、ミーチャムによるナレーションで。　　　　　　　〔Chap.15, 93:50〕
　...that same boy, the bravest boy I've ever met.　一番勇気のある　その少年

【エリオットへの最初の言葉】一人森の中にいるピート。彼を狙っていた狼の群れが突然逃げ出します。振り向くと、大きなドラゴンがゆっくり近づいてきて目の前で止まります。ドラゴンを見上げて、ピートは尋ねます。〔Chap.1, 4:14〕
　Are you gonna eat me?　　　　　　　　　　僕を食べるの？
この言葉から、ピートとエリオットの関係が始まりました。

【グレース評】父ミーチャムは、娘グレースをこう評します。〔Chap.2, 9:14〕
　My daughter, she knows a thing or two　娘は物知りだが
　but only if it's staring at her in the face.　見える物しか信じない

公開情報

公開日：2016年 8月12日（米国）
　　　　2016年12月23日（日本）
上映時間：103分
年齢制限：G（日本）、PG（米国）
音　声：英語、日本語
字　幕：英語、日本語、日本語吹替用
オープニングウィークエンド：2,151万4,095ドル
興行収入：1億4,369万5,338ドル

第7回映画英語アカデミー賞ノミネート作品　小学生部門

ピートと秘密の友達

英語の特徴	ピートが出ている場面の英語は、短く簡単な文ばかりです。難しい構文はなくスピードもゆっくりですが、会話ならではの表現が頻繁に使われています。 【gotta, gonna】gotta = got to で have to の意味、gonna = going to。 You gotta be brave.　　　　　　　　勇気がいる　　　　　　〔Chap.1，1:32〕 Are you gonna eat me?　　　　　　　僕を食べるの？　　　　〔Chap.1，4:14〕 【疑問文？】肯定文や単語だけの文を、語尾を上げて疑問文として使っています。 An adventure?　　　　　　　　　　　冒険だって？　　　　　〔Chap.1，1:15〕 You saw a dragon?　　　　　　　　　ドラゴン 見たの？　　　〔Chap.2，7:38〕 【短縮形が頻繁に】are の短縮形 're や did の短縮形 'd は聞き取るのが難しいです。 …you're gonna miss out on a whole lot.　多くを見逃す　　　〔Chap.2，9:19〕 You're pretty good at this.　　　　　あなた上手ね　　　　　〔Chap.5，25:23〕 How'd you get up there?　　　　　　どうやってそこへ？　　〔Chap.5，24:05〕 Where'd you come from?　　　　　　どこから来たの？　　　〔Chap.5，27:24〕 【トリビア】英語の間違いではありませんが、内容が…という箇所です。 　映画の最後、父ミーチャムがナレーションの中で、the North Star shines brightest of all. 北極星が一番明るい〔Chap.15，93:34〕と言っていますが、天文学的には the North Star is only about 50th brightest. が事実です。
学習ポイント	短く簡単な文ばかりなので、どんなレベルの学習者にも適応します。 【とてもとてもゆっくり】5歳のピートが車の後部座席で絵本を読んでいます。 This is the story of a puppy.　　　これは子犬の物語です　　〔Chap.1，00:47〕 His name is...Elliot.　　　　　　　子犬の名前はエリオット 【短い文】ピートに出会ったナタリーのセリフは短く簡単な文ばかりです。 Where are you?　　　　　　　　　　どこにいるの？　　　　〔Chap.5，24:59〕 How old are you?　　　　　　　　　いくつ？　　　　　　　〔Chap.5，26:26〕 What's your name?　　　　　　　　名前は？　　　　　　　〔Chap.5，26:36〕 【ドラゴンの森の歌】歌はお伽話ではなく本当でした。　　　　〔Chap.8，48:45〕 Go North, Go North　　　　　　　　　　　北へ行け　北へ With wings on your feet　　　　　　　　　羽ばたくように Go North with the wind　　　　　　　　　北へ飛べ Where the three rivers meet　　　　　　　三木川の出会う所 Now plant yourself down side the tallest tree　一番高い木のそばに寄り Measure the stars, shining one two and three　星たちの輝きにうっとり Look all around you and see　　　　　　　まわりを見渡すと Deep in the forest there dragons will be.　　深い森　ドラゴンの群れ
スタッフ	製　　作：ジム・ウィテカー　　　　　製作総指揮：バリー・M・オズボーン 監督・脚本：デヴィッド・ロウリー　　　撮　　影　：ボジャン・バゼリ 脚　　本：トビー・ハルブルックス　　　音　　楽　：ダニエル・ハート 原　　案：マルコム・マーモスタイン　　編　　集　：リサ・ゼノ・チャージン

44

ピートと秘密の友達

薦	●小学生　　○中学生　　○高校生　　○大学生　　○社会人	リスニング難易表	
お薦めの理由	「自然と人間」というテーマが根底に流れ、描かれているのは「家族の愛」。小学生には最高の映画です。 　深い森に住む伝説の生き物、緑色のドラゴンは「森＝自然」の象徴です。森の中で5歳のピートを保護したエリオットは、人間を育む大自然。だからエリオットを捕まえたり傷つけたりするのは自然破壊にほかなりません。 　様々な形の家族の愛が描かれているのも現代の小学生に知らせたい点です。もうすぐ結婚するグレースとジャック、彼の娘のナタリー。血が繋がっているのは父と娘だけですが、紛れもなく家族です。グレースと父親ミーチャムの親子の愛、ジャックとギャビンの兄弟の愛。そして何よりもピートとエリオットです。ピートを保護して6年間も一緒に暮らしたエリオットは、紛れもなくピートの家族です。邦題には友達とありますが、正確には友情ではなく愛情でしょう。最後、ピートはジャックの家族の一員となり、エリオットはドラゴンが住むという北の地で、家族を見つけるのです。	スピード	2
		明瞭さ	2
		米国訛	1
		米国外訛	1
		語彙	2
		専門語	1
		ジョーク	1
		スラング	2
		文法	2

発展学習	父ミーチャムの場面は、発音・内容ともに上級の学習者向けでしょう。

【ドラゴンとの出会い】作り話ではなく真実を語り始めます。　〔Chap.10, 58:40〕

Suddenly I realized I wasn't in the sun anymore	急に日がかげり
and I looked up to see what was blocking the sky.	何だろうと空を見上げた
And what did I see? But a dragon.	するとそこに　ドラゴンがいた
...It was like a magic.	魔法みたいに

【最後のナレーション】映画最後の場面です。　〔Chap.15, 93:24〕

There's one little boy	少年は
who could tell you the whole story.	物語のすべてを語れるし
He could even tell you what happens next.	先の話もできるだろう
He knows that the North Star shines brightest of all.	彼は北極星の輝きを知り
He knows that there's magic in the woods,	森にはちゃんと魔法があることも
if you know where to look for it.	知っている
He knows his dragon is still out there.	あのドラゴンがまだいることも
Maybe, if you're lucky,	きっと運が良ければ
that same boy, the bravest boy I've ever met,	一番勇気のある　その少年が
he could tell you where to find him.	居場所を教えてくれる

キャスト	ピート　　　　　：オークス・フェグリー エリオット（声）：ジョン・カーサー グレース　　　　：ブライス・ダラス・ハワード ナタリー　　　　：ウーナ・ローレンス	ミーチャム　　：ロバート・レッドフォード ジャック　　　：ウェス・ベントリー ギャヴィン　　：カール・アーバン デントラー保安官：イザイア・ウィットロックJr.

第7回映画英語アカデミー賞ノミネート作品　中学生部門

パッセンジャー

あらすじ	西暦20XX年、宇宙移民船アヴァロン号は、5,000人の乗客（passengers）と258人の乗務員（crew）を乗せて目的地であるホームステッド2へと航行していました。その旅程は120年です。ところが、30年後のある日、防御シールドが大きな隕石の衝突の衝撃に耐えきれず、船内の一部に支障をきたします。それは乗客のひとり、ジムを蘇生させてしまうのでした。 　独りだけ90年も早く目覚めてジムが話す相手は、バーテンダーのアンドロイド、アーサーだけです。本来なら出来るはずのないスウィート・ルームに泊まったり、宇宙遊泳を楽しんだりと贅沢を片時楽しむジムですが、すぐに孤独感が募り、途方にくれます。そんな中、ひとりの美しい女性オーロラが目覚め、彼女も絶望しますが、ジムと出会い、やがて二人は激しい恋に落ちます。貧しい労働階級の技術者のジムは、ニューヨークのセレブであるオーロラとは、普通ならまず会うことはないはずだったのです。やがて、オーロラの誕生日が訪れ、ジムは意を決して、用意した指輪をプレゼントします。喜ぶオーロラでしたが、そのとき、何気ないバーテンダーのアーサーの発した言葉に、オーロラは激しく傷つき、二人の間には大きな亀裂が生じてしまうのでした。その日からオーロラはジムを拒絶し、二人の関係修復は不可能に思えました。そんな中、アヴァロン号に緊急事態が発生し、二人に眠っている乗組員の命が託されることになっていくのでした。
映画の背景	○ 宇宙で孤独に陥ってしまうといえば、マット・デイモン主演の『オデッセイ』（2015）が記憶に新しいです。現実の世界でも、民間人の宇宙旅行への予約注文も出て、今後ますます宇宙への関心が高まっていくことが予想されます。自分がジムの立場だったら、あるいはオーロラだったらと、思いを巡らせながら鑑賞するとよりこの作品を楽しめると思います。 ○ 近年のVFX（視覚効果）技術の飛躍的発展により、以前に比べれば容易に未知の世界等を描写できるようになってきました。しかし、本作はそれだけに頼るのではなく、セットに豪華宇宙船を作ることによって、より迫力のあるシーンが撮れるようになりました。 ○ アヴァロン号の形状に注目してみましょう。重力発生のためのデザインを重視したことで、あのねじれた形になったそうです。 ○ バーテンダー役のアーサーは、アンドロイドに見えましたか？彼は背骨を硬直させることを意識していたそうです。 ○ 実はオリジナル脚本と本作の映画とでは、ラストシーンが違います。オリジナルでは、アヴァロン号船内の異常で、冬眠ポッドは船外に出てしまい、助かったのはオーロラとジムの二人だけだったことになります。そうなるとオーロラにとってジムは命の恩人になるわけです。

映画情報	製作費：1億1,000万ドル	撮影場所：ジョージア州アトランタ
	製作年：2016年	言　語：英語
	製作国：米国	ジャンル：アドベンチャー、ドラマ、ロマンス、SF
	配給会社：ソニー・ピクチャーズ エンタテインメント（日本）	主題歌：*Levitate*（Imagine Dragons）

Passengers

(執筆) 松葉　明

発売元：
ソニー・ピクチャーズ エンタテインメント
DVD価格：1,280円
Blu-ray価格：1,800円
(2018年5月現在、本体価格)

映画の見所

アカデミー賞美術賞ノミネート作品だけあって、映像の美しさに目を見張るものがあります。
○ オーロラとジムが宇宙空間に出てデート(?)を楽しみます。こんな経験は誰もがしてみたいですよね。　　　　　　　〔Chap.8, 54:42～〕
○「乗客の皆様は展望エリアへお越しください(Attention!)」というだけあって、幻想的なシーンです。「英語の特徴」のところで、この場面の英語を詳しく取り上げていますので、参考にしてください。〔Chap.9,59:17～〕
○ 重力喪失（Gravity loss）によって、プールで泳いでいるオーロラが水の塊の中で溺れるシーンは圧巻です。〔Chap.12, 78:18～〕
○ 和食レストランの登場。　〔Chap.3, 19:21～〕
ジムが注文すると、「ありがとうございます」の日本語が聞かれます。日本人には嬉しいサービスですが、見た目はあきらかに中国です。

印象的なセリフ

○ I woke up too soon.（早く目覚め過ぎた）　〔Chap.2, 11:19〕
船内で目覚めたのが自分一人だけであることがわかったときのジムのセリフです。早過ぎるのが90年とは、驚きですよね。
○ I was giving you space.（君との間に距離を置いていた）　〔Chap.8, 51:26〕
やっとデートに誘ってくれたとオーロラが言ったことに対して、ジムがこう答えます。'space'には「空間」という意味がありますが、他にも「宇宙」があります。そこでオーロラは "Space. The one thing I do not need more of."（スペースですって。もうこれ以上は必要しないわ）と、ユーモアを含めて言います。
○ We're the last two people in the world who would ever get together.
（私たちは普通なら決して出会うことのない二人よね）　〔Chap.9, 57:42〕
恋に落ちたオーロラが語ります。
○ You know, for two unlucky people, we sure got pretty lucky.　〔Chap.9, 59:09〕
（〔薔薇を受け取ったオーロラが〕不運な二人だけど、幸運を手に入れたわね）
○ I was so alone, for so long.（長い間ひとりきりだった）　〔Chap.10, 65:50〕
１年以上独りぼっちだったジムは、こう言って自分の犯した行為を謝ります。
○ You die, I die.（あなたが死んだら私も死ぬ）　〔Chap.14, 94:39〕
自らを犠牲にして船を守ろうとするジムに、オーロラがこう言います。

公開情報

公 開 日：2016年12月21日（米国）
　　　　　2017年 3月24日（日本）
上映時間：116分
年齢制限：G（日本）、PG-13（米国）
音　　声：英語、日本語
字　　幕：日本語、英語
ノミネート：第89回アカデミー賞作曲賞、美術賞
興行収入：3億314万4,152ドル

第7回映画英語アカデミー賞ノミネート作品　中学生部門

パッセンジャー

<table>
<tr><td rowspan="1">英語の特徴</td><td>

○ 主な登場人物は四人で、バーテンダー役のマイケル・シーンが英国人の他、みな米国人なので標準的な米国英語です。会話スピードも平均的です。

○ 子供が一切登場しないので、大人だけで交わされる英語となっています。汚い言葉はほとんど出てこないので、安心して家族で鑑賞できるでしょう。

○ Sci-Fi（空想科学小説）の部類の作品なので、それに関する語や語句は普段聞きなれないので難しいと思われます。「学習ポイント」にその一部を掲載しましたので、参考にしてください。

○ 主たる会話はジムとオーロラ、ジムとバーテンダーのアーサーです。男女間の、そして、お客と店員という立場になって聞いてみるとよいでしょう。また、ホログラムの受付係は、もちろん丁寧な言い回しでゆっくりと話しますので聞き取りやすいでしょう。

○ その他、船内放送の英語に注目してみるのもおもしろいです。特に、この映画の見所の一つを紹介します。　　　　　　　　　　〔Chap.9, 59:17〜〕

"Attention! You may wish to proceed to a viewing area. The Avalon will slingshot around the star Arcturus."

（乗客の皆様は、展望エリアへお越しください。アヴァロン号は恒星アークトゥルスに接近し、加速します）

</td></tr>
<tr><td>学習ポイント</td><td>

○ このSF映画に登場する特徴的な英単語を学びましょう。

'hibernation'＝「冬眠、休眠状態」、'malfunction'＝「不具合、誤動作」、'suspended animation'＝「仮死、人口冬眠」、'interstellar'＝「星と星の間の」のことです。

○ ホログラムの挨拶を聞き取ってみましょう。　　　　　　　　〔Chap.1, 4:26〜〕

"Good morning, James. How are you feeling? ...It's perfectly normal to feel confused. You just spent a hundred twenty years in suspended animation."

（おはようございます、ジェームスさま。ご気分はいかがですか。戸惑われるのは全く普通でございます。冬眠状態で120年間過ごされたのですから）

　文法は中学生レベルです。実は、全く同じセリフをオーロラが目覚めたとき（〔Chap.6, 32:02〜〕）にも聞くことができます。

○ こんな数字の単位、わかりますか？　　　　　　　　　　　〔Chap.7, 43:29〜〕

"Do you know how much Homestead Company made off its first planet? Eight quadrillion dollars! That's eight million billions. Colony planets are the biggest business going."（最初の移住でホームステッド社がいくら稼いだか知ってる？ 8,000兆ドルよ。800万の10億倍。コロニーはビッグ・ビジネスなのよ）

　オーロラがジムに語ります。気の遠くなるような単位の数字ですね。

</td></tr>
</table>

スタッフ		
製　　作：ニール・H・モリッツ他	製作総指揮：ジョン・スペイツ他	
監　　督：モルテン・ティルドゥム	撮　影：ロドリゴ・プリエト	
脚　　本：ジョン・スペイツ	音　楽：トーマス・ニューマン	
衣装デザイン：ジェイニー・ティーマイム	編　集：メリアン・ブランドン	

パッセンジャー

薦	●小学生　　●中学生　　●高校生　　●大学生　　●社会人	リスニング難易表	
お薦めの理由	○ 魅力的な主人公の二人 　オーロラ役のジェニファー・ローレンスは、『世界にひとつのプレイブック』（2012）でアカデミー主演女優賞を受賞し、今最も輝いている女優のひとり。また、ジム役のクリス・プラットは、『ジュラシック・ワールド』（2015）、『マグニフィセント・セブン』（2016）で、今、ワイルド系男子を代表するようなひとりです。まさに宇宙版「アダムとイブ」といえるでしょう。 ○ アカデミー美術賞にノミネートされた美しい映像 　アヴァロン号の外観もさながら、無駄のない洗練された船内の美しさと神秘的な宇宙空間には圧倒されます。 ○ ブラックリストに載った作品 　ザ・ブラックリストとは、ハリウッドの重役たちが選ぶ映画化されていない優秀な脚本のリストのことです。過去に『英国王のスピーチ』（2010）や『アルゴ』（2012）等、高い評価を受けたものがあります。この作品はそれに選ばれているだけの作品といえます。	スピード 明瞭さ 米国訛 米国外訛 語彙 専門語 ジョーク スラング 文法	3 3 2 2 3 4 2 3 3
発展学習	音声だけを聞いて、内容を聞き取ってみましょう。 ○ We will arrive in approximately ninety years.　　　　〔Chap.2, 11:02～〕 （我々の到着はおよそ90年後になります） We arrive at Homestead Two in ninety years, three weeks and one day. （我々がホームステッド2に到着するのは90年3週間と1日です） ジムが間に、"What?"（何だって？）と言うものですから、コンピューターは正確な時間を言うわけです。 ○ Message will arrive in nineteen years.　　（メッセージは19年後に届きます） Earliest reply in fifty-five years.　　　　（最速の返信は55年後です） We apologize for the delay.　　　　　　　（遅延をお詫び申し上げます） That will be six thousand twelve dollars.　（料金は6,012ドルになります） 　　いかに地球から離れたところにいるのかがわかりますね。〔Chap.2, 12:43～〕 ○ …We got lost along the way. But we found each other. And we made a life. A beautiful life. Together.（…私たちは途中見失ったが、お互いを理解しあった。そして素晴らしい人生を築いた。ともに）　　　　　　　　　〔Chap.16, 107:15～〕 　　オーロラのこの言葉で映画は終わります。そして二人が築き上げた緑の木々が、冬眠から目覚めた人々を出迎えます。		
キャスト	オーロラ　　：ジェニファー・ローレンス　　　　ノリス船長　　：アンディ・ガルシア ジム　　　　：クリス・プラット　　　　　　　行政官　　　　：ヴィンス・フォスター アーサー　　：マイケル・シーン　　　　　　　コミュニケーションオフィサー：カーラ・フラワーズ ガス　　　　：ローレンス・フィッシュバーン　（ホログラムの）受付係：ジュリー・セルダ		

第7回映画英語アカデミー賞ノミネート作品　中学生部門

メッセージ

あらすじ

　言語学者のルイーズ・バンクスは、湖畔の別荘に一人で住んでいます。幼い娘のハンナとの思い出が、時々彼女の脳裏に現れますが、どうやらハンナは亡くなっているようです。

　ある日、大学で講義をしていると、周りが騒がしくなってきます。地球上の各所に巨大な宇宙船のような物体が出現したのです。その数は12体。ルイーズは、ウェバー大佐を通して、国から招集され、宇宙船内から発せられる音声の解明を要請されます。そこには、物理学者のイアン・ドネリーらもいたのでした。

　ルイーズたちは防護服を身にまとい、宇宙船内に入ります。当初はコミュニケーションの糸口さえつかめない状況でしたが、彼女が自分を指さして、「人間（Human）」と文字を使ってみると、それに対して反応してきたのです。イカやタコのような姿の異星人は、7本足の一部を使って、墨のような物体を出したのでした。それは文字というよりは、図形のようなものでした。彼らをその姿形から、ヘプタポッドと呼び、2頭をそれぞれアボットとコステロとニックネームをつけて、何とか彼らの来訪の意図を探ろうとしますが、国は攻撃してくるのではないかと畏怖します。また、中国は核攻撃を行おうとさえしているのでした。

　ところで、ルイーズは異星人とのコミュニケーションを取る中で、驚くべき事実を知るのでした。果たして、彼女は中国の核攻撃を阻止できるのでしょうか。

映画の背景

○　異星人との接触を試みることを描いた過去の作品では、『未知との遭遇』（1977）や『コンタクト』（1997）が思い浮かぶのではないでしょうか。また、『コンタクト』に続いて、日本の北海道が登場〔Chap.1, 06:03〕します。

○　本作を理解するのには、「サピア・ウォーフの仮説（Sapir-Whorf Hypothesis）」を知っておく必要があります。これは簡潔にまとめると、「我々の世界観や現実認識は、自分たちの使っている言語にとても影響されている」というものです。本作の中でも〔Chap.8, 62:05～〕のところで出てきています。

○　また、非ゼロ和（Non zero sum）のことも知っておくべきでしょう。ゼロ和は、一方の利益が他方の損失になることです。つまり非ゼロ和とは、ある人の利益が必ずしも他の人の損失にはならないことです。〔Chap.11, 84:08～〕のところで、主人公のルイーズと娘ハンナの会話の中で登場します。

○　テッド・チャンの短編小説『あなたの人生の物語』（*Story of Your Life*）が、この映画の原作となっています。原作では、ハンナの死の原因がロッククライミングの事故となっており、映画では不治の病という点で異なります。

○　異星人の書き言葉となっている、セマグラム（表義文字）はイカの墨がヒントになったそうです。製作スタッフは辞書まで作って、100字以上の言葉を作ったそうです。映画ではそのうちの71文字が使われているとのことです。

映画情報

製 作 費：4,700万ドル	撮影場所：ケベック州モントリオール（カナダ）他
製 作 年：2016年	言　　語：英語、ロシア語、中国語
製 作 国：米国	ジャンル：ドラマ、ミステリー、SF、スリラー
配給会社：ソニー・ピクチャーズ エンタテインメント（日本）	使用楽曲：*On the Nature of Daylight*（Max Richter）

Arrival

(執筆) 松葉 明

映画の見所

- 異星人とのコミュニケーションはどうしたらよいでしょうか。試行錯誤しながらも、相手の使用する言語をどう学んでいったらよいかがわかる、参考になる場面が多く出てきます。
- そのためには数学や理科の知識まで必要になってきます。フェルマーの定理やオイラーの定理は理解できますか？
- SF作品ですが、内容は人間ドラマの要素がたくさんあります。
- 時間の概念がない、時を超越した作品となっており、悲しくも、とても美しい物語といえるでしょう。
- 宇宙船の内部は、VFX (visual effects：視覚効果技術) ではなく、多くはセットで撮影されました。それだけに臨場感があります。また、異星人は重力をコントロールできるという設定になっています。

発売元：
ソニー・ピクチャーズ エンタテインメント
DVD価格：3,800円
Blu-ray価格：4,743円
（2018年5月現在、本体価格）

印象的なセリフ

- Come back to me. (私のところに戻ってきて) 〔Chap.1, 02:29〕
  主人公のルイーズが、娘のハンナに繰り返し使っています。この映画を象徴するセリフの一つとなっています。
- And remember what happened to the Aborigines. A more advanced race nearly wiped 'em out.
  (そしてアボリジニに何が起きたかを覚えておくんだ。より進歩した人種が絶滅させたんだ) 〔Chap.5, 40:36～〕
  ルイーズがウェバー大佐に、異文化コミュニケーションの難しさを「カンガルー」の例を出して説明した後の大佐のセリフです。弱肉強食という人類の負の歴史を思い起こさせます。
- So, Hannah. This is where your story begins. The day they departed.
  (だからハンナ。これがあなたの物語の始まりよ。彼らが去った日)
  〔Chap.16, 106:06～〕
  ルイーズが、亡くなったと思われていた幼い娘のハンナに語ります。これでこの映画の物語が、時間を超越していることがわかります。これは、冒頭のルイーズのセリフ "I used to think this was the beginning of your story."（私はあなたの物語はこの日が始まりだと思っていた）〔Chap.1, 01:37～〕とリンクしています。

公開情報

公開日：2016年11月11日（米国） 　　　　2017年 5月19日（日本）	音　声：英語、日本語
上映時間：116分	字　幕：日本語、英語
年齢制限：G（日本）、PG-13（米国）	受　賞：第89回アカデミー音響編集賞
	ノミネート：第89回アカデミー作品賞他6部門

第7回映画英語アカデミー賞ノミネート作品　中学生部門

メッセージ

英語の特徴

○ 主人公のエイミー・アダムスはイタリア生まれですが、話す英語は標準的な米国英語です。また、ジェレミー・レナーをはじめ、他の俳優たちは米国生まれの米国育ちなので、彼らもまた標準的な米国英語を話しています。

○ 子供は、6歳、8歳、そして12歳のハンナが登場するだけで、会話のほとんどが大人同士のものなので、その分語彙は難しくなっています。しかし、全編を通して汚い言葉はほとんど出てこないので、安心して家族で鑑賞できる作品となっています。

○ 異星人となんとかコミュニケーションを取ろうと奮起する主人公ルイーズのセリフは、当然基礎的な語を用いたものがほとんどなので、その点に着目すると英語学習初級者にも十分理解できる範囲のものとなっています。

○ ルイーズの娘の名前ハンナ（Hannah）は、前から読んでも後ろから読んでも同じという回文（palindrome）になっています。映画の中でも〔Chap.13, 96:24〕に出てきます。「学習ポイント」に載せてありますので、参考にしてください。また、これは英語の言葉遊びの一つです。これはまた、この物語の始めが終わりであり、終わりが始まりという物語自身が回文構造になっています。

　因みに、準主役のジェレミー・レナーのレナー（Renner）の部分も回文となっているのは、単なる偶然でしょうか。

学習ポイント

○ 主人公のルイーズが、愛娘のハンナと話す場面は、とてもわかりやすいです。

Hannah：Why is my name Hannah?　　　　　　　　〔Chap.13, 96:13〜〕

　　　　（どうして私の名前はハンナなの？）

Louise　：Well, your name is very special because it is a palindrome. It reads the same forward and backward.

　　　　（あのね、あなたの名前は特別なの、回文になっているのよ。前から読んでも後ろから読んでも同じなの）

　'civic'（市民の）、'level'（レベル）など、回文（palindrome）の例をいくつか提示してみるといいでしょう。

○ 言語学者のルイーズと物理学者のイアンの会話です。異星人ヘプタポッドの示す 'weapon'（武器）の意味が判明する重要な場面です。〔Chap.13, 97:41〜〕

Louise　：I know what it is.　　　　　　　（何であるかがわかったわ）

Ian　　　：What?　　　　　　　　　　　　（何だって？）

Louise　：It's not a weapon. It's a gift.　　（武器じゃないの。贈り物よ）

　　　　The weapon is their language.　　（武器は彼らの言語なの）

　異星人から出された最初のメッセージ "Offer weapon"（武器を与える）〔Chap.8, 66:54〕から、一触即発になった事態を変えようとルイーズは奔走します。

スタッフ

製　作：ショーン・レヴィ他		製作総指揮：スタン・ヴロドコウスキー他	
監　督：ドゥニ・ヴィルヌーヴ		撮　影：ブラッドフォード・ヤング	
脚　本：エリック・ハイセラー		音　楽：ヨハン・ヨハンソン	
原　作：テッド・チャン		編　集：ジョー・ウォーカー	

メッセージ

薦	○小学生　●中学生　●高校生　●大学生　●社会人	リスニング難易表	
お薦めの理由	○ 今までに見たことのない斬新な宇宙船が登場します。 　　UFOといえば、円盤型のものばかりでした。しかし、本作では、「エウノミア」という火星と木星の間の軌道を公転している小惑星をヒントに創られました。 ○ 墨絵のような表義文字が出てきます。 　　異星人はコミュニケーションの道具として、墨絵のような文字、ここではセマグラム（表義文字）という造語で紹介されています。日本人には墨絵のように見えます。 ○ 時間の概念を考えさせられます。 　　常識的に時の流れは、過去から現在、そして未来へと流れていきます。しかし、本作ではそれだけにはとどまりません。ネタバレになってしまいますが、異星人は3000年後に人類に助けられた恩に報いるために地球にやってきたのです。 　ところで、この映画は予備知識なしで、一度鑑賞しただけでは十分に理解できないかもしれません。このページ等の解説を読んで再度観られることをお薦めします。	スピード	2
		明瞭さ	2
		米国訛	2
		米国外訛	2
		語彙	3
		専門語	4
		ジョーク	2
		スラング	2
		文法	2

発展学習	ここでは大人の少し難しめのセリフに着目してみました。 ○ Ian　：Language is the foundation of civilization. It is the glue that holds a people together. It is the first weapon drawn in a conflict. 　　（言語は文明の基礎だ。人々をつなぐ接着剤だ。それは争いの場での最初の武器となる）　　　　　　　　　　　　　　〔Chap.2, 16:22〜〕 　　物理学者のイアンが、ルイーズと初めて出会ったときに話すセリフです。実はこれは彼女の本からの引用でした。彼はさらに、それは間違ってると言い、物理学者らしく、「言語」ではなく、"it's science."（科学だ）と言います。 ○ Louise：If you could see your whole life from start to finish, would you change things? 　　（もし人生のすべてがわかったら、変えてみる気はある？） 　　　　　　　　　　　　　　　　　　　　　　　　〔Chap.16, 108:02〜〕 　Ian　：Maybe I'd say what I feel more often. But I... I don't know. You know, I've had my head tilted up to the stars for as long as I can remember. You know what surprised me the most? It wasn't meeting them. It was meeting you. 　　（もしかしたら、自分の気持ちを相手にもっと伝えるかも。僕は物心がついたころから星空を見上げていた。だけど一番の驚きは何だと思う？彼らとの出会いじゃない。君との出会いだ）

キャスト	ルイーズ・バンクス：エイミー・アダムス　　　　マークス大尉：マーク・オブライエン イアン・ドネリー　：ジェレミー・レナー　　　　シャン将軍　：ツィ・マー ウェバー大佐　　　：フォレスト・ウィテカー　　8歳のハンナ：アビゲイル・ピニョフスキー ハルパーン捜査官：マイケル・スタールバーグ　　12歳のハンナ：ジュリア・スカーレット・ダン

第7回映画英語アカデミー賞ノミネート作品　高校生部門

はじまりへの旅

あらすじ	人里離れた森の中で父親ベンと6人の子供たち、18歳の長男を筆頭に男の子3人と双子を含む女の子3人が、自給自足の生活をしています。子供たちは学校には通わず、家庭で父親の指導の元、書物を利用してレベルの高い教育を受けています。また、日々様々な厳しいトレーニングを行って身体を鍛え、食料獲得のために野菜の栽培や鹿狩りの技術、火を起こす方法など、自然の中で生きていくためのノウハウを身につけていきます。 　そんな自給自足の生活を続けていましたが、ある日入院していた母親レスリーが亡くなったという一報が入り、スティーブと名づけた自家用バスでワシントン州の森の中からニューメキシコ州に向けて出発します。その道中でさまざまなことを経験しながら、葬儀が行われている教会に到着。家族全員で教会に入りますが、レスリーの父親ジャックに追い出されてしまいます。 　葬儀後、次男レリアンが祖父母の家に残ると言い張るので、夜中に姉のヴェスパーが屋根に登って彼を連れ出しに行こうとして転落。大怪我を負います。 　その出来事を機に、ベンはこれまでの子育てを反省し、子供たちの面倒を祖父母に託して一人帰ろうとしますが、バスには全員が乗っていることがわかり、レスリーの「遺言」を敢行。その後、一家は里に下り、長男は有名大学に行く選択肢を捨てて一人アフリカに旅立ち、残った子供たちは学校に通うようになります。
映画の背景	○ 監督のマット・ロスが語っていますが、「親である」とはどういうことなのかという個人的な疑問が出発点となり、この映画ができあがったということです。従って、この映画は子育てに関する親の苦悩を描いた作品ですが、家族の絆とか、そもそも家族とは何か、といったことについても考えさせられる作品になっています。 ○ この映画には、現代の資本主義や大量消費社会に批判的な眼を向け、それと対比する形で奥深い森の中で自然の恵みを必要最小限頂いて生きる原始的な生活を描くことにより、米国だけでなく多くの先進国が抱えている問題を指摘し、自然との共生、共存のための方法を考えていかなければならないというメッセージも盛り込まれています。 ○ 監督は父親役のヴィゴ・モーテンセンと脚本について何か月も話し合い、撮影に入る数週間前から役作りのために、モーテンセンをはじめ、子役たち全員がアイダホ州北部でサバイバル生活の訓練をしました。ロッククライミング、ヨガ、アーチェリー、火起こし、煮炊き、庭仕事など本番で行う様々なトレーニングを積んだのです。家族として一緒に過ごすことで自然と皆が親しくなり、子供たちの役を演じた6人は役作りに熱心に取り組んで、それぞれの演技力に磨きをかけて本番に臨むことができました。
映画情報	製 作 年：2016年　　　　　　　　　撮影場所：ワシントン州、オレゴン州、 製 作 国：米国　　　　　　　　　　　　　　　　　ニューメキシコ州 配給会社：松竹（日本）　　　　　　　言　　語：英語、エスペラント語 使用楽曲：*Sweet Child o' Mine*　　　ジャンル：コメディ、ドラマ

54

Captain Fantastic

(執筆) 林　雅則

映画の見所

○ 映画の冒頭で美しい森の映像が流れた後、ボウドヴァン（ボウ）がナイフで鹿狩りをするシーンが映し出されます。ショッキングなシーンですが、人も生きていくには自然界の命を頂かなければならないという厳然たる事実を突きつけます。

○ 子育てに奮闘するベンの表情に着目してみましょう。自信に満ち溢れた表情から、時に戸惑い、苦悩し、悲しみ、やがて吹っ切れ、穏やかな表情に変わっていきます。ガソリンスタンドの手洗いで蓄えていた髭をそり落とした後の表情は、それまでの子育ての間違いを認め、前へ進む決意を物語っているようです。

○ トニー賞を4回も受賞した名優フランク・ランジェラがジャック役で出演しています。出番は多くはありませんが、ベンと対峙する重要な場面で存在感を発揮しています。

発売元:松竹
DVD価格:3,800円
（2018年5月現在、本体価格）

印象的なセリフ

3つのセリフを紹介します。

○ We are defined by our actions, not our words.（人は言葉ではなく、行動で決まる）
映画の中で2度使われています。躊躇するベンに、キーラーが母親救出ミッションの実行を迫る時と、レスリーが自身の母親に宛てた手紙をベンが読む時です。

○ Power to the people. Stick it to the man.（人民に力を。権力にノーを）
このセリフも2度、セットで使われています。まず、車内チェックに来た警官を追い出して、ボウが前半の文を言い、ベンが後半を続けます。2度目は、出発ゲートに向かうボウが寄ってきたナイに前半を、ナイが後半を返します。
"Power to the people." は1960年代、権力に抵抗する若者のスローガンになり、ジョン・レノンの1971年発表の曲名にもなっています。後半の文は、"stick it to 〜" で「〜に反抗する」、"the man" は「権力（者）」という意味で、2003年公開の映画 "School of Rock" でも使われています。

○ Live each day like it could be your last.（毎日を人生最後の日だと思って生きて行け）
旅立つボウに向かってベンがいくつかアドバイスをしますが、そのうちの一つです。短い人生を悔いのないように送ってほしい親の気持ちを伝えます。

公開情報

公開日：2016年7月8日（米国）
　　　　2017年4月1日（日本）
上映時間：119分
年齢制限：PG-12（日本）、R（米国）
音　声：英語
字　幕：日本語
受　賞：カンヌ国際映画祭「ある視点」部門監督賞
ノミネート：第89回アカデミー主演男優賞

第7回映画英語アカデミー賞ノミネート作品　高校生部門

はじまりへの旅

<table>
<tr>
<td rowspan="1">英語の特徴</td>
<td>
映画全体を通して、主人公のベンをはじめ、登場人物はほとんどの場面で明瞭な発音で話しています。長男ボウを演じているマッケイはロンドン出身で英国訛りが感じられます。しかし、次男レリアン役のハミルトンはオーストラリア出身ですが、オーストラリア訛りはあまり感じられません。

いわゆる四文字言葉に関しては f… は何度も使われていますが、それ以外に品のない表現やスラングの類は多くはありません。

複数の意味を持つ語がいくつか使われています。まず、2つの固有名詞の例を挙げます。1つ目は、ギリシャ神話の勝利の女神と、スポーツ用品メーカーの社名を意味する "Nike"。2つ目は、有名な小児科医で育児書のベストセラーを著した博士と、かつて人気を博したテレビ番組「スター・トレック」に登場する人物の "Spock"。固有名詞以外の例としては、遊びのゲームと、狩猟の獲物を意味する "game"、コカインから作る麻薬と、割れるを意味する "crack" などです。

また、上記のスポック博士をはじめ、"Pol Pot, Calvin Coolidge, Noam Chomsky, Victor Hugo, Plato, Bach" などの人名、"Lolita" などの書籍、バッハの曲 "The Goldberg Variations"、ボウが合格した "Harvard, M.I.T., Yale, Stanford" などの大学名を含む多くの固有名詞が出てきます。さらに、あまり馴染みのない物理関係の専門用語や、多くの医療用語も使われています。
</td>
</tr>
<tr>
<td>学習ポイント</td>
<td>
非常事態に直面する2つのシーンから、鍵となる表現を学びましょう。

○ 自然の中で危機に直面した時、生き残るための手法：S. T. O. P.

ロッククライミングのトレーニング中に、手に怪我を負ってしまったレリアンに父親ベンが声をかけ、自力で危機を脱出するのを待ちます。

Ben　　：Rell? Can you flex your fingers? S‐T‐O‐P. Stay calm, think, observe and plan. .... There's no cavalry. No one will magically appear and save you in the end. Almost. You got it. Good boy.

（レリアン、指を曲げられるか？S、T、O、Pだ。冷静になり、考え、観察し、計画を立てるんだ…騎兵隊なんかいない。誰も魔法のように現れて最後には助けてくれるなんてことはないぞ。もう少しだ。やったじゃないか。よし）

○ 急病などの緊急事態が発生した時に助けを求める電話番号：911

スーパーでベンが倒れた時にレリアンが叫びます。

Rellian：An old man's having a heart attack! Call 911!（心臓発作だ。救急車を）

緊急通報番号は日本では警察110と消防・救急119で分かれますが、米国やカナダではいずれも911、英国では999（または112）です。警察、消防、救急番号の違う国も有ります。調べてみましょう。
</td>
</tr>
<tr>
<td>スタッフ</td>
<td>
製　作：リネット・H・テイラー　　　　製作総指揮：ニミット・マンカド他
　　　　ジェイミー・パトリコフ他　　　撮　影　：ステファーヌ・フォンテーヌ
監　督：マット・ロス　　　　　　　　　音　楽　：アレックス・サマーズ
脚　本：マット・ロス　　　　　　　　　編　集　：ジョセフ・クリングス
</td>
</tr>
</table>

はじまりへの旅

薦	○小学生　●中学生　●高校生　●大学生　●社会人	リスニング難易表	
お薦めの理由	この映画は、理想郷を求めて大自然の中で父親と６人の子供たちが自給自足の生活をし、子供たちの教育も家庭で行う極端な家族を描いていますが、科学技術が進化し続けている現実の世界で生きている一般の人たちとを対比して描くことによって、子育てや家族のあり方について問題提起しています。 　米国には様々な理由から家庭教育で育つ子供が一定数いると言われています。確かに家庭教育で高度な知識や技能を習得することは可能ですが、社会性が育っていなければ、実社会でうまくやっていくことは困難です。自分と異なる考え方や価値観を持つ人たちを認め、許容し、お互いを尊重しながら共存していくことが大切であるということを、この映画は再認識させてくれます。 　また、人は正しいと思ってやってきたことが間違っていたと分かっても、それを認めて改めることは容易ではありませんが、間違いを認めて新たな一歩を踏み出すことの重要性にも気づかせてくれます。	スピード	3
		明瞭さ	3
		米国訛	2
		米国外訛	2
		語彙	3
		専門語	4
		ジョーク	3
		スラング	2
		文法	3

発展学習	病気と病状、怪我と治療に関する語彙や表現が使われている２つのシーンを取り上げてみました。医療関連の語彙・表現を学びましょう。 ① 妹ハーパー家の食卓で、ベンがレスリーの病名と病状を説明するシーン Ben　：Bipolar affective disorder. We think it started right after Bo was born. Probably a form of postpartum psychosis. She'd have violent mood swings ranging from mania, where she'd be elated and make elaborate plans for the future, to severe depression, where she'd become almost catatonic, utterly without hope. （双極性感情障害。ボウを生んだ後、発症したようだ。おそらく産後精神病の一種だろう。気分が両極端に揺れ、躁状態の時は大喜びで緻密な将来の計画を立てるが、鬱状態の時は強硬症状態で意気消沈してしまう） ② ヴェスパーが病院で手当を受けた後、医師がベンに説明するシーン Doctor：She's got a decent concussion, but we did a cat scan and there's absolutely no damage to the brain. She does have a slight fracture across the tibia and fibula of her left leg. She's going to need a neck brace and a cast. （相当な脳震盪を起こしたものの、CT 画像からは脳に異常はなく、左足の頸骨と腓骨にわずかな骨折が見られるだけです。頸椎カラーとギプスはしてもらう必要はありますが）

キャスト	ベン　　　　　：ヴィゴ・モーテンセン ボウドヴァン：ジョージ・マッケイ キーラー　　　：サマンサ・アイラー ヴェスパー　　：アナリス・バッソ	レリアン　　：ニコラス・ハミルトン サージ　　　：シュリー・クルックス ナイ　　　　：チャーリー・ショットウェル ジャック　　：フランク・ランジェラ

第7回映画英語アカデミー賞ノミネート作品　高校生部門

ラ・ラ・ランド

あらすじ	ロサンゼルスに住む女優志願のミアは、偶然入ったバーでジャズピアニストのセバスチャン（セブ）に出会います。しかし、解雇されたばかりのセブはミアを無視して立ち去ります。後日再会した二人は、黄昏のロサンゼルスを眺めながら歌って踊り、恋に落ちます。ミアはチャンスをつかもうと独り芝居を企画します。セブは旧友キースと出会い、彼のバンドに入るように誘われます。キースの音楽はセブが求める純粋なジャズとは違っていましたが、高給だったので加入を決めます。バンドは大評判でセブは多忙になりますが、ミアとはすれ違い大喧嘩になってしまいます。そして迎えた独り芝居の日、必死に頑張ったにもかかわらず、ミアの芝居は失敗だったという声を耳にしたミアは女優になる夢をあきらめます。ところがミアの舞台を見た有力な配役監督からセブに連絡があり、ミアはオーディションを受けることになります。二人は話し合い、お互いの夢を求めて全力で打ち込むために、愛し合ってはいるけれど別れることにします。 　5年後、ミアは女優として成功し結婚し、セブは念願のジャズクラブを開いていました。セブの店で偶然再会した二人に、5年前の「出会い」がよみがえります——もしあの時セブがミアにキスしていたら、独り芝居が成功し二人でパリへ——すべてがうまく運んでいたのかもしれません。二人とも夢をかなえたとはいえ、二人の愛が戻ってくることはありません…。
映画の背景	米国製作の正統派ミュージカル。ファンタジックなダンスや歌の場面で1950年代のミュージカル映画へのオマージュが感じられます。女優志願の女性とジャズピアニストを目指す男性を主人公にしたラブストーリーです。衣装や装置はカラフルで音楽も美しく軽やか…ミュージカルの王道を行く作品です。注目すべきは、この監督の特徴の一つであるワンシーン・ワンカット（長回し）です。特にオープニング、高速道路上の場面は、歌が始まって終わるまでノーカットで撮影されており大きな効果を上げています。ロマンチックで夢のようなミュージカルとしての完成度が高いのですが、甘いラブストーリーではありません。描かれているのは若い時にしか味わうことができない人生のほろ苦さです。サクセス・ストーリーですが、成功をつかんだことですべてハッピーエンドという物語ではありません。この映画は「夢」を追い求める過程で見過ごすことのできない問題をきちんと描いている点で哀感にあふれています。それは、「夢」を実現させるためには愛する人とお別れをすることがある、ということです。「夢」を取るか「愛」を取るか、という究極の選択に迫られることがあるのです。この映画では、二人は「夢」を選択します。別れた二人は、それぞれ自分の道を進み、成功します。5年後に再会した二人が思い出す「出会い」。ラストシーンに描かれる切ない現実にはきっと胸を締め付けられるでしょう。

映画情報			
	製　作　費：3,000万ドル	撮影場所：米国カリフォルニア州ロサンゼルス	
	製　作　年：2016年	言　　　語：英語	
	製　作　国：米国、香港	ジャンル：ミュージカル	
	配給会社：ポニーキャニオン/ギャガ（日本）	使用楽曲：*City of Stars*（Ryan Gosling）	

ラ・ラ・ランド

La La Land

(執筆) 井上　雅紀

映画の見所

ハリウッド製ミュージカルの典型作品ですが、従来の米国製ミュージカルと少し異なっています。それは抑えた歌唱法です。「サウンド・オブ・ミュージック」のような歌い方ではなく現代風と言ってよいでしょう。また、「夢」を追求する人にとっての普遍的な悩みを描いている点が特徴です。それはミアが感じる自分の「才能の限界」と「才能への疑問」であり、セブが自分の信念を曲げて、お金の為にあまり好きではない音楽を選ぶ「経済的な妥協」です。「夢は必ずかなう」と世間で言われていますが、それほど簡単ではないという現実を見せてくれます。しかし、何といっても歌と踊りの場面は圧巻です。ほとんどがワンシーン・ワンカットで撮影されていて、緻密に計算された完成度の高いライティングやカメラワークなどを十分楽しむことができます。

発売元：ギャガ
DVD価格：3,800円
Blu-ray価格：4,700円
(2018年5月現在、本体価格)

印象的なセリフ

(1) Mia　　　：I'm always gonna love you.　（*gonna = going to)
　　　　　　　（あなたのことはずっと愛しているわ）

　ミアに映画出演の話が来たので、ミアはセブともう一緒にいることはできません。集中して演技に打ち込むために二人は別れることにしましたが、しかし二人は心の底から愛し合っているのです。本当は別れたくないのです。その強い気持ち、「別れてもずっと（いつも）あなたのことを愛するつもり（be going to）」という固い決意が感じられるのがこのセリフです。

(2) Mia　　　：Maybe I'm not good enough!　（たぶん私には才能がないのよ）
　　Sebastian：Yes, you are.　　　　　　　　（いや、あるよ）
　　Mia　　　：Maybe I'm one of those people that has always wanted to do it, but
　　　　　　　 it's like a pipe dream for me.　（どうせ私は女優になりたいと思って
　　　　　　　　　　　　いる普通の女性の一人なのよ。女優なんて私にはかなわない夢よ）

　精魂込めて演じた独り芝居を酷評されて女優になる夢をあきらめたミアのセリフです。女優として演技ができると思って頑張ってきたけど、女優志願の多くの他の普通の女性と同じで自分には才能がない、と言っています。才能があるかどうかは、自分ではわからないものです。そんな不安な気持ちがにじみ出ています。a pipe dreamとは、中が空洞のむなしい夢、実現しない夢のことです。

公開情報

公　開　日：2016年12月 9日（米国）
　　　　　　2017年 2月24日（日本）
上映時間：128分
年齢制限：G（日本）、PG-13（米国）

受賞：アカデミー賞（監督賞・主演女優賞・撮影賞・作曲賞・主題歌賞・美術賞）、ゴールデン・グローブ賞（作品賞・主演男優賞・主演女優賞・監督賞・脚本賞・主題歌賞・作曲賞）

第7回映画英語アカデミー賞ノミネート作品　高校生部門

ラ・ラ・ランド

英語の特徴	2016年の米国ロサンゼルスが舞台なので現代の英語が使われています。女優志願とピアニストという芸術に命を賭ける男女が主人公なので、当然今風でしゃれた英語が話されています。一方、最近の映画には、作り事めいた部分をできるだけ排除して、可能な限りナチュラルでリアルな表現を追求する傾向があります。その結果、日常会話は早口になりやすく、聞き取りにくくなっています。同じことが歌の部分でも言えます。この映画がオマージュとして参考にしている50年代のハリウッド・ミュージカルのように、吹き替えで朗々と大きな声でドラマチックに歌うのではなく、どちらかというと低い声で控えめです。また、吹き替えではなく俳優自身が自分の声で歌っているので、その方が自然ですが、かえって日本の普通の高校生にとっては聞き取りにくいということになります。 　また、登場人物は、ハリウッドの映画演劇関係者やミュージシャンたちですが、それほど専門的な言葉は出てきませんので気にする必要はありません。 　最近の映画では上述したようにリアルさを求めるため、4文字言葉や差別表現が聞かれるようになってきました。しかしそれは一部の映画に限られているといってよいでしょう。この映画のようなハリウッドのメジャー作品では、禁止用語が使われることはまずありません。
学習ポイント	(1)気に入ったセリフ/気に入った場面について 　何度も聞いて一緒に言ってみましょう。暗記したら、音声を消して言ってみます。このDVDは英語字幕が出ないので難しいですが、この方法が一番効果的です。 (2)気に入った歌について 　ミュージカルですから一緒に歌うことができます。CDに付属されている歌詞を見ながら何度も聞いて覚えます。その時、英語の歌詞を読むのではなく、耳に入ってくる音声を聞こえるとおりに歌うことが大切です。日本語にはない発音があったり、[t] 音が消えたり（例 little, pretty）または [r] 音になったり（例 city, water）不明瞭な音があったりしますが、聞こえるとおりに歌うようにしてください。 (3)映画の内容に関して 　主人公ミアの気持ちを考えてみましょう。特に二人が別れる前の最後のセリフ I'm always gonna love you.に込められた彼女の本当の気持ちを推測してみます。女優になるという「夢」のためとはいえ愛するセブとは別れたくない、というのが彼女の正直な気持ちではなかったのでしょうか。「夢」を取るか「愛」を取るか、という人生の選択を迫られた彼女は、セブから言われるままに別れる方を選びます。しかし、このセリフを言う直前の彼女の表情を見れば彼女が「別れ」に納得していないことが見て取れます。
スタッフ	製　　作：フレッド・バーガー他　　　　撮　　影　　：リヌス・サンドグレン 監　　督：デイミアン・チャゼル　　　　音楽（作曲）：ジャスティン・ハーウィッツ 脚　　本：デイミアン・チャゼル　　　　編　　集　　：トム・クロス 振付師：マンディ・ムーア　　　　　　　衣装デザイン：メアリー・ゾフレス

ラ・ラ・ランド

薦	○小学生　　○中学生　　●高校生　　●大学生　　●社会人	リスニング難易表	
		スピード	4
		明瞭さ	4
	【米国製ミュージカルの傑作】	米国訛	3
お薦めの理由	前作『セッション』でアカデミー賞3部門を受賞して話題になったデイミアン・チャゼル脚本・監督の新感覚のミュージカルで、ライアン・ゴズリングとエマ・ストーン（アカデミー主演女優賞）が素晴らしい演技・歌・ダンスを披露し、ジャスティン・ハーウィッツ（アカデミー主題歌賞 *City of Stars*）が魅力的な音楽を提供している、見所満載の作品と言えます。	米国外訛	1
		語　　彙	3
	内容は、(1)フランス製ミュージカル『シェルブールの雨傘』を思わせる恋人との別れと再会の切なさ、(2)若者が「夢」を追求する過程でどうしても直面する人生の選択、の2点が興味を引きます。特に若い人たちの共感を呼ぶで	専門語	2
	しょう。忘れてならないのが、ラストの15分間の「実現した夢」とその代償としての「失った幸福」の対比の中で表現	ジョーク	2
	される哀感です。これは見事というほかはありません。監督こだわりのワン・テイクが作り出す効果も見逃せません。ア	スラング	2
	カデミー賞14部門ノミネートで6部門を受賞しました。	文　　法	3

発展学習	この映画は、主人公の二人のように、夢を抱いて生きていく人にとって、どうしても避けることのできない本質的な悩みや疑問を示しています。 (1)「夢」は必ずかなうものでしょうか？ 　一般にはそのように言われます。しかし、実際にはそう簡単ではありません。ミアのようにオーディションを何度受けても不合格というのが普通です。あきらめないでいつまで夢を追求するのか、その見極めが必要になってくるものです。ミアが独り芝居の失敗で夢をあきらめ故郷に帰りますが、それが現実なのです。 (2)自分の才能への自信と疑問 　ミアは夢をあきらめた理由を、自分に才能がないことを悟ったからだと語ります。普通、夢を追いかける人たちは自分の才能に自信を持っているものです。しかし、いったんその自信が揺らいだら、前に進むことは難しくなります。一方セブは、ジャズピアニストを目指しながらも経済的理由から大衆に受ける音楽を演奏することにします。これはある意味妥協です。つまりセブにはジャズピアニストとして成功する自信が元々なかった（自己の才能に対する自信がなかった）のではないか、という疑問がわきます。最終的にジャズクラブを開くという夢をかなえることはできますが…。「夢」と「自信」と「才能」をどう考えたらよいのでしょう。

キャスト	セバスチャン：ライアン・ゴズリング	ケイトリン　：ソノヤ・ミズノ	
	ミア　　　　：エマ・ストーン	ビル　　　　：J・K・シモンズ	
	トレイシー　：キャリー・ヘルナンデス	キース　　　：ジョン・レジェンド	
	アレクシス　：ジェシカ・ロース	グレッグ　　：フィン・ウィットロック	

第7回映画英語アカデミー賞ノミネート作品　大学生部門

手紙は憶えている

あらすじ	90歳になる主人公ゼヴ・グットマンを中心に展開する復讐劇です。妻のルースを亡くしたことすら忘れる程に認知症が進んでいるゼヴは、介護施設で暮らしています。70年前にナチスによって家族を殺されたという共通点を持つ彼の友人であり、身体が不自由で自ら目的を遂行できないマックスとの約束通り、家族を殺害したオットー・ヴァリッシュを討つべく、託された手紙を手に旅立ちます。オットー・ヴァリッシュはルディ・コランダーという別人になりすましていますが、該当する同名の人物が4人存在します。手紙を危うげな記憶の一部として、また旅程表として、ゼヴは単独で任務を果たすため、それらの人物を訪ね歩くことになるのです。 　旅の道中で出会う少年とその父親、銃の販売店の青年、またホテルの従業員など、老人に対する一般的な気遣いを示す日常性の描写の間に、非日常性を醸し出す物語が織り込まれています。カナダへの移動を挟みつつ、真のオットー・ヴァリッシュを求めて、ゼヴは4名のコランダーを訪ねます。それぞれのコランダーには、物語上の様々な役割が与えられています。第二次世界大戦時の加害者の多様性、被害者の多様性、そして差別や偏見の連鎖など、各コランダー（とその息子）とのやり取りは大団円前の場つなぎなどではなく、観客に色々な問題を考えさせ、最後のどんでん返しを一層意味深いものとする役割を果たしています。
映画の背景	第二次世界大戦中（1939年-1945年）のナチスドイツの非人道的政策とその結果生じた陰惨な歴史的出来事を、観客が知っているということが、この作品理解の大前提となります。当時のドイツによるユダヤ人の隔離、強制労働、人体実験、大量殺戮などに纏わる悲劇は、これまでにもスティーヴン・スピルバーグ監督の『シンドラーのリスト』（1993）や、ロマン・ポランスキー監督の『戦場のピアニスト』（2002）をはじめとして、様々な視点から映画化されてきました。また、ヴィクトール・E・フランクルの『夜と霧』や、アンネ・フランクの『アンネの日記』など数え切れない程の関連書籍も出版されてきました。これらの歴史的悲劇が起こった最も象徴的な場所がアウシュビッツ強制収容所であり、この施設単独でも150万人前後の人々が命を失ったと言われています。またそこは、登場人物のマックスとゼヴが生き延びたと設定されている収容所でもあります。ユダヤ人に対してのみならず、ロマに対しても絶滅政策が取られたり、障害者や同性愛者に対しても迫害政策が取られたりしました。 　『手紙は憶えている』の中では、その歴史的事件に関する回想はなく、あくまでも、ホロコーストから70年が経過した生存者が抱くリアルな感情に焦点が絞られ、むしろそれ故に、その出来事の悲惨さが浮き彫りになります。ユダヤ人の思いに主軸を置きながらも、ナチス犠牲者としての同性愛者にも目を向けています。
映画情報	製作費：1,300万カナダドル　　　　　撮影場所：トロント、オンタリオ（カナダ） 製作年：2015年　　　　　　　　　　言　　語：英語、ドイツ語 製作国：カナダ、ドイツ、南ア、メキシコ　ジャンル：サスペンス、ドラマ 配給会社：アスミック・エース（日本）　使用楽曲：ワーグナー、トリスタンとイゾルデ

Remember

(執筆) 安田 優

映画の見所

復讐劇とは言っても、物語は緩やかなテンポで展開します。しかし、ゼヴがコランダーやその息子と対峙する場面では、対照的に観客の緊張感を高めるように構成されています。被害者としての憤怒と悲しみを抱くゼヴの姿が繰り返し提示された後、最後のコランダーと対決します。

その人物はゼヴを見て驚きの色を隠せません。彼はゼヴと共に素性を隠し、生きてきたナチスSSの残党であり、ゼヴこそがオットー・ヴァリッシュその人だったのです。ゼヴが彼を殺し、自殺するまでの行動は、マックスの復讐のための筋書きだった訳です。認知症による記憶の曖昧性を利用し、偽の記憶を植えつけ、最後には同胞同士の殺害へと追い込む場面からは、アウシュビッツに代表される負の歴史がいかに被害者に深い怒りと恨みを刻み込む出来事だったのかを読み取ることができるでしょう。

発売元:アスミック・エース
DVD価格:3,800円
Blu-ray価格:4,700円
(2018年5月現在、本体価格)

印象的なセリフ

ゼヴが2人目のコランダーを訪ねた際の対話です。ドイツ語訛りで、簡単な構文を使ってゆっくりと話されています。ゼヴがコランダーに対して、"Are you Rudy Kurlander?／Are you German?／Were you at Auschwitz?" という3つの質問をし、コランダーが "Yeah／Yes" と答えた後、次のやりとりが続きます。

Zev	:I was at Auschwitz. My whole family was murdered at Auschwitz.
Kurlander	:I'm so sorry.
Zev	:You're... you're sorry...
Kurlander	:Yeah.
Zev	:What you did is something you cannot apologize for. I swore I would kill the man responsible for the death of my family. You're Jewish?
Kurlander	:Homosexual.
Zev	:<u>It is I who am sorry</u>. I'm sorry. I'm so sorry!〔31:52-33:48〕

ここでは特に引用下線部の強調構文に注目しましょう。その直前までゼヴが銃を突き付けていた人物の腕に、ゼヴは収容所の被害者たちに刻みつけられていた数字を見つけます。加害者だと思っていた人物が実は被害者だとわかった後に、このセリフが発せられます。この場面は、ゼヴが加害者側に属するという自らの素性を思い出す、映画ラストシーンの伏線にもなるセリフです。

公開情報

公開日:2015年12月17日(米国)
　　　　2016年10月28日(日本)
上映時間:95分
年齢制限:PG-12(日本)、R(米国)
音声:英語
字幕:日本語
受賞:第16回カルガリー国際映画祭、第30回マール・デル・プラタ国際映画祭観客賞

第7回映画英語アカデミー賞ノミネート作品　大学生部門

手紙は憶えている

英語の特徴	主人公のゼヴをはじめとして、物語に登場する主要人物には高齢者が多く、一部を除いては、全般的にゆっくりとした聞き取りやすい明瞭な発音で話されています。また、ゼヴやマックス、そして複数のコランダーたちはドイツ出身という設定もあり、外国訛りの英語が比較的平易な構文や語彙を使って話されていることも、聞きやすさを高める要素となっています。そのため会話に使われている語彙・表現をロールモデルとして、会話練習をするのにも向いています。また、会話をもとに、中学・高校で学んだ文法について復習を兼ねて検討するのにも適した素材だと言えるでしょう。 　この作品には性的な場面は含まれていませんが、いわゆるSワードが1回、Fワードが23回使われています。〔55:30〕からの数分に集中して使われていますので、注意すべき表現と意識して鑑賞するか、該当場面を早送りするという形で対応してもいいでしょう。また、"concentraltion camp"（強制収容所）、"SS officer"（ナチス親衛隊）、"deport"（強制送還する）など、作品のテーマ関連表現と共に、"Nazi"（ナチス）など使い方に気をつけるべき表現も含まれています。それ以外の言語・映像表現については、大学生以上を念頭に置くのであれば問題ないでしょう。切符を買う場面やホテルでのチェックインの場面など、日常生活に役立つ表現も散りばめられており、様々なレベルで活用できる学習素材です。
学習ポイント	この作品には多くの有益な情報や検討すべきテーマが含まれています。まずは主人公ゼヴが訪ね歩く人物との対話場面を中心に学習を進めるといいでしょう。 　　①アウシュビッツとは無関係のコランダーとの場面〔20:53-25:07〕 　　②同性愛者であるコランダーとの場面〔31:52-00:33:48〕 　　③かつての同胞であったコランダーとの場面〔76:47-86:19〕 これらの場面では、英語以外を母語とする高齢者同士が、英語（部分的にドイツ語）で対話しています。英語で話すことを躊躇する学習者もいるかもしれませんが、ここでの会話を検討すれば、意見を伝えるために、難解な語彙表現や複雑な文法が必ずしも必要ではないことがわかります。重要なのは基本なのです。まず、上記の場面を字幕なしで鑑賞し、漫然と聞くのではなく、書き取りをしてみましょう。次に作品スクリプト（https://www.springfieldspringfield.co.uk/movie_script.php?movie=remember）を活用し、書き取れなかった部分を確認しましょう。この作業を行うことで、理解不足の点が明確になり、わからなかった原因がどこにあるのか（語彙・表現、文法、音声, etc.）を把握できます。学習者が自分の苦手部分を認識し、それを補うことが英語力アップの近道です。その後、セリフの文法構造も分析し、会話の中でどのように使われ、また発話の中で、どのように応用可能かを検討するといいでしょう。
スタッフ	製　　作：ロバート・ラントス 　　　　　　アリ・ラントス 監　　督：アトム・エゴヤン 脚　　本：ベンジャミン・オーガスト　　製作総指揮：マーク・マセルマン他 撮　　影：ポール・サロシー 音　　楽：マイケル・ダナ 編　　集：クリストファー・ドナルドソン

手紙は憶えている

薦	○小学生　　○中学生　　○高校生　　●大学生　　●社会人	リスニング難易表	
お薦めの理由	現代社会においては、少しでも差別や偏見を内包する発言は許されません。仮に発話者が差別や偏見を意図していなくても、他者の文化的・社会的・歴史的背景に無知である場合、意思疎通すべき相手の感情を傷つける発話をする可能性があります。私たちの日常生活では意識することが少ない事象の一つが、ナチスによるユダヤ人や同性愛者迫害の歴史でしょう。本作品で明示されているように、他者からの、人権を踏みにじるような弾圧は、70年余りの時を経ても、当事者の記憶から薄れることがない体験なのです。実は迫害者側であったゼヴは、認知症のために迫害者としての記憶を失い、自己を被害者だと誤認します。かつての加害者でも被害者の痛みを体感しうることを示すこの構図は、迫害の悲惨さを現実として提示してくれます。この作品を通して、被害者側の視点から、差別や偏見などの問題について考えることで、学習者は相手の文化・社会・歴史的背景に敬意を払い、尊重するというコミュニケーションの基本を体得できるでしょう。	スピード	2
		明瞭さ	2
		米国訛	3
		米国外訛	2
		語　彙	2
		専門語	2
		ジョーク	2
		スラング	2
		文　法	1

発展学習	基本的な文法事項の修得・学習は、発信力向上に不可欠です。挨拶などに留まらず、しっかりとした内容のある発話や文章を組み立て、発信するためにも、文法項目の振り返りは大事です。余裕があれば、先述のゼヴとコランダーたちとの対峙場面を元に、次のテーマについての見解を、英語で発する練習をしてみましょう。 　　　①全体主義国家における個人としての自己責任について 　　　②人種に基づく差別・偏見と同性愛者に対する差別・偏見について 　　　③素性を偽っている戦争犯罪者とその家族について まず、自分自身の考えをまとめ、その考えを発信するために必要な語彙・表現を辞書で調べましょう。次に簡単な構文を使って、その考えをどのように表現しうるかを検討してください。難解な内容を表現するために、複雑な構文は必要ないことを意識しましょう。さらに映画スクリプトを活用し、使える表現を探してみてもいいでしょう。例えば③についての発話であれば、映画中の "stole the identities" といった表現を応用できるかもしれません。また自分の意見をサポートするセリフを探し、それらを引用しながら見解を補強する練習をすることでも、より説得力のある発話へとつなげることができます。可能であれば、ペアあるいはグループ作業を通じて、一層深みのある見解、そして表現力を得るべく努めてみましょう。

キャスト	ゼヴ・グットマン：クリストファー・プラマー　　ルディ・コランダー1：ブルーノ・ガンツ マックス・ザッカー：マーティン・ランドー　　　ルディ・コランダー2：ハインツ・リーフェン チャールズ・グットマン：ヘンリー・ツェニー　　ルディ・コランダー4：ユルゲン・プロホノフ ジョン・コランダー　　：ディーン・ノリス　　　モリー・エリザベス　：ソフィア・ウェルズ

第7回映画英語アカデミー賞ノミネート作品　大学生部門

マンチェスター・バイ・ザ・シー

あらすじ	ボストンで便利屋をしながら孤独に暮らすリーは、兄ジョーの死の知らせを受けて、かつて住んでいたマンチェスター・バイ・ザ・シーへ戻ります。 ジョーは元々心臓の病気で、永くは生きられないという宣告を受けていました。ジョーには、妻と息子のパトリックがいましたが、アルコール依存症だった妻とはすでに離婚しており、16歳のパトリックが一人残されます。ジョーの遺言で、リーはパトリックの後見人になります。ジョーの葬儀の準備や、パトリックの今後のことで、リーはマンチェスター・バイ・ザ・シーに留まりますが、それは彼にとって大変つらいことです。 ジョーの死の知らせを聞いて、様々な人から連絡がありますが、その中に、リーの元妻のランディがいます。彼はかつて、妻ランディと三人の子供たちと共にこの町に住んでいましたが、自らの不注意で火事を起こし、家と三人の子供たちを失ってしまいました。その後、妻と別れてこの町を去り、ボストンで孤独に暮らすようになりました。そんなリーを兄ジョーは心配して何くれとなく気遣っていましたが、そのジョーももはやいなくなり、逆にリーがパトリックのことを考えなければならなくなります。 ジョーの死をきっかけに、リーは自らの悲劇と向き合っていくことになるのです。
映画の背景	物語の舞台は、ボストンと、タイトルになっているマンチェスター・バイ・ザ・シーです。 ボストンは、マサチューセッツ州の州都で、人口約65万人、ニューイングランド地方の政治的、経済的、文化的中心地です。「マンチェスター・バイ・ザ・シー」は、これ全体で町の名前です。その名の通り海辺の町で、ボストンから車で1時間余りのところにあり、リゾート地となっています。しかし、映画中では、季節のせいもあってかリゾート地の雰囲気は余りなく、寒々とした風景が、主人公の心象風景とよく合っています。ストーリーの大部分は、（ジョーの死と回想の火事以外）何か大きな出来事が起こるわけではなく、淡々と進んでいきます。 ストーリー展開の特徴の一つとして、時間的に前後した場面がしばしば挿入されることが挙げられます。回想シーンだとはっきり示すような目印もなく、パトリックが幼い、などで回想と分かる場合もあるので、ストーリーがやや追いにくいかもしれません。 登場人物の感情は、多くの場合言葉で説明されず、言っていることと感情が裏腹なこともあります。ちょっとした仕草や表情が大きな意味を持つので、よく理解するには注意深く視聴することが求められる作品です。
映画情報	製作費：850万ドル　　　　　　　　　　　撮影場所：マンチェスター・バイ・ザ・シー、 製作年：2016年　　　　　　　　　　　　　　　　　　マサチューセッツ州（米国） 製作国：米国　　　　　　　　　　　　　　言語：英語 配給会社：ビターズ・エンド、パルコ（日本）　ジャンル：ドラマ

Manchester by the Sea

(執筆) 轟　里香

映画の見所

主人公のリーは、悲劇的な出来事で家族を失って以来、故郷を離れ、心に傷を抱えたまま孤独に生きています。映画は、兄の死をきっかけに故郷に戻らざるを得なくなったリーの姿と、兄の遺児パトリックや元妻のランディらとの関わりを淡々と描いていきます。最後までリーの心情には余り変化がないまま、物語が終わるように見えます。しかし、ちょっとしたセリフや行動の中に、リーの再生への兆しが感じられます。現実には、家族を失った人が立ち直るのは容易ではなく、何かをきっかけに劇的に変化するというものではないでしょう。そういう意味で、この映画は、人間の再生を極めて現実的に描いているといえます。登場人物の感情に関する説明は余りなく、言わば「行間を読む」必要がある作品です。それにより、見る人の経験や背景によって様々な解釈が可能になるという魅力があります。

発売元：
NBCユニバーサル・エンターテイメント
DVD価格：1,429円
Blu-ray価格：1,886円
（2018年5月現在、本体価格）

印象的なセリフ

リーの再生に関わる印象的なセリフがあります。一例は、リーと元妻ランディの会話の場面に出てきます。ジョーの訃報を聞いたランディはリーに電話をかけてきます。ランディはすでに再婚していますが、妊娠していることをリーに告げます。ジョーの葬儀後、リーとランディは街角で偶然出会います。この元夫婦が火事の後どのように別れるに至ったかは、この場面のランディのセリフだけで描かれます。おそらく、ランディはリーの過失を激しい言葉で責め、リーは黙っていたのでしょう。そのとき言ったことを、ランディは泣きながら詫び、次のように言います。"My heart was broken. It's always going to be broken. And I know yours is broken, too." これに対して、リーは "Thank you for saying everything you said." と感謝します。リーの再生につながる重要な場面です。他の例は、パトリックとの会話に出てきます。リーはつらい思い出のある故郷に留まることを望まず、パトリックを連れてボストンに戻ろうとしますが、パトリックはボストンに行きたがらず、リーが自分とマンチェスター・バイ・ザ・シーに留まってくれればと願っています。結局リーは一人でボストンに戻ることにしますが、その際 "I can't beat it." と言います。これは一見リーが立ち直れないことを示しているようですが、パトリックに対して自分の弱さを見せることができたということは、（逆説的ですが）乗り越える一歩を踏み出したと捉えることができます。

公開情報

公 開 日：2016年11月18日（米国）
　　　　　2017年 5月13日（日本）
上映時間：137分
年齢制限：G（日本）、R（米国）
音　　声：英語
字　　幕：日本語
受　　賞：第89回アカデミー主演男優賞、脚本賞
ノミネート：第89回アカデミー作品賞他3部門

第7回映画英語アカデミー賞ノミネート作品　大学生部門

マンチェスター・バイ・ザ・シー

英語の特徴	この映画の登場人物のほとんどは、タイトルとなっているマンチェスター・バイ・ザ・シーの出身者です。 　英語は典型的なニューイングランド地方の英語で、母音の後の[r]を発音しないなどの特徴があります。 　会話のスピードはそれほど速くなく、発音も明瞭で、比較的聞き取りやすいものです。ただ、二人以上の人物が同時にしゃべる場面が少なからずあり、この点がややセリフを聞き取りにくくしているかもしれません。 　語彙は、専門用語は少なく、理解しやすいものです。 　主人公は、過去の悲劇的な出来事から精神的問題を抱えており、また、ストーリーも主人公の兄の死を巡って展開していく深刻なものなので、笑える場面やジョークはほとんどありません。 　主人公は、普段は物静かな雰囲気ですが、突然人に食ってかかったり、なんでもないことで見ず知らずの人を殴り倒したりするなどの問題行動を起こしますが、それらは過去の出来事のショックによるものでしょう。そのような場面だけではなく、日常的な会話においても四文字言葉が非常に多く、これもこの映画の英語の特徴と言えます。主人公をはじめ主要登場人物がブルーカラー労働者であることが影響を及ぼしているとも考えられます。
学習ポイント	英語は比較的聞き取りやすく、その点では英語のリスニングの学習に向いています。ただ、四文字言葉が非常に多いので、真似をしないように注意する必要があります。内容的には、心に傷を負った人間の再生という重いものです。ドラマッチックな展開があるわけではなく、些細に見える出来事や、登場人物のちょっとした仕草、表情などが何らかの意味を持つ作品で、よく理解するには注意深く視聴することが求められます。若い視聴者には理解しづらく感じるところもあるかもしれませんが、それぞれのエピソードが映画のテーマにとってどのような意味を持つかを自分なりに考えてみましょう。例えば、16歳のパトリックが二人のガールフレンドと付き合い、そのうちの一人と彼女の母親の目を盗んで大急ぎで性行為を行おうとするというエピソードがあります。一見、リーの再生とは無関係のように見えるエピソードですが、リーの態度の変化に注目できます。リーは、パトリックが二人の女性と同時に付き合っていることに初めは関心を示していない様子でしたが、物語の後半でははっきり嫌悪感を示しています。このことが、リーのどのような変化を示すものか考えてみることができます。このように、それぞれのエピソードがどのような意味を持つかを考えることによって、この映画に対する理解が深まります。視聴者によって様々な解釈ができる作品なので、同級生と話し合ったり、年長の人の感想を聞いたりすることも、映画の理解に大変役立つでしょう。
スタッフ	製　　作：マット・デイモン　　　　　　製作総指揮：デクラン・ボールドウィン他 　　　　　キンバリー・スチュワード　　　撮　　影：ジョディ・リー・ライプス 監　　督：ケネス・ロナーガン　　　　　音　　楽：レスリー・バーバー 脚　　本：ケネス・ロナーガン　　　　　編　　集：ジェニファー・レイム

マンチェスター・バイ・ザ・シー

薦	○小学生　　○中学生　　○高校生　　●大学生　　●社会人	リスニング難易表	
お薦めの理由	この映画は、劇的な展開があるわけではなく、ストーリーは淡々と進んでいきます。登場人物の感情は、多くの場合ちょっとした仕草や表情で示されます。説明的なところは少なく、その分、見る人の経験や背景によって様々な解釈が可能になります。人生経験を積む程味わい深くなる作品です。年少の学習者には理解のために解説が必要になりますが、余り解説することは、解釈を固定しこの映画の良さを損なってしまいます。そういう意味でこの作品は大人向けの映画と言えます。 　この映画に描かれたほどの悲劇は、誰もが経験するというものではありませんが、物語の中には誰にでもあてはまる普遍的な事柄が含まれています。自分が過失を犯した時どう対応するか、他の人が過失を犯した時どう反応するか、失敗から立ち直る時何が助けになるか、見る人によって感じることがいろいろあるでしょう。困難に出会う時、その一場面が心に浮かぶ映画。『マンチェスター・バイ・ザ・シー』はそのような作品です。	スピード	3
		明瞭さ	3
		米国訛	2
		米国外訛	1
		語彙	3
		専門語	2
		ジョーク	1
		スラング	3
		文法	2
発展学習	ボストンとマンチェスター・バイ・ザ・シーのあるマサチューセッツ州は、アメリカ合衆国建国の歴史と深く関わっています。米国の建国の歴史について調べ、映画の舞台となっている地域に対する理解を深めましょう。映画の中で登場する人々は、その多くが何らかの問題を抱えています。亡くなったジョーの元妻は深刻なアルコール依存症でした。主人公リー自身も、過去の出来事において、泥酔しさらにビールを買い求めに行って、そのことが悲劇を引き起こす原因の一つになっています。警察での事情聴取の中では、薬物が存在していたことにも言及されています。その他、それほど重要ではない登場人物（リーが便利屋として訪問する家庭など）にも何らかの問題があるように見えます。このような、薬物・アルコール依存症の問題など米国における社会問題の現状を調べてみることもできます。物語の中には、文化的に理解しづらく感じるエピソードもあります。例えば、パトリックが、母親と彼女の新しいパートナーのもとを訪問する場面です。帰りの車の中でパトリックとリーの話の中に宗教に関する話題が出てきます。パトリックは母親のパートナーのことを "very Christian" と表現します。この訪問はうまくいかなかったことが示されるのですが、その理由を理解するには米国の宗教事情に関する知識が役立つかもしれません。このように、疑問に思った点やよく分からないと感じた点に関する社会的・文化的背景を調査することによって、映画に対する理解がより深まるでしょう。		
キャスト	リー・チャンドラー　：ケイシー・アフレック ランディ・チャンドラー：ミシェル・ウィリアムズ ジョー・チャンドラー：カイル・チャンドラー パトリック・チャンドラー：ルーカス・ヘッジズ	幼い頃のパトリック　：ベン・オブライエン エリーズ・チャンドラー　：グレッチェン・モル スタン・チャンドラー　：トム・ケンプ ジョージ　　　　　　：C・J・ウィルソン		

第7回映画英語アカデミー賞
候補映画

2017年発売開始の主な新作映画DVD

第7回映画英語アカデミー賞　候補映画

アングリーバード

あらすじ	舞台は飛べない鳥たちが平和に暮らすバードアイランド。個性的で怒りんぼうのレッドはいつも仲間はずれです。ある日、ケーキの配達の仕事でしくじった際にレッドが逆ギレしたことが事件に発展し、街の裁判にかけられます。怒りをコントロールするためのリハビリに通うことを命じられた彼は、その教室でチャックとボムと知り合います。ある日、ブタのピッグ軍団がバードアイランドにやってきて、心優しい鳥たちは彼らをもてなします。レッドは、ピッグたちが悪だくみをしているのではないかとみんなに警告しますが、誰も信じてくれません。レッドはチャックとボムと共に、憧れのヒーローのマイティ・イーグルの助けを求めますが、力になってもらえず落胆します。ある日、ピッグ軍団が次々と島のタマゴを盗み出し、ようやくピッグたちが悪者だと気づいたバードたちは、レッドの警告に耳を傾けなかったことを反省します。バードたちと喧嘩を繰り返していたレッドですが「島のオレたちの子供を絶対に取り戻す！」と、立ち上がります。島中のバードたちはレッドをリーダーに団結し、ピッグたちの楽園にタマゴを取り戻す旅に出ます。飛べないバードたちはスリングショット（パチンコ）を駆使し、ピッグ軍団に体当たりで挑み、次々と建物を破壊していきます。マイティ・イーグルの力も得て、激しい戦いを乗りこえてタマゴを取り戻した鳥たちは、レッドに心から感謝し、ようやく島にもレッドにも平和が戻ります。
映画の背景	アニメ『怪盗グルーの月泥棒 3D』の製作者が手掛けた３Dアニメーションで、ゲームアプリを基にして作られた大ヒットを記録している映画です。世界39カ国でオープニング興行収入１位、全世界30億ダウンロードの大ヒットはゲームアプリなくして成し得なかったでしょう。"Angry Birds（アングリーバード）"はフィンランドの Rovio Entertainment 社がモバイル専用ゲームとして開発し、2009年12月に Apple Store から販売されています。最近話題のゲームアプリ"ポケモンGO"でも現在世界で約５億ダウンロードとされていますので、アングリーバードの人気ぶりがうかがえます。Rovio の日本代表、アンティ・ソンニネン氏は作品の制作秘話について語っていますが、Rovio は2003年に設立され、モバイルゲームの開発から始まってアングリーバードの前に51個のゲームを開発したものの、大ヒットとはならず、2009年に倒産の危機に直面した時にiPhone 向けのゲームを開発し、これが52個目の「アングリーバード」となりました。 　ゲームと映画の大きな違いは、ゲームの鳥たちは、羽も足もないキャラクターなのに対し、映画では鳥たちは両手両足を持っています。しかし、実際に大空を飛べたのは伝説の鳥マイティ・イーグルだけで、レッドたちは、二足歩行をして言葉も自由に話し、日々の生活は、まるで人間社会のように描かれています。
映画情報	製 作 費：7,300万ドル　　　　　　撮影場所：カナダ・バンクーバー 製 作 年：2016年　　　　　　　　言　　語：英語 製 作 国：米国、フィンランド　　　ジャンル：アニメ、コメディ、ファミリー 配給会社：Columbia Pictures　　　使用楽曲：*Friends*（Blake Shelton）他

The Angry Birds Movie

(執筆) 松家由美子

発売元：
ソニー・ピクチャーズ エンタテインメント
DVD価格：1,280円
Blu-ray価格：1,800円
(2018年5月現在、本体価格)

映画の見所

　いつも怒っている主人公のレッドですが、レッドが短気で独りぼっちになった原因が随所に表されています。両親をなくし、子供の頃から太いまゆげのレッドのことを仲間は「まゆげ」と呼び、バカにして仲間はずれにします。また、大空を飛んだという伝説のマイティ・イーグルに憧れるレッドを「まゆげ、本当はマイティ・イーグルはいないって知らないの？おうちで教えてもらえないし、友達いないから知らないよね」と心ない言葉を投げつけます。いじめられたレッドは次第に心を閉ざすようになります。寂しさを怒りでぶつけるようになったのでしょう。それでも敵のピッグからバードたちのタマゴを奪い返そうとする、勇気ある姿はレッドに拍手を送りたくなる場面です。レッドをいじめたバードたちも反省し、村にレッドの家を建ててレッドを迎える最後はほっとする場面です。

印象的なセリフ

　レッドが怒りをコントロールするために判事に下された判決です。
"Mr. Red, given the severity of the crimes, I have no choice but to impose the maximum penalty allowed by the law. Anger management class."（レッド君、君の犯した罪の重さを考えると、最も重い罰は仕方あるまい。怒りのコントロール方法を学んでもらおう）この判決で、レッドは怒りをコントロールするリハビリ教室に通うことになります。「～するのは仕方がない」という表現に、"I have no choice but to～" が使われています。

　このストーリーの印象的な場面は、レッドがピッグたちに盗まれたタマゴを取り返そうと決心する場面です。
Red: Come on, we're birds. We're descended from dinosaurs. We're not supposed to be nice. Right? We're getting our kids back."
　（オレたちは鳥だぞ！オレたちは恐竜の子孫なんだ！おとなしくなんかないんだよ！子供たちを取り返そう！）
　With every single feather of my being, I am not gonna let any of these eggs get taken from the parents.
　（オレは全身全霊、全羽毛をかけて盗まれたタマゴを一つ残らず親の元へ戻すぞ！）
レッドの強い決意が表されている一文です。

公開情報

公開日：2016年 5月20日（米国）
　　　　2016年10月 1日（日本）
上映時間：97分
年齢制限：G（日本）、PG（米国）
音　　声：英語
字　　幕：日本語
オープニング・ウィークエンド：3,815万5,177ドル
興行収入：3億4,971万9,305ドル

第7回映画英語アカデミー賞　候補映画

アングリーバード

英語の特徴	島に暮らすバード同士や、敵のピッグ軍団との会話ですので、シンプルで短いものが多いのが特徴です。そのぶん、語彙増強やリスニングに有益です。訛りや方言はなく、専門用語、スラングの多用もありません。 　前半部分はバードたちの日常生活が描かれ、大げさな身振りを伴う会話で聞き取りやすいでしょう。登場するキャラクターにより話すスピードは違います。黄色い鳥のチャックは早口ですが、他のバードたちは聞き取りやすいスピードです。語彙のレベルも難易度の高いものはありません。アニメなので登場するキャラクターの口の動きは人間の口の動きとは違うため、口の形はヒントにはできませんが、全体的に聞きやすい英語です。 　また、ストーリーの途中で挿入歌が流れますが、レッドの孤独な気持ちが表された曲も多く、特にレッドが自分の家の模型を作って、みんなが住む村に一緒に暮らすことを想像する場面で挿入されている Limp Bizkit の *Behind Blue Eyes* は、寂しい感じの曲調ですが、歌がスローなので、聞き取りやすい曲です。また、この作品の代表曲でもある Blake Shelton の *Friends* はアップテンポで、明るくノリがよく、映画のストーリーを思い出させる曲です。この映画のエンディングに使われており、ストーリーのハッピーエンドにふさわしい曲です。どちらの曲も歌詞がはっきりと発音され、聞き取りやすいので、音楽を聴きながらの学習にお薦めです。
学習ポイント	レッドはチャックとボムと共に伝説の鳥、マイティ・イーグルを探す旅に出ますが、まだ見たことのないマイティ・イーグルの声をチャックとボムは「こんな鳴き声じゃないかな」と想像します。推測をする時の表現をいくつか見てみましょう。 What would a Mighty Eagle battle cry sound like? （マイティ・イーグルの雄叫びってどんなだろう？） You know what? I think I got an idea. Maybe something like... （僕の予想ではね、こうじゃない？） No, I bet it's more like...（違うね、どっちかっていうと…） That's theoretically what it's more like, scientifically. （理論的にも科学的にもこうだろう） But in my head, I'm kind of imagining it's something more like a... （でもオレのイメージだともっとこうじゃないかな） That sounds about right.（それっぽいな） Now I'm thinking maybe it's a little bit more subtle. （もっとさりげないんじゃないかな） Like a little bit just more majestic, like...（もうちょっと威厳があって…） Maybe や something more like などを参考に、想像や推測の表現を使ってみましょう。
スタッフ	製　作：ジョン・コーエン他　　　　　原　案　：ジョン・コーエン他 監　督：ファーガル・ライリー　　　　製作総指揮：デヴィット・メイゼル 　　　　グレイ・ケイティス　　　　　　　　　　ミカエル・ヘッド 脚　本：ジョン・ヴィッティ　　　　　音　楽　：ヘイター・ベレイラ

74

アングリーバード

薦	●小学生　●中学生　●高校生　●大学生　●社会人	リスニング難易表	
お薦めの理由	世界的な人気を博したゲームアプリが映画化された作品です。登場するキャラクターがすべて鳥で、舞台は鳥たちが暮らす小さな島というシンプルな設定です。鳥の飛び方や身のこなし、ストーリーの展開はゲームらしい内容ですが、色鮮やかな鳥たちが、思い思いに会話をし、島の中で問題を解決したり困難に立ち向かったりする姿は人間社会を描いており、作品を通してのメッセージもあります。子供向け映画ですが、大人も楽しめる映画です。会話は速いところもあれば、単語のみの部分もあり、語彙力を向上させる良い機会となるでしょう。ストーリーもシンプルですので、英語がわからなくても話の展開がわからなくなることはないでしょう。怒りっぽくて友達がいなかったレッドですが、後半で仲間のために全力で敵と戦う姿は、笑いあり、涙ありで、ハッピーエンドを迎えます。過激な暴力シーンなどはなく、長い会話文や難しい表現もなく、気軽に英語のリスニングをしたり、表現を学んだり、大人も子供と一緒に安心して見られる作品です。	スピード	4
		明瞭さ	3
		米国訛	4
		米国外訛	1
		語彙	3
		専門語	1
		ジョーク	4
		スラング	4
		文法	3

発展学習	パーティーや式典などの開会の挨拶は決まり文句が聞かれますが、ピッグの軍団がバードアイランドにやってきたときのパーティーの言葉を参考に、よく使われる表現を見てみましょう。 　Welcome to Bird Island! Welcome to our new friends, the pigs. Let's have a celebration! We would like to honor the pigs with a special performance. Now we would like to welcome our special guests, the pigs! 　（ようこそバードアイランドへ。ようこそ、新しき友、ブタさんたち。この出会いを祝いましょう。ブタさんたちを歓迎するスペシャルパフォーマンスです。ではスペシャルゲストのブタさんたちを紹介します！） これに答える表現もあります。 　Thank you for your kindness and hospitality.（温かい歓迎をどうもありがとう） 　Our king sends his warmest regards.（国王から心からの感謝を） 　Now we would love to humbly share some of the wonders of our world. 　（はばかりながら我々の世界の魅力も紹介します） 日本語ではかしこまった、堅い表現が多いですが、英語ではこのように場の雰囲気を盛り上げながら、相手を歓迎する挨拶がよく使われます。これらの表現の「バードアイランド」「ブタさんたち」「国王」の部分を変えて、応用しましょう。

キャスト	レッド　　　：ジェイソン・サダイキス　　　マイティ・イーグル　：ピーター・ディングレイジ チャック　　：ジョシュ・ギャッド　　　　ステラ　　　　　　　：ケイト・マッキノン ボム　　　　：ダニー・マクブライド　　　ジョニー／ビッグ7：ジョン・コーエン マチルダ　　：マーヤ・ルドルフ　　　　　テレンス　　　　　　：ショーン・ペン

第7回映画英語アカデミー賞　候補映画

インフェルノ

<table>
<tr><td>あらすじ</td><td>
イタリアのフィレンツェの病室で目を覚ましたハーバード大学教授ロバート・ラングドンは、なぜ自分がここにいるのか、分からないでいました。記憶喪失になっていたのです。担当医のシエナ・ブルックスは、頭部への銃撃が原因であると告げます。その時、女の殺し屋が病院に現れ、命の危険に陥ったラングドンは、シエナの機転で危うく難を逃れ、彼女のアパートに逃げ込みます。

ラングドンの所持品の中に、ダンテの地獄篇（インフェルノ）をモチーフにしたボッチチェリの絵画「地獄の見取り図」の映像を映し出すポインタを見つけます。それは大富豪の生化学者ゾブリストのバイオテロを暗示するものだったのです。彼は、今の爆発的な人口増加を止めなければ世界は破滅するとして、世界人口を半減させるウィルスを作り出してそれを拡散しようとしていたのでした。しかもWHOのブシャール等に追い詰められた彼は、危機統轄機構（CRC）にウィルスの拡散を委託し、自らの命を絶っていたのです。

けがの後遺症で思うように動けないラングドンに、女の殺し屋をはじめとしてさまざまな追っ手が襲いかかります。シエナの助けを借りて舞台はヴェネツィア、そしてトルコのイスタンブールへと展開します。タイムリミットの24時間まで残された時間はあと僅かです。果たしてラングドンはウィルスの拡散を防ぐことができるのでしょうか。
</td></tr>
<tr><td>映画の背景</td><td>
○ ダンテとボッチチェリとは？
　ダンテ・アリギエーリ（1265-1321）はイタリア都市国家フィレンツェ出身の詩人、哲学者として知られています。高校の世界史では、叙事詩「神曲」の作者として、またイタリア文学最大の詩人としてルネサンス文化の先駆者として習います。ダンテの叶わなかった恋人ベアトリーチェの名を聞いた方もいるでしょう。
　サンドロ・ボッチチェリ（1445-1510）はフィレンツェ出身の画家です。「東方三博士の礼拝」、「プリマヴェーラ」、「ヴィーナスの誕生」が有名です。映画に登場する「地獄の見取り図」は、ダンテの「神曲」の世界に魅了されたボッチチェリが、「神曲」の地獄をそのままに描いた作品とされています。因みに、〔Chap.3, 22:41〜〕のところで、ラングトンとシエナの会話で説明されています。
○ 主人公のロバート・ラングドンとは？
　彼はハーバード大学教授で、歴史学の一つである宗教象徴学の権威です。このあまり馴染みのない宗教象徴学とは、絵画や彫刻等の芸術作品に秘められたいろいろな意味やメッセージを読み解くものです。前2作の『ダ・ヴィンチ・コード』と『天使と悪魔』でも、ラングドンの類いまれな幅広い知識で謎を解いていく手法に魅せられてファンとなった人は多いです。
</td></tr>
<tr><td>映画情報</td><td>
製 作 費：7,500万ドル　　　　　撮影場所：フィレンツェ、ヴェネツィア他
製 作 年：2016年　　　　　　　言　　語：英語、イタリア語、トルコ語
製 作 国：米国　　　　　　　　　ジャンル：ミステリー、アドベンチャー、ドラマ
配給会社：ソニー・ピクチャーズ エンタテインメント（日本）　使用楽曲：ダンテ交響曲<インフェルノ>
</td></tr>
</table>

インフェルノ

Inferno

(執筆) 松葉 明

発売元：
ソニー・ピクチャーズ エンタテインメント
DVD価格：1,280円
Blu-ray価格：1,800円
（2018年5月現在、本体価格）

映画の見所

○ 名所・旧跡巡りができます。
本作品では、フィレンツェにあるボーボリ庭園、ヴェッキオ宮殿、ヴェネツィアのサン・マルコ大聖堂、そしてイスタンブールにあるアヤソフィア等の見物、さらにそこにある名画を鑑賞することができます。

○ 衣装にも着目しましょう。
衣服は二人ともフェラガモです。また、ドローンから逃げまわるボーボリ庭園でのシーンでは、トム・ハンクスはハッシュ・パピーのスウェード靴を、フェリシティ・ジョーンズはフェラガモのハイヒールを履いています。

○ 女優に注目してください。
ラングドン教授とコンビを組む女性は、知的さが求められます。この年にスター・ウォーズシリーズのヒロインを演じたフェリシティ・ジョーンズは、オックスフォード大卒の才媛です。

印象的なセリフ

○ 冒頭の人口問題に続くゾブリストのセリフに着目です。
There is a switch. If you throw it, half the people on earth will die. But if you don't, the human race will be extinct in a hundred years. What will you do? 〔Chap.1, 2:04〕
（ここにスイッチがある。そのスイッチを入れると、地球の半分の人が死ぬ。スイッチを入れなければ100年後に人類は滅ぶ。君ならどうする？）
さらに、ゾブリストはこんなメッセージも残しています。
In 40 years, 32 billion people will fight to survive. They'll fail. 〔Chap.4, 27:20〕
（40年で320億人が生存をかけて争い、そして滅びる）
ゾブリストの考え方に同調する人は少なくないかもしれません。

○ WHOのエリザベスがラングドンにこう言います。
95 percent of the Earth's population will be infected in four to seven days.
（95％の地球上の人々が4〜7日で感染するわ） 〔Chap.14, 97:27〕
伝染病の恐ろしさが伝わってきます。

○ 菌を拡散しようとするシエナをとどまらせようとラングドンは説得します。
The greatest sins in human history have been committed in the name of love.
（人間は愛という名のもとに、大いなる罪を犯してきた） 〔Chap.15, 107:32〕
歴史上の視点から、多くの事例が思い起こされます。

公開情報

公 開 日：2016年10月28日（米国）
　　　　　2016年10月28日（日本）
上映時間：121分
年齢制限：G（日本）、PG-13（米国）
音　　声：英語、日本語
字　　幕：日本語、英語
前 々 作：『ダ・ヴィンチ・コード』（2006）
前　　作：『天使と悪魔』（2009）

第7回映画英語アカデミー賞　候補映画

インフェルノ

<table>
<tr>
<td>英語の特徴</td>
<td>

主人公のトム・ハンクスとゾブリストに扮するベン・フォスターは米国人、シエナ役のフェリシティ・ジョーンズは英国人です。そして、世界保健機構（WHO）の監視・対応支援チームの隊長を演じたオマール・シーはフランス人、事務局長役のシセ・バベット・クヌッセンはデンマーク人で、また危機統轄機構の総監役のイルファン・カーンはインド人なので、国際色豊かな英語を楽しむことができるといえます。さらに、舞台はイタリアとトルコなので、イタリア語、トルコ語を耳にする機会も多いです。

歴史と文化を表す語と語句が度々登場して、それらは中高生には難しいですが、それさえ押さえておけば、会話のスピードはそれほど速くないので十分聞き取ることは可能です。また、汚い言葉は全く出てこないので、安心して授業でも視聴させることができます。それどころか、けがの後遺症で「コーヒー」という単語が出てこないラングドンが、なんとかしてそれを言おうとする場面〔Chap.3, 14:25～〕と、ボッチチェリの「地獄の見取り図」の絵の説明の場面〔Chap.3, 22:41～〕は、中学校の授業で扱う絶好の場面です。

その他にも、感嘆文、間接疑問文、現在完了形等、中学・高校で習う文法の例文と言える文が、対話の中で数多く出てくるので、英語学習に適した教材と言えます。

</td>
</tr>
<tr>
<td>学習ポイント</td>
<td>

まず、この映画のキーワードとなる語句を確認しましょう。中学校の授業では出てきません。
- ‘inferno’ ＝「地獄」です。この映画のタイトルになっています。40年以上前に高層ビルの火災事故を描いた『タワーリング・インフェルノ』（1974）という映画がありました。
- ‘anagram’ ＝「アナグラム／綴り換え」です。アルファベットの順序を換えることによって、いろいろな語を作ります。〔Chap. 4, 29:37～〕のところで、アルファベットを組み替えるアナグラムの例が出てきます。
- ‘plague’ ＝「疫病、ペスト」です。‘black plague’ ＝「黒死病」のことで、中世のヨーロッパで大流行しました。また、‘virus’ ＝「ウィルス」、‘pathogen’ ＝「病原体」も出てきます。
- ‘extinction’ ＝「絶滅」です。地球では、これまで5回の ‘extinction’ があり、今回が6度目とゾブリストが〔Chap.4, 28:08～〕で言っています。
- ‘Florence’ ＝「フローレンス、フィレンツェ」です。イタリア語では ‘Firenze’ となるので「フィレンツェ」が日本では一般的です。‘Venice’「ベニス、ヴェネツィア」もイタリア語では ‘Venezia’ となります。有名な地名は、英語バージョンでも確認しておきましょう。

</td>
</tr>
<tr>
<td>スタッフ</td>
<td>

製　作：ブライアン・グレイザー他　　　製作総指揮：デヴィッド・ハウスホルター他
監　督：ロン・ハワード　　　　　　　　撮　影：サルヴァトーレ・トチノ
脚　本：デヴィッド・コープ　　　　　　音　楽：ハンス・ジマー
原　作：ダン・ブラウン　　　　　　　　編　集：トム・エルキンズ他

</td>
</tr>
</table>

インフェルノ

薦	○小学生　●中学生　●高校生　●大学生　●社会人	リスニング難易表	
お薦めの理由	○ ダン・ブラウンのファンならば必見です。 　『ダ・ヴィンチ・コード』、『天使と悪魔』の原作を読み、映画を観て気に入った方には特にお薦めします。絵と言葉に隠された秘密を解く楽しさを十分堪能できるからです。また、原作と映画は結末が異なるので、どちらが自分の好みになっているか、その点も楽しめます。 ○ 旅行気分が味わえます。 　フィレンツェ、ヴェネツィア、イスタンブールを舞台にして、歴史的かつ文化的な名所・旧跡が数多く登場するので、旅行した気分になれます。因みに、ヴェネツィアはDVDのChap.10、イスタンブールはChap.14の冒頭からです。 ○ 歴史が学べます。 　本作品は、過去・現在・未来を描いた物語です。未来の危機を救うには、どうしたらいいのでしょうか。実はその答えは過去にあるという作者の意図に気がつきましたか。700年も前にダンテが描いた世界が、今の地球と関連しているとは、面白いと思いませんか。	スピード	2
		明瞭さ	2
		米国訛	2
		米国外訛	3
		語　彙	3
		専門語	3
		ジョーク	1
		スラング	2
		文　法	2

| 発展学習 | 文、または対話文で文法事項を学びましょう。
○ 感嘆文　　　　　　　　　　　　　　　　　　　〔Chap.2, 8:41～〕
　Robert 　：What a weird kid!　　　（変な子だ!）
　Sienna 　：I was, actually.　　　　（そうね、本当に）
　　シエナは9歳の時にラングドンの著書を読みふけっていたと聞いたときの会話です。彼女の天才ぶりがわかります。
○ 現在完了進行形と間接疑問文：この文は頻出しています。　〔Chap.8, 66:35～〕
　Bouchard：I've been chasing Bertrand Zobrist for two years and someone has been
　　　　　　 working against me. Let's get to the point. Do you know where the virus is?
　　　　　　（私は2年間ずっとバートランド・ゾブリストを追ってきたが、誰かが邪魔をしてきた。要点に移ろう。ウイルスがどこか知ってるか？）
　　電車内でWHOのブシャールが、ラングドンに尋ねます。
○ 英語らしい表現　　　　　　〔Chap.9, 69:45～ ＆ Chap.16, 113:00～〕
　Robert 　：What brings you here?　　（どうしてここに来たんだ？）
　久々に会ったときに使います。"Why did you come here?" と同じ意味です。
　Elizabeth：So did they all.　　　　　（彼らは皆そうよ）
　ラングドンの "She thought she was saving the world." に続くセリフです。 | | |

| キャスト | ロバート・ラングドン　：トム・ハンクス　　　　エリザベス・シンスキー：シセ・バベット・クヌッセン
シエナ・ブルックス：フェリシティ・ジョーンズ　ヴァエンサ　　　　　　　：アナ・ウラル
ハリー・シムズ　　　：イルファン・カーン　　　バートランド・ゾブリスト：ベン・フォスター
クリストフ・ブシャール：オマール・シー　　　　マルタ・アルヴァレス　　：アイダ・ダーヴィシュ | | |

79

奇蹟がくれた数式

あらすじ

　先駆的なインドの数学者S・ラマヌジャンのアカデミック・キャリアと人生、そして指導者である英国の著名な数学者G・H・ハーディ教授との友情を描く実話です。英植民地インドのラマヌジャンは独学で数学を学び、いつか研究が発表されて、数学者として生きることが出来る将来を夢見ています。ですが、現状としてはマドラス港の事務員として仕事に就くのが精いっぱいです。そこで自分を認めてもらうために、英国ケンブリッジ大学ハーディ教授の元に公式を送ります。手紙を受け取ったハーディはその中にある「発見」に驚き、ラマヌジャンを大学に招きますが、異教の地へ行くことに母は反対の上、結婚したばかりの妻を置いていくしかありません。それでも、ラマヌジャンは研究発表が出来るチャンスに胸をときめかせて、英国のケンブリッジ大学トリニティ・カレッジに足を運びました。崇高な空気に包まれたカレッジで、彼を待ち受けていたのは、自身の公式を認めてもらうための証明の義務と、さまざまな厳しい環境でした。ハーディは人付き合いが苦手であり、他の教授たちは学歴のないラマヌジャンに対して否定的です。さらに、英国が第一次世界大戦に参戦したことで食糧も入手困難となり、英国民には体と言葉の暴力を振るわれ、妻からの手紙も届かなくなり、しまいには孤独のなか命にかかわる結核にかかります。ハーディは追い詰められたラマヌジャンを見て、彼への友情に気付き彼の「奇蹟」を世に出す決意をします。

映画の背景

　この映画の背景となる1914年と言えば、英国は第一次世界大戦参戦の予兆があり、インドの正式名称はイギリス領インド帝国で、1858年から続く英国の植民地でした。そのため、インドで生まれ育ったラマヌジャンが英語を話すことは不思議な事ではありません。ですが、学位を持たないラマヌジャンがハーディ・ワインベルクの法則で知られるハーディに手紙を送り、ケンブリッジ大学トリニティ・カレッジに招かれるという事はとてもすごい事です。このカレッジは世界の名門大学であり、物理学や科学をはじめとする数々の研究分野でノーベル賞を受賞する研究者が数多くいます。映画でも触れているように、同カレッジには万有引力の法則で有名なアイザック・ニュートンがかつて在籍していて、彼に後続する数学研究者だったのがハーディでした。そのハーディがラマヌジャンの才能の可能性にかけて、招聘したという事実が奇蹟そのものかもしれません。ラマヌジャンは最上層カーストバラモン出身であることから、本来は海を渡ってはなりませんでした。英国に行く代わりにお祈り、研究者そして厳格な菜食主義者としての日々を大事にした結果、若くしてこの世を去りますが、天才インド人数学者として名を残し、今でも数学界に多大な影響を与えています。そしてノートに残された公式は後に証明され、1997年にラマヌジャン・ジャーナルが発行されました。生まれも境遇も異なる二人ですが、共同研究に人生を懸け、結果を出しました。

映画情報

製作費：1,000万ドル	撮影場所：ケンブリッジ大学トリニティ・カレッジ
製作年：2016年	言　　語：英語、タミル語、サンスクリット語
製作国：英国	ジャンル：伝記、ドラマ
配給会社：KADOKAWA（日本）	使用楽曲：*It Is a Home*、*Proofs*他

The Man Who Knew Infinity

(執筆) 上條美和子

映画の見所

この映画では育った環境、慣れ親しんだ慣習、社会的地位や立場がことごとく異なる二人が「数学」という世界でつながるお話しです。見所は、天才数学者の二人が繰り広げる「数学から見る世界の在り方」と「数学がつなげた心」でしょう。主人公であるラマヌジャンはケンブリッジ大学の教授ハーディとの共同研究に打ち込みます。ですが、ラマヌジャンは数学的直観主義なので、自分の数式が認められるという目標を達成するには証明が大事だと説明されても理解に苦しみます。同時に、数学の研究に打ち込む力と天才的な知性を持つラマヌジャンに出会ったハーディは、想像を超える数式はナマギーリ神が届ける言葉だと言われても理解出来ません。それでも、共通する数学への思いを経て二人は異なる価値観を受け入れ、ラマヌジャンの数式も、彼の死後何十年経ってからようやく証明されます。

発売元:KADOKAWA
DVD価格:3,800円
Blu-ray価格:4,700円
(2018年5月現在、本体価格)

印象的なセリフ

この映画でもっとも有名なセリフはハーディがラマヌジャンを見送るために乗ったタクシーのナンバープレートの話でしょう。ハーディはつまらない1729番のタクシーに乗車をして到着が遅れたというのですが、ラマヌジャンは「3乗数2つの和として2通りにあらわされる1番小さな数」だから面白いと答えます。

Hardy　　　：Sorry I'm late. Bloody cab driver got lost. Should have known from his number.
Ramanujan：And what was that?
Hardy　　　：Rather a dull one. 1729.
Ramanujan：No Hardy, it is a very interesting number.

また、ラマヌジャンが数学の世界について分かりやすく妻に説明するシーンは数字だけではなく人を大事にする姿勢が上手に描写されています。

Ramanujan：What do you see? (he picks up a handful of sand)
Janaki　　　：Sand.
Ramanujan：Yes. Imagine, if we could look so closely, (省略) In maths, these patterns
　　　　　　　reveal themselves in the most incredible form. It's quite beautiful.

砂、光、水などにパターンがあり、数学の世界で見る数字のパターンは多彩に動き、とても美しいとラマヌジャンは言います。見えたらきっと綺麗なのだろうと思いませんか。数学者ならではの感性で発するフレーズがとてもおもしろいです。

公開情報

公開日：2016年 4月29日（米国）
　　　　2016年10月22日（日本）
上映時間：108分
年齢制限：G（日本）、PG-13（米国）
音　声：英語
字　幕：日本語
受　賞：Yoga Awards賞 2017
ノミネート：サターン賞ベストDVD/Blu-ray部門

第7回映画英語アカデミー賞　候補映画

奇蹟がくれた数式

<table>
<tr>
<td rowspan="1">英語の特徴</td>
<td>　この映画ではインド訛りのヒングリッシュ英語と英国英語が主に使用されていて、全体を通して会話スピードは穏やかで、英語も聞き取りやすいです。各英語の特徴を捉えて、聞き分けることでリスニング力の強化を望めます。インド憲法では1965年から英語を公用語から除外するとしていますが、ヒングリッシュ英語による会話が浸透しています。言語教育政策が常に課題のインドでは現在、初等教育から英語学習があり、高等教育以上になると英語が教育用語として使用されています。インドの公用語は政府レベルではヒンディー語で、公用語としては全部で22言語あるとされていますが、実質使用されている方言は200にものぼるため、インド全土で通じる言語として英語は必要不可欠です。インド英語の特徴として英単語を綴り通りに発音します。そのことから語彙発音が丁寧なので、訛りはありますが、聞き取りやすく、グローバル英語学習の役にも立ちます。映画の英国英語については、研究者の発話も多いことから癖の少ない発音が多く、上品なフレーズも多く存在します。使われている語彙については、数学やビジネス分野の専門性のある用語は登場しますが、映画の内容を理解する妨げになるような難しい語句はありません。語彙レベルはJACET8000（大学英語教育学会）中の1000語レベルの使用頻度が70％以上です。スラングの使用はほぼなく、直ぐに使えそうな表現があるので、英語コミュニケーション学習に最適です。</td>
</tr>
<tr>
<td rowspan="1">学習ポイント</td>
<td>　リスニングですが、英国英語はもちろんの事、インド英語を聞いて、特徴の違いを聞き分けることはグローバル英語の理解につながります。
　英国英語の主な特徴として r の発音が控えめで、米国なら発音しない t を英国では発音します。例えば water なら英国では /wɔːtə/ となり、米国なら /wɔːrər/ となります。インド英語の主な特徴は、まずは英単語を綴り通りに発話するという事です。次に r をル、th をタと発音します。ラマヌジャンの数学的知識を認めて雇用してくれたナーラヤーナがマドラス地域の名前の由来を説明するシーンがあります。彼は英国人と接する機会が多いことから、時折英国英語発音を交えて話すのですが、ここでは各英語の特徴が混在しているのを確認出来ます。英国英語の発話は「愚か者の王国」の誇張箇所で聞かれ、他はインド英語です。
Narayana　：Madras. Did you know that the name derives from Mandarajya?
　　　　　　　"The realm of the stupid."
　また、英語がとても聞きやすいので、自分の知っている語彙などを手掛かりに以下のように、さまざまな場面からフレーズを取り上げて学習できます。
Ramanujan：...we can start over.（やり直しましょう）
Hardy　　　：I've never seen anything like them.（はじめての事で驚いた）
Chandra　　：Such an honor.（光栄です）＊顔合わせが出来た事に対しての言葉です。</td>
</tr>
<tr>
<td rowspan="1">スタッフ</td>
<td>製　　作：ジョー・トーマス他　　　　　製作総指揮：ジョゼフ・N・コーエン他
監　　督：マシュー・ブラウン　　　　　撮　　影　：ラリー・スミス
脚　　本：マシュー・ブラウン　　　　　音　　楽　：コビー・ブラウン
原　　作：ロバート・カニーゲル　　　　編　　集　：J.C.ボンド</td>
</tr>
</table>

82

薦	○小学生　　○中学生　　●高校生　　●大学生　　●社会人	リスニング難易表	
お薦めの理由	実話に基づいた映画で、歴史をはじめとし、異文化とそれを受れ入れる事で生まれる感情に触れることが出来ます。映画のはじめにハーディは "It is always a little difficult for an Englishman and an Indian to understand one another properly." と異文化理解の難しさを口にしています。更には "and my association with him is the most romantic incident of my life." と、ラマヌジャンと成し得た研究はハーディにとってロマンス溢れる出来事だったと語ります。彼らの会話や理解がかみ合わないシーンなどが多々ありますが、異文化や環境の壁が影響しています。これは二人に限らず起きることで、初対面のリトルウッドとラマヌジャン二人が挨拶をする際、リトルウッドは右手を差出し、ラマヌジャンは両手で拝むポーズをとります。言葉こそありませんが、即座に二人は笑みを浮かべて、改めて握手をするシーンがあり異文化の理解が深まります。また語彙レベルは高くなく、使いやすいフレーズがたくさんあります。自分で見つけて使うと身に付きやすいでしょう。	スピード	3
		明瞭さ	3
		米国訛	1
		米国外訛	5
		語　彙	2
		専門語	2
		ジョーク	3
		スラング	1
		文　法	2

発展学習	映画の中では、さまざまな数学的・異文化的シーンが見られます。それらのシーンでは、数学的な、あるいは異文化に関する英語表現のみならず、さらに詳しい説明が伴うこともあり、その場合は理解が深められます。しかし、もしない場合には自主的に発展学習の題材とすると良いでしょう。例えば、ラマヌジャンはヒンドゥー教の身分制度（カースト）のバラモンですが、海を渡れない、食事制限があり、お祈りを重視している事が映画で明らかになります。発展学習としてカーストにはバラモン（司祭）、クシャトリア（王侯貴族・戦士）、ヴァイシア（商工階級）、スードラ（農奴）の四姓があり、インド独立運動の指導者であるマハトマ・ガンジーでさえも、留学先の英国から自国に戻る際は海を渡る禁を犯したことへの parayaschitt をしなければならなかったことなどの調査が出来ます。次に、基礎的な語彙レベルのフレーズはたくさんありますが、文字通りの意味ではないこともあります。映画のシーンをしっかりと確認しながら、セリフに耳を傾けてこれらのフレーズを聞き取り、意味を調べると良い学習になります。 Sir Francis: He's a real pot stirrer.　　*境遇・議論・討論を大げさに演出する Hardy: ... it really takes the biscuit.　　*とても迷惑・驚愕な事柄があった時に使用 　また、「画期的」という意味で ground-breaking、major / monumental breakthrough という語が使用されていて、多様な表現方法の習得が可能です。

キャスト	ラマヌジャン　　：デヴ・パテル G・H・ハーディ：ジェレミー・アイアンズ ジャナキ　　　　：デヴィカ・ビセ ジョン・リトルウッド：トビー・ジョーンズ	サー・フランシス・スプリング：スティーヴン・フライ バートランド・ラッセル　　：ジェレミー・ノーサム マックマーン　　　　　　：ケヴィン・R・マクナリー カートライト教授：マルコム・シンクレア

第7回映画英語アカデミー賞　候補映画

グランド・イリュージョン －見破られたトリック－

あらすじ	本作は2013年に公開された『グランド・イリュージョン』の続編です。法と秩序よりも正義を重んじ、FBIからも追われる身である犯罪集団フォー・ホースメンは、前作より1年間の沈黙を破り、新メンバーを加え、冒頭からニューヨークで新たなミッションを仕掛けます。しかし、暗躍する天才エンジニアであるウォルターの介入により、フォー・ホースメンは巨大な陰謀の渦へと巻き込まれていきます。物語の進展とともに、舞台もまた世界観光旅行をするかのようにマカオ、そしてロンドンへと移動していきます。マカオでは、更なる陰謀を画策するウォルターと、それに翻弄されるフォー・ホースメンの面々、またそこに窮地を救おうと乗り込んでくる彼らのマネジメント役であるディランが到着し、各々の目的と思惑が複雑に絡み合い、誰の思惑が身を結ぶのか分からないミステリー仕立てで進みます。そしてロンドンでは、最大の窮地にたたされたフォー・ホースメンが起死回生を狙い壮大なイリュージョンを敢行し、すべての謎が明かされる形で物語はグランドフィナーレを迎えます。最後には、ディランが一度は信頼を失いかけたと思われたフォー・ホースメンたちとの信頼を見事に修復し、自身の役割をこれまでのただのマネジメント役からリーダー的存在へと再構築します。こうした新生フォー・ホースメンの誕生が描かれることで次回作を期待させる幕引きとなっています。
映画の背景	ここでは、本作が続編であるため、主要登場人物たちの背景情報と人物像について解説します。エッジの効いた個性あふれる登場人物たち自体が本作の魅力の一つであり、物語を一層楽しむ要素と言えます。まず一人目は、アトラス。彼は、フォー・ホースメンの実務的なリーダーですが、他のメンバーたちからしばしば揶揄されることもあるように、判断力に欠ける女々しい一面をもっています。二人目は、ジャック。縁の下の力持ち的な役割で、チームには必要不可欠。本作のトランプを使ったイリュージョンは、カード扱いのスペシャリストである彼にとって大きな見せ場と言えるでしょう。三人目は、今作から新たに登場する紅一点ルーラ。彼女は長年世に認められずにくすぶるマジシャンで、自由奔放な性格でチームを活性化する役どころです。四人目は、マッキニー。厳格な面持ちにして繊細なメンタリストであり、前作同様華麗なテクニックで催眠術を操り、イリュージョンの成功の鍵を握るような重要な役割を担います。最後は、FBI捜査官ディラン。この物語の主人公であり、フォー・ホースメンのマネジメントが役割です。父親が死んだ原因だと長年思い恨んでいたサディアスとの関係性にも注目です。本作の冒頭は、前作の続きから物語が始まるため、彼らの性格や過去の人間関係などを把握しておくことが本作を堪能するうえで大変重要になることでしょう。
映画情報	製 作 費：9,000万ドル　　　　　　　　撮影場所：テディントン（英国）、マカオ 製 作 年：2016年　　　　　　　　　　言　　語：英語、中国語 製 作 国：米国、フランス　　　　　　ジャンル：アクション、アドベンチャー 配給会社：Lionsgate　　　　　　　　前　　作：『グランド・イリュージョン』

84

グランド・イリュージョン －見破られたトリック－

Now You See Me 2

(執筆) 宮澤　沙菜

映画の見所

　本作は、ミスが許されない危機迫る場面においても、チームワークを発揮して窮地を乗り越えるフォー・ホースメンのスリルのあるシーンが見所となっています。作中では、5つの特徴的なイリュージョンが展開されますが、中でもマカオでのものが非常にスリリングで、物語が大きく動くきっかけにもなります。身体検査を受けながらも、トランプカードに重ねて隠したデータチップを警備員に見つからぬよう一瞬たりとも見逃すことができないスピードとスリルのある緊張感で、巧みに隠したり受け渡したりしながら、華麗な連係プレイで盗み出します。
　また、最後ロンドンでのイリュージョンはディランも加わり、メンバー勢ぞろいで長尺で壮大なイリュージョンが展開され、五人の結束力の結晶とも言える最終イリュージョン成功の可否が見所となるクライマックスです。

発売元：
KADOKAWA／ソニー・ピクチャーズ エンタテインメント
DVD価格：1,280円
Blu-ray価格：1,800円
（2018年5月現在、本体価格）

印象的なセリフ

McKinney：Either way, we're left holding a whole sack full of nada.
Jack　　：Yeah, but they're gonna come after us as if we do have something.
Lula　　：No. Okay. I agree that somebody got the better of us. Okay? Somehow.
　　　　　But I don't agree that we have a sack full of nada.
　　　　　Because we're all here. That's a sack full of something.
　　　　　Listen, we all know that Walter is not going to stop until he gets that chip.
　　　　　And we're the only ones that even know that he's alive.
　　　　　We can't just walk away.
　　　　　That's not what the Horsemen do.

　このシーンは、ようやく五人揃って再会し、揺らいでいたチームの結束力を再確認し、クライマックスへと向かう際の会話です。特に印象的なのは、今作から新加入した新人ルーラが、イリュージョンの失敗を知り重い空気に包まれるチームを、五人が揃ったことを前向きに捉えようと励ますところです。加入当初からチームの結束力を高めるような素振りを全く見せてこなかったルーラが、沈んだチームを鼓舞し、士気を高める姿はある種衝撃的です。また、一番の新入りが、"That's not what the Horsemen do." と本来のホースメンが何たるかを説く姿はやや滑稽でもあります。本シーンを引き続き「学習ポイント」や「発展学習」で詳しく解説します。

公開情報

公開日：2016年6月10日（米国）
　　　　2016年9月 1日（日本）
上映時間：130分
年齢制限：G（日本）、PG-13（米国）

字幕：日本語
オープニング・ウィークエンド：2,238万3,146ドル
興行収入：6,507万5,540ドル（米国）
　　　　　5億5,000万円（日本）

第7回映画英語アカデミー賞　候補映画

グランド・イリュージョン ―見破られたトリック―

英語の特徴	主要な登場人物は標準的な米国英語を話します。マカオが舞台として登場し、マカオのマジック商人同士の会話は中国語で行われます。中国語の会話が英語字幕で説明されているシーンとそうでないものがあることから、物語上必要なセリフであるかどうかがわかります。ですが、彼らは実際は中国語しか話せないふりをしていただけで英語を話せることが、物語が進むうえで明らかになり、その際には中国語訛りの英語も登場します。また、ディランと他のフォー・ホースメンとの会話は、仲間同士の日常性の強い矢継ぎ早な会話が続くため、明瞭さに欠ける場合があります。日本語字幕で見てみると、文字数制限により全く訳されていないセリフが文節単位で見られ、会話の意図や因果関係を訳しこむのに精一杯であることがわかります。つまり、それほど会話量が多く、スピーディーです。さらに、イリュージョンのシーンでは、観客を自分たちの世界に引き込むべく、プレゼンテーションや演説にも似た口調で登場人物が早口でまくしたてます。そのような発話形式に必要な表現や語彙も多く出てきます。特に、「映画の見所」でも表記した切迫した事態に緊張感が漂う場面では、フォー・ホースメンたちの口語ならではの感嘆表現もたくさんあります。言い換えると、即興的な会話で行間も多く、口語文法上の省略がたくさん起きます。
学習ポイント	「印象的なセリフ」でも一部取り上げたシーンの前後〔83:03〜84:58〕に着目し、ここでは英語での口語的コミュニケーションを「学習ポイント」として解説します。コミュニケーションの質という視点で見ると、このシーンの注目すべき特徴は、会話の目的が大きく変化するという点と、それに連動した多様なコミュニケーションスキルが見て取れるという点です。具体的には、五人の愚痴大会状態となっていた場が、ルーラの発言がきっかけであっという間に問題解決のための作戦会議へ切り替わる点です。まず、事前に計画されていた機会ではないため、会話の中に即興性を示す談話標識（Right、Okay、Listen、Soなど）が随所に見られます。特筆すべきは、これらの会話が一対一ではなく、グループによる会話だという点です。特に愚痴大会から作戦会議に切り替わってからは、ディランが問いかける度にほかの四人が一人ずつ返答を始め、各々が多面的な角度から論理的に導かれる一筋の作戦プランを、同時並行的に全員が共有するのです。それをよく表しているのが、返答時に双方性の高さを示す省略、句での返答（Being seen や Including his）ではないでしょうか。このよどみの無い作戦会議の進行に、再び高まる五人の結束力も感じられる仕組みになっています。以上を手掛かりに、このシーンを通してディスカッションの中で談話標識や省略を用いた口語性の高いコミュニケーションを学ぶことができます。
スタッフ	製　　作：アレックス・カーツマン他　　　製作総指揮：エド・ソロモン他 監　　督：ジョン・M・チュウ　　　　　撮　　影：ピーター・デミング 脚　　本：エド・ソロモン　　　　　　　美　　術：シャロン・シーモア 原　　案：ピーター・チアレリ他　　　　編　　集：スタン・サルファス

86

グランド・イリュージョン　－見破られたトリック－

薦	○小学生　　●中学生　　●高校生　　●大学生　　●社会人	リスニング難易表	
お薦めの理由	本作は、幅広い世代の方々が楽しむことのできる娯楽要素が主に二つ用意されています。 　一つは、特に前作を観ている方には、共感できる物語の要素です。ディランを主人公たらしめる物語の筋においては、父と向き合う彼の精神的成長や、フォー・ホースメンの真のリーダーとなる人間的成長という二つの成長があり、それらの成長は実生活で誰もが体験することだと思いますので、幅広い層の観客が共感して楽しめるはずです。また、フォー・ホースメンのメンバー同士の信頼が試され、それを乗り越えて結束力を高め、組織として成長していく姿は、社会人には特に共感できるのではないでしょうか。 　そして、二つ目の要素は、前作を見ていない方にも、視覚的に映像を読み解く娯楽です。物語の至る所に大小のイリュージョンシーンがちりばめられており、そのスリルや躍動感の連続を、素早い編集やカメラワークなどを手掛かりに視覚的に何が起きているのかを追う楽しみ、それらを視覚的に理解しようと読み解く楽しみがあります。	スピード	4
		明瞭さ	3
		米国訛	3
		米国外訛	3
		語彙	2
		専門語	3
		ジョーク	2
		スラング	4
		文法	3

発展学習	映画は視聴覚メディアであり、また、コミュニケーション上伝達される情報の半分以上は視覚情報だと言われています。ここではコミュニケーションスキルの向上を「発展学習」のポイントとして、引き続き「学習ポイント」と同シーンの視覚映像に着目しながら、人物の身体表現がいかに会話の内容と連動する形で行われ、話者の目的意識や場の空間に影響を与えているかを解説します。注目すべきは、以下の3点です。 ①「会話を調整する動き」：ルーラが話しながら手を叩いてダイナミックに歩いて移動し、発言権と会話の進行を主張します。愚痴は私たちらしくないと手を頻繁に動かし首を振ったりします。 ②「情動を伝え傾聴を促す姿勢」：メンバーたちと輪になるように移動して座り、輪の中心に身体を向け、前傾姿勢をとり、和や意思統一を促します。同調して他のメンバーも中心を向くように移動して輪を縮めて前傾姿勢を示します。 ③「相手をモニタリングし、意思を伝える視線」：全員の顔を見渡すように力強く視線を動かし、その視線に合わせるように皆の視線も上がり全員が相互に注視し合って、お互いの意思を確認し共有します。 　このように、視覚情報も取り入れて実践的に英語で会話をしてみましょう。

キャスト	ディラン・ローズ　　　：マーク・ラファロ　　　ウォルター・メイブリー：ダニエル・ラドクリフ サディアス・ブラッドリー：モーガン・フリーマン　　ジャック・ワイルダー　：デイヴ・フランコ J・ダニエル・アトラス：ジェシー・アイゼンバーグ　ルーラ　　　　　　　：リジー・キャプラン メリット・マッキニー　：ウディ・ハレルソン　　アーサー・トレスラー　：マイケル・ケイン

第7回映画英語アカデミー賞　候補映画

高慢と偏見とゾンビ

あらすじ

　18世紀末の英国では、噛まれて感染するとゾンビになる疫病が蔓延していました。田舎町ロングボーンで暮らすベネット家の五人姉妹は、武術の訓練に励みながらゾンビと戦っています。ある日、近くのネザーフィールド邸に、裕福な独身男性ビングリーが越してくると、彼の友人で同じく独り身、年収1万ポンドの優れた戦士ダーシーも舞踏会にやって来ます。娘たちとの結婚を熱望するベネット夫人、ビングリーと楽しく踊る姉ジェインに対し、次女エリザベスは初対面のダーシーの高慢な態度に嫌悪感を抱きます。そのうえ彼女は、ウィカムからダーシーの2つの行為、すなわち、過去にウィカムの聖職禄を取り上げたこと、ジェインとビングリーの仲を引き裂いたことを教えられます。ダーシーは、快活で教養があり、戦術にも長けたエリザベスに次第に惹かれ求婚しますが、ウィカムの話を鵜呑みにしたエリザベスは、怒りと共にその申し出を拒絶します。人類とゾンビの最終戦争が勃発するなか、エリザベスは、大壁で戦うダーシーから、ウィカムの卑劣な本性と彼の虚偽の話、弁明が書かれた手紙を受け取り、ダーシーに対して誤解と偏見を抱いていたことに気付きます。彼女が、ウィカムに連れ去られた妹リディアを助けようとインビトウィンへ向かうと、ダーシーは、愛するエリザベスのために既に救出へと向かっていました。二人はゾンビとの戦いに勝ち、リディアを取り戻し、互いの気持ちを確認することができるのでしょうか。

映画の背景

　この映画は、2010年に米国で刊行された同名タイトルの小説を原作としており、日本でも『高慢と偏見とゾンビ』（安原和見訳、二見文庫、2010年）として翻訳出版されています。そして、この小説の原典は、19世紀英国の著名女流作家ジェイン・オースティンの代表作『高慢と偏見』（1813年）です。オースティンは、ヒロインと愛する男性との幸せな結婚だけではなく、同時代のジェントリーという上層中産階級社会をユーモアとアイロニーと共に精緻に描いており、夏目漱石もその写実性を絶賛しています。何度も映像化されている『高慢と偏見』は、最も知名度と人気の高いオースティン作品かもしれません。原作は、作中の出来事や展開、登場人物の言動や性格、人間関係、セリフや語りの文章など、『高慢と偏見』の設定や描写をかなり忠実に維持しながら現代的なゾンビの要素を組み込んでおり、そのアイデアと構成は読み応えがあります。一方、映画は、その原作を取り入れてはいるものの、多くの省略および変更箇所もあります。例えば、ダーシーの求婚を断ったエリザベスがペムバリー邸を訪れ、彼の立派な当主としての一面、丁重に対応する姿に驚くエピソードは、高慢な態度を悔い改めたダーシーを知るうえで重要であるにもかかわらず描かれていません。また、続編を想起させるような結末のウィカムの状況は、原作とはまったく異なっています。ぜひ2つの小説を読んで詳細を知り、それぞれの相違点を見つけてみてください。

映画情報

製作費：2,800万ドル　　　　　　　　撮影場所：英国
製作年：2016年　　　　　　　　　　　言　　語：英語、日本語、中国語
製作国：米国、英国　　　　　　　　　ジャンル：ロマンス、アクション、ホラー
配給会社：Screen Gems（米国）、Lionsgate（英国）、ギャガ（日本）

88

Pride and Prejudice and Zombies

(執筆) 白木　玲子

映画の見所

古典、ロマンス、ホラー、アクションといった様々な要素のなかに、時や状況に応じた衣装、食事会やお茶の時間、舞踏会やダンスなどの社交、午後の散歩や馬車での移動など、当時の英国の生活様式が再現されています。現在も英国に残存する歴史的建造物を使って撮影された場面も多いため、その重厚な雰囲気、室内の調度品、広大な庭園なども鑑賞できます。一方、精巧な特殊メイクを施されたゾンビに関しては好き嫌いが分かれるでしょう。腐敗した皮膚が垂れ下がり、骨が突き出た老若男女のゾンビが登場し、斧や刀、銃で攻撃され、頭部や手足が切断されて転がり落ち、脳みそや内臓が散乱します。また、ボクシングや殺陣、カンフーを参考にしたという武術で争う場面では、戦闘ゲームのようなユニークな隊形や所作、迫力満載の敏速な動きなどを楽しむことができます。

発売元：ギャガ
DVD価格：1,143円
Blu-ray価格：2,000円
(2018年5月現在、本体価格)

印象的なセリフ

オースティンの『高慢と偏見』と言えば、'It is a truth universally acknowledged, that a single man in possession of a good fortune, must be in want of a wife.'（裕福な独身男性は妻を欲しがっているに違いないというのは、世間一般に認められた真理である）という冒頭文が非常に有名です。映画の冒頭でも、原作が一部変更して取り入れた 'It is a truth universally acknowledged that a zombie in possession of brains must be in want of more brains.'（世に知られた真実、脳を食べたゾンビはさらに多くの脳を求める）という文をそのまま使用しています。また、物語が本格的に展開する前には、疫病とゾンビの発生、ロンドンを囲む高さ30メートルの大壁（The Grand Barrier）の建築と、その周囲に掘削された水深55メートルのロイヤル運河（The Royal Canal）に関する歴史、それらに囲まれたインビトウィン（The In-Between）と呼ばれる広大な土地、そこに住む住民が運河の橋を突破したゾンビに殺された後、運河を渡る手段はヒンガム橋（Hingham Bridge）のみという地理的状況、ゾンビは抑圧したと信じられ、貴族はロンドンから防備を固めた田舎へ移ったものの、'the ultimate battle between the living and the undead has yet to be staged.'（人間とゾンビの最終戦争はまだ始まっていない）という現状と警告が集約して語られます。よく聞いて、物語の背景を把握しましょう。

公開情報

公　開　日：2016年2月5日（米国）
　　　　　　2016年9月30日（日本）
上映時間：108分
年齢制限：G（日本）、PG-13（米国）
音　　声：英語、日本語
字　　幕：日本語
興行収入：1,640万ドル
ノミネート：ブラッドガッツUKホラー賞

第7回映画英語アカデミー賞　候補映画

高慢と偏見とゾンビ

英語の特徴	物語の大半を登場人物の会話が占め、時に登場人物による語りが挿入されます。例えば、オースティンの有名な冒頭文を真似た一文はエリザベスの声で読まれ、物語の歴史と現状は、'An Illustrated History of England, 1700-1800'（1700年-1800年、英国の歴史）として、ベネット氏が娘たちに物語を読み聞かせる形でイラストと共に展開されます。また、ダーシーの求婚を断ったエリザベスが彼から届いた手紙を一人で読む際は、その文面の大半がダーシーの声で語られます。女性たちの発音、声質、スピードは全体的に聞き取りやすいですが、男性、特にダーシーの話し方は抑揚も少なく、声も低音でこもりがちなため、聞こえにくいかもしれません。また、裕福な者は日本で、賢い者は中国で修業を積んだという設定のため、僅かながら英語以外の言語が使われています。しかし、ビングリーの妹が日本語でセリフを言う場面では、非常に片言で聞き取りにくいせいか、たった一文であるにもかかわらず日本語字幕が付いています。中国の江南省で修業したエリザベスも、一度だけ中国語を話します。前述の日本語のセリフよりは滑らかですが、その際にも日本語で字幕が付けられています。人間と何ら違わず言葉を発し、人間と会話を交わすことができるゾンビのセリフには、通常通り日本語字幕が付きます。うめき声や叫び声のみを発する際には、人間の場合でも字幕は表記されません。
学習ポイント	ダーシーは、エリザベスの魅力的な黒い瞳や腕の筋肉、ゾンビと戦う勇姿、自らの意志や信念に基づく言動、そして、彼女が中国語と少林寺拳法を習得した多才な女性であることを知るにつれ惹かれていき、突然求婚します。"Miss Bennet, although I know many consider you to be decidedly inferior as a matter of your birth, family and circumstances, my feelings will not be repressed. In vain, I struggled. I've come to feel for you a most ardent admiration and regard which has overcome my better judgment. So now I ask you most fervently to end my turmoil and consent to be my wife."（あなたの問題点は知っている。家柄を始め、ご家族や暮らし向き。でもこの気持ちは、押し殺せない。心の底から敬愛しています。家柄の違いを忘れるほど。僕を不安から解放し、妻になってほしい）'I'を多用し、自己優先的な言葉や表現が目立つこの求婚からは、ダーシーがエリザベスの心情や立場を考慮していないことが読み取れます。そのため、ジェインの幸せを壊され、家族の社会的地位まで貶されたエリザベスは、"If I could feel gratitude I would now thank you. But I cannot. I never desired your good opinion. And you've certainly bestowed it most unwillingly."（感謝を伝えたいけれど、できません。求婚など望んでないわ。見くびらないで）と即座に彼の申し出を断り、激しく怒りをぶつけるのです。
スタッフ	製　　作：マーク・バタン他　　　　　　製作総指揮：スー・ベイドン＝パウエル 監督・脚本：バー・スティアーズ　　　　撮　　影：レミ・アデファラシン 原　　作：ジェイン・オースティン、　　音　　楽：フェルナンド・ベラスケス 　　　　　セス・グレアム＝スミス　　　　編　　集：パドレイク・マッキンリー

90

薦	○小学生　　○中学生　　●高校生　　●大学生　　●社会人	リスニング難易表	
		スピード	3
		明瞭さ	3
		米国訛	-
お薦めの理由	主要俳優は英国人、ジェイン役の女優はオーストラリア出身ですが、特に訛りはありません。原作が多用したオースティンの『高慢と偏見』の文章をそのまま取り入れているため、現代ではあまり日常的に使われない、古めかしい文語的な単語や表現もありますが、その分スラングはなく、文法、用法も比較的正確です。また、当時の英国には、財産は最も近い男性縁者のみが相続対象となるという限嗣（げんし）相続制度がありました。そのため、ベネット氏の甥であるコリンズ牧師は、娘しかいないベネット家の相続人でもあり、姉妹の一人との結婚を望んでいます。彼の仰々しいセリフや話しぶりには、相手の身分によって態度を変える尊大さと謙虚さが混合した人物像が、絶妙な演技と共に表現されており、本作唯一のコミカルな要素と言えるかもしれません。登場人物のセリフや口調が、人間関係や立場、状況や性別に応じて書き分けられており、オースティン自身が生きた時代、属していた階級で使われていた英国英語を学ぶことができます。	米国外訛	1
		語彙	3
		専門語	3
		ジョーク	2
		スラング	1
		文法	2

発展学習	エリザベスとダーシーがお互いの気持ちを確認し、幸せな結婚に至るまでの過程は、オースティンの『高慢と偏見』と同様に一筋縄ではいきません。エリザベスはダーシーの手紙を読み、彼がビングリーに対するジェインの愛情を誤解していたこと、ダーシーの父親の遺産を使い果たしたウィカムが、財産狙いで彼の妹を駆け落ちに誘っていたことを知り、愕然とします。戦争終結後、エリザベスが自分を愛していると知ったダーシーは、再度結婚を申し込みます。"That your feelings towards me may have changed? However one word from you now will silence me on the subject forever. You are the love of my life, Elizabeth Bennet. So I ask you now, half in anguish, half in hope. Will you do me the great, great honor, of taking me for your husband?"（僕を見直したかと。返事を聞けばこの話はやめます。あなたを心から愛しています。今の気持ちは半分は苦しみ、半分は希望。僕に名誉を与えてほしい。あなたの夫に）ダーシーが 'you' などの二人称を用いることでエリザベスを尊重していることが窺え、一度目とは打って変わった控えめなこの求婚は、"Yes!"（喜んで）と受け入れられます。二度の求婚場面では、ダーシーとエリザベスのやり取りが非常に簡潔に描かれています。原作を読むと、各場面での二人の言動、反発から愛情へと変化する彼らの心情、ダーシーが高慢な態度を改めた決定的な理由をより深く理解できるでしょう。

キャスト	エリザベス・ベネット：リリー・ジェームズ　　ジョージ・ウィカム：ジャック・ヒューストン ミスター・ビングリー：ダグラス・ブース　　ミスター・ベネット：チャールズ・ダンス ミスター・ダーシー　：サム・ライリー　　ジェイン・ベネット：ベラ・ヒースコート コリンズ牧師　　　　：マット・スミス　　レディー・キャサリン・ド・バーグ：レナ・ヘディ

第7回映画英語アカデミー賞　候補映画

コロニア

あらすじ	映画は1973年のチリが舞台になっています。1973年のチリと言えば、アウグスト・ピノチェト将軍らの軍部がクーデターを起こした年です。ドイツ人ジャーナリストのダニエルはチリの現状を世界に伝えるため滞在しています。ダニエルの恋人レナはルフトハンザ航空の客室乗務員。フライトでチリに到着したレナはダニエルと再会し久々の二人の時間を満喫します。レナはダニエルにドイツへ戻ってきてほしい本音も漏らします。しかし突如、軍部によるクーデターが発生。二人は人ごみに紛れようとしますが、民間人への暴力を目撃したダニエルはついカメラを向けてしまうのです。あっという間に反体制勢力とみなされたダニエルは、「コロニア・ディグニダ」と呼ばれる施設に収監されてしまいます。コロニアは表面的には健全な宗教コミュニティですが、実際はパウル・シェーファーが理不尽な暴力で住民を支配していました。さらに反対勢力を拷問したり、政治犯へ人体実験を行ったりしてピノチェト軍部と深く関わっていたのです。一度入ったら二度と生きて出てくることはできないと言われる、恐怖の施設です。レナは大きな決意をします。それはダニエルを脱出させるという本当の目的を隠し、信者になりすまし施設に入る決意です。一度入ればレナも脱出不可能な「要塞」、コロニア。果たしてレナは恋人ダニエルを見つけ、無事に脱出することができるのでしょうか…？
映画の背景	「あらすじ」のところで少し触れましたが、この映画を観るために、チリのクーデターの歴史を少し知っておく必要があります。1970年、サルバドール・アジェンデが大統領に就任します。南アメリカではじめて、自由選挙によって社会主義党が選ばれた瞬間でした。アジェンデ政権は、年金の引き上げ、医療費の国民負担の軽減、スラム街の改善、最低賃金の引き上げなど選挙公約通りの社会改革を行いましたが、富裕層や軍部はこれに強烈に反発します。そして1973年のピノチェトによる軍事クーデターに発展してしまうのです。映画の中でも描かれているように、クーデター直後の首都サンティアゴでは、大統領官邸が襲撃され、クーデターに反対する活動家たちは捕えられる混乱状態だったと言われています。その後、ピノチェト軍事政権のもと、多くの活動家や学生、芸術家たちが監禁や拷問を受けたりして、亡くなりました。映画に登場する「コロニア・ディグニダ」も実際に存在した拷問施設の一つです。映画の初めに INSPIRED BY TRUE EVENTS（実話から触発された作品）というテロップが流れます。実話に基づくストーリーだからこそ、観る人の心を打ちます。目をそむけたくなる場面もしっかりと見届け、考え、そこから学び取ることの大切さをおしえてくれる映画だと思います。『ハリー・ポッター』シリーズ、『美女と野獣』のエマ・ワトソンが自由を求めて毅然と現実に立ち向かう、強い女性を好演します。

映画情報	製 作 費：1,400万ドル	撮影場所：アルゼンチン、ルクセンブルク、ドイツ、チリ
	製 作 年：2015年	言　語：英語、スペイン語
	製 作 国：ドイツ、フランス、ルクセンブルク、英国	ジャンル：ドラマ
	配給会社：日活（日本）	使用楽曲：*Ain't No Sunshine*（Bill Withers）他

Colonia

(執筆) 山﨑　僚子

映画の見所

　実在した施設、コロニア・ディグニダをもとにした映画である点が最大の見所です。「教皇」と恐れられるシェーファーの絶対的権力のもと、女性や少年など弱者に対する理不尽な暴力が描かれ、それに耐えるレナの忍耐力に心打たれます。人間の尊厳が侵されるということがどういうことなのか、映画を通して追体験することができるでしょう。ナチ強制収容所などと同様にコロニア・ディグニダの存在は消し去りたい歴史の負の遺産と言えるかもしれません。しかし、人間の尊厳とは決して侵されてはならないのだということを、現代に生きる私たちが受け止め、次の世代を生きる子供たちへ伝えていかなければなりません。この作品は、人間の尊厳を考えるきっかけになると思います。ファンタジー映画のイメージの強いエマ・ワトソンが、男性を救うヒロイン役を演じているところも見所の一つでしょう。

発売元:松竹
DVD価格：3,300円
Blu-ray価格：3,800円
(2018年5月現在、本体価格)

印象的なセリフ

Comrades, why are we here? Burning under the sun? Ask yourselves! We are here, so the working class can have more power! I know we are all suffering, but we must fight for our president Allende! ...Let us be seen as one Chilean with dignity. As a Chilean who stands side by side with the poorest. Here I am with the rest of you, my colleagues. Because I want to defend what is ours. And now, we'll be here till the end if necessary. I am here, my friends. Because I've got the conscience of a working class men!

（同志よ、なぜ我々はここにいるのか？炎天のもとで。自分自身に問うてみよう。我々がここにいるのは、労働者階級がもっと力をもてるようになるためなのだ。我々はみな苦しんでいる。しかし、アジェンデ大統領のために闘わなければならない。尊厳をもったチリ人であろう。チリ人として、もっとも貧しい人とともに歩もう。わたしはここで、君たちみなとともにいるのは、われわれのもつべきものを守るためだ。そして、必要とされる限りここにいよう。私はここにいる、同志よ。なぜなら私には労働者階級の誠実さがあるからだ！）

　映画冒頭の、デモ演説の一部です。"here"という単語が多用されていることが分かります。「今」、「ここで」こそ立ち上がらなければならないと民衆に訴える力強い演説です。

公開情報

公開日：2016年4月15日（米国）　　　2016年9月17日（日本）	音　声：英語、日本語
上映時間：110分	字　幕：日本語
年齢制限：G（日本）、R（米国）	受　賞：バイエルン映画祭作品賞・プロデューサー賞
	ノミネート：ドイツ映画祭編集賞、衣装賞など

第7回映画英語アカデミー賞　候補映画

コロニア

英語の特徴	映画の舞台はチリですので、時折スペイン語で話されますが、大半は英語が使われています。エマ・ワトソンは『ハリー・ポッター』シリーズのハーマイオニー役で年齢層を問わず人気があり、女性親善大使として、国連でスピーチを行ったことでも有名ですね。公の場でスピーチを行っているだけあって、この作品の中でも、明瞭で聞き取りやすい英語を話します。スピードもそれほど速くなく、英語学習初歩者の方にも聞き取りやすいはずです。ヒロインと同じくらい存在感を放つパウル・シェーファー役のミカエル・ニクヴィストは、スウェーデン人ですが10代のころ米国に留学経験があり、それほど外国訛りを感じません。ちなみに、ニクヴィストは2017年6月に肺がんで死去しました。レナがコロニアに入居してからは、暴力的な場面が出てきますので、特に年少者が視聴する際には注意が必要です。コロニアでは、男女は完全に分かれて生活させられており、入居者の間で少しでも恋愛感情をもつようなことがあれば、拷問の対象となります。シェーファーを中心とした男性たちによって女性が理不尽に、罵られ、糾弾される場面では「売春婦」などの英単語が使われたり、集団暴行を受けたりする場面もあります。また、シェーファーは女性だけでなく、少年に対する性的虐待を加えていることを示唆する場面もあります。このような場面は、映画とはいえ、年少者には刺激が強いように思います。保護者のみなさんの十分な配慮が必要です。
学習ポイント	【だてに〜したわけじゃないよ】Chap.1 には、レナとダニエルが再会しダニエルの部屋に行く場面があります。散らかった部屋を見たレナが "You've been busy." と言うとダニエルは "I didn't come to Chile for nothing." と言います。少し聞き取りづらいかもしれませんが何度か挑戦してみてください。このセリフの否定文と for nothing を用いた表現は面白いですね。「無駄にチリに来たわけではない」と言っているのですね。このパターンを応用しますと、It's a piece of cake. I didn't study English for nothing.（そんなの簡単だよ。だてに英語を勉強したわけじゃないよ）と言えますね。 【「頑張ってね」を英語っぽくWish you luck!】Chap.2 でダニエルが軍に捕らえられたことをレナが、ダニエルの仲間に伝える場面があります。仲間たちは軍の恐ろしさを知っていますから、ダニエルを救出に行くことに躊躇いを示します。仲間の一人はレナに "I wish him luck."〔21:35〕というのがやっとです。Wish＋人＋luck でその人の健闘を祈るという意味です。英会話ではよく使われます。同じChapterでレナが機長にあてた手紙の中にも "Wish me luck." と書かれています。日本語の「頑張って」に近いのではないかと思います。これから何かに挑戦しようとしている人には、I wish you good luck. や Good luck to you! と言ってあげられるといいですね。
スタッフ	製　　作：ベンジャミン・ハーマン　　　　撮　　影：コーリャ・ブラント 監　　督：フロリアン・ガレンベルガー　　音　　楽：アンドレ・ジェジュク 脚　　本：トルステン・ヴェンツェル　　　　　　　　　フェルナンド・ベラスケス 　　　　　フロリアン・ガレンベルガー　　編　　集：ハンスヨルク・ヴァイスブリッヒ

94

コロニア

薦	○小学生　　○中学生　　●高校生　　●大学生　　●社会人	リスニング難易表	
		スピード	2
お薦めの理由	この作品は、フィクションではありますが、コロニア・ディグニダという実在の施設を舞台としていることから、ドキュメンタリー映像のような迫真性を感じることができます。リアリティがあるからこそ、登場人物たちのやり取りも現実味があります。怒ったとき、悲しいとき、英語ではこのように表現するのだなと発見があるでしょう。リアルな英語を習得することができる点が最大のお薦めの理由です。また、この作品はチリの歴史を知る良い題材となりそうです。1961年に元ナチス党員のシェーファーがドイツ人移民を引き連れてチリに設立した施設、コロニア・ディグニダは、近年になってようやく、組織内で繰り返された壮絶な虐待の様子が語られるようになりました。この作品は、ガレンベルガー監督のコロニアの生存者への取材をもとに、描かれています。世界史の教科書や参考書など文字情報からではなく、映画を視聴することで視覚的に心に焼き付くことでしょう。歴史の負の遺産からも学ぶことができるものがあるはずです。	明瞭さ	2
		米国訛	2
		米国外訛	4
		語　彙	3
		専門語	2
		ジョーク	1
		スラング	1
		文　法	2

発展学習	【虫も盗聴も嫌ですけど！】Chap.2 で、仲間を頼ることができなくなったレナはコロニア・ディグニダを知る、ある男性の元を訪れます。男性はレナに帰ったふりをさせ、音楽をかけて "I'm being bugged. Now we can talk."〔23:29〕と言います。前半部分に注目です。「私は盗聴されている」という意味ですが、bug と言えば「虫」を思い浮かべる人が多いのではないでしょうか。盗聴用の集音マイクは、小さく、さりげなく引き出しの裏や天井につけられていることが多いですね。盗聴器が虫のように小さいことから、This room is bugged.（この部屋は盗聴されている）という使い方がされるようになっていったそうです。 【現在完了形がよくわかる！】Chap.4 でレナがドロにどうやってコロニアの中で婚約できたのか尋ねる場面があります。ドロは出会いは男女参加の "Mixed parade" だったと答えます。しかしそれは 3 年も前の話です。レナは "You haven't seen him for three years?" と驚きます。下線部で現在完了形が使われています。現在完了形は日本人の英語学習者にはなかなか難しいですが、この場面は理解の助けになってくれそうです。パレードは 3 年前。コロニアでは禁欲主義で男女別々に生活しますから、パレードでも行われない限り男女が出会うことはありません。ドロは 3 年前のパレード以来、ずっと、そして今も婚約者とは会っていないのだということです。この過去から現在までずっとという感覚が現在完了形の特徴です。

キャスト	レナ　　　　　：エマ・ワトソン ダニエル：ダニエル・ブリュール パウル・シェーファー：ミカエル・ニクヴィスト ギゼラ　　　：リチェンダ・ケアリー	ウルセル　　：ヴィッキー・クリープス ドロ　　　　：ジャンヌ・ヴェルナー ローマン　　：ジュリアン・オヴェンデン ドイツ大使：アウグスト・ツィルナー

第7回映画英語アカデミー賞　候補映画

コンカッション

あらすじ	本作品は、事実を基に製作された2015年の米国のスポーツ、伝記、ドラマ映画です。ウィル・スミスがベネット・オマル医師役、ググ・ンバータ=ローがオマル医師の妻プリマ・ムティソ役、アレック・ボールドウィンがジュリアン・ベイルズ医師役、デヴィッド・モースがNFL選手のマイク・ウェブスター役を演じています。 　私たちの脳は意外と脆く、頭蓋骨の中の液体に浮いているという状態だけなので、外部からの衝撃で震盪（concussion）を起こす可能性があります。これは一時的な症状で、回復したと思われても、アメリカンフットボールをはじめとして身体接触の激しいスポーツで何度も衝突を繰り返すと、慢性外傷性脳症（CTE: chronic traumatic encephalopathy）に至る場合があります。大きな夢を抱いてナイジェリアから米国へ渡ったベネット・オマルは、真面目で誠実な医師です。検死官でもある彼は、2002年にアメリカンフットボールのリーグ、NFL（ナショナル・フットボール・リーグ）を引退した元ピッツバーグ・スティーラーズの看板選手、マイク・ウェブスターの変死解剖を担当しました。その結果、マイクの死が頭部への激しいタックルが原因で引き起こされる脳の病気CTEであることを発見し、論文を発表します。しかし、国民的スポーツにメスを入れたオマル医師の見解を絶大な権力と経済効果を持つNFLは全否定してオマル医師とその周りに圧力をかけていきます。真実を求めた戦いが始まります。
映画の背景	この作品は何と言っても事実を基にしたものであり、ナイジェリア人医師とNFLによる医療をテーマにしたバトル映画です。そして、映画『ALI アリ』、『幸せのちから』等で主演した実力派俳優ウィル・スミスが引退したアメリカンフットボール選手の死とアメフトの因果関係を発見する実在の医師を熱演し、第73回ゴールデン・グローブ賞で最優秀主演男優賞（ドラマ部門）の候補となった作品です。監督は『パークランド　ケネディ暗殺、真実の4日間』のピーター・ランデズマンで、『オデッセイ』や『ブレードランナー』のリドリー・スコットが製作を担当しました。ただ真実を伝えるだけのことがどれほどまでに難しいことなのか、また、真実を隠蔽してまで守るべきものとは何なのかといったことが根本のテーマにあります。本作に関連して驚くべき点は、2011年に5000人近い元NFL選手たちがリーグを相手に、事実隠蔽に対する集団訴訟を起こしました。また、ベネット・オマル医師が正式に米国国民となった2015年に、集団訴訟の和解が成立したものの、根本的な解決はしておらず、NFLに対して改めてこの映画を通して問題点を叩き付けた状況になっているということです。米国において元々は純粋なスポーツがプロスポーツとなり、巨大ビジネスの対象になることで、真実が隠蔽されるという社会的な問題が含まれることがこの映画の背景にあります。
映画情報	製作費：3,500万ドル　　　　　　　　配給会社：Columbia Pictures 製作年：2015年　　　　　　　　　　撮影場所：米国 製作国：米国　　　　　　　　　　　言　語：英語 製作会社：スコット・フリー・プロダクションズ　ジャンル：伝記、ドラマ、スポーツ

Concussion

(執筆) 寳壺 貴之

映画の見所

この映画のタイトルにもなっている題名のコンカッション（CONCUSSION）は英語で「震盪（しんとう）」を意味する言葉で、物語の中で、アメフト選手たちがタックルによって受ける脳震盪が取り上げられています。オマル医師も言っているように、初心に戻って純粋に真実を語ることの大切さを唱えている点がこの映画の最大の見所です。もともと純粋なスポーツではありますが、巨大なビジネスと結びつくことで本来の目的が失われてしまいます。NFLは一大ビジネスの中で、自分たちのスポーツが健康を害することにつながることをどうしても認めようとしませんが、実直なオマル医師の生き方が徐々に世間を動かしていくところは注目です。
また、オマル医師の検死の場面で、敬意を持って時間をかけて仕事に接する態度もこの映画のもう一つの見所です。

発売元：
ソニー・ピクチャーズ エンタテインメント
DVD価格：1,280円
Blu-ray価格：1,800円
（2018年5月現在、本体価格）

印象的なセリフ

- マイク・ウェブスターが冒頭の演説で述べる場面です。
  And all we have to do is finish the game. If we finish, we win.
  （そして私たちに課せられていたのはベストを尽くすことです。ベストを尽くせば、勝つということです）
- オマル医師が法廷で尋ねられて答える場面です。
  My specialty is the science of death. I think more about why people die than I do the way people live.
  （私の専門は死の科学です。人の生き方よりなぜ人は死ぬかを考えています）
- 上司から仕事が遅すぎることを注意されてオマル医師が答える場面です。
  I am a doctor. The dead are my patients. I treat them with respect.
  （私は医師です。遺体は患者です。私は敬意を払いたいのです）
- ベイルズ医師がオマル医師に言うセリフです。
  God is number one and football is number two.
  （神は1番でフットボールは2番）本音では信仰よりフットボールが大切
- 妻のムティソがオマルを励ますために述べる場面です。
  Your name, it means, "If you know, you must come forth and speak."
  （あなたの名前が意味するのは「知識を持ってそれを示すこと」なのよ）

公開情報

公 開 日：2015年12月25日（米国）
　　　　　2016年10月29日（日本）
上映時間：122分
アスペクト比：2.39：1

音　　声：英語、日本語
字　　幕：日本語、英語
受　　賞：第19回ハリウッド映画賞主演男優賞（ウィル・スミス）

第7回映画英語アカデミー賞　候補映画

コンカッション

英語の特徴	主人公のオマル医師は、アフリカのナイジェリア出身で少し訛りのある英語を話します。しかし、自分の意志と信念を貫く役なので誠実にはっきりと話すため、会話スピードも適していて発音も明瞭です。また、この作品では医学英語がよく使用されています。最初の裁判所の場面を例に挙げると、オマル医師のこれまでの経歴について尋ねられ、自分のことを答える場面があります。 Yes. From the University of Nigeria. At Enugu, Nigeria. And I did my residency at Columbia University Medical School in New York. I also have master's degrees in Public Health and Epidemiology. In addition, I am a certified physician executive with a specialty in Emergency Medicine. And, of course, I'm board-certified in Forensic Pathology, Clinical Pathology and Anatomic Pathology. My focus is Neuropathology, the examination of the brain. この短い場面だけでも、a medical degree（医学博士）、residency（研修医）、Public Health（公衆衛生）、Epidemiology（疫学）、a certified physician executive with a specialty in Emergency Medicine（救急医療専門医指導医の資格）、Forensic Pathology（法医学）、Clinical Pathology（臨床病理学）、Anatomic Pathology（解剖病理学）、Neuropathology（神経病理学）など医学英語が学習できます。さらに、スポーツやメディアに関する英語が出てくるのもこの映画の特徴です。
学習ポイント	「英語の特徴」で述べたように、この映画では、主人公のオマル医師がナイジェリア出身であることから、米国英語や英国英語ではない、World Englishesの観点から世界には様々な英語が存在することを大学生や社会人が再発見して学習することができます。また、医学英語やスポーツに関する英語、そしてメディアに関する英語も学習できます。もちろん、映画のセリフから口語英語の表現を学習できますが、ここでは新聞記事の文語英語の学習について述べます。以下は、ニューヨークタイムズ紙で取り上げられている記事が語られる場面です。 Omalu's gone to the press now. Listen to this. "After examining the remains of former National Football league player Andre Waters, a neuropathologist in Pittsburgh, Dr. Bennet Omalu, is claiming that Mr. Waters had sustained brain damage from playing football, and he says that led to his depression and ultimate death." It gets worse. "Dr. Julian Bailes, medical director for the Center for the Study of Retired Athletes and the chairman of the Department of Neurosurgery of West Virginia University, said, 'Unfortunately, I'm not shocked.'" これは、スポーツ欄でもなく、科学欄でもなく、ニューヨークタイムズ紙の1面に掲載された文章であるとNFL側が慌てている場面ですが、ここではニュース記事の文語英語の表現について学習できます。

スタッフ			
製　　作：リドリー・スコット他		製作総指揮：マイケル・シェイファー他	
監　　督：ピーター・ランデズマン		撮　　影：サルヴァトーレ・トチノ	
脚　　本：ピーター・ランデズマン		音　　楽：ジェームズ・ニュートン・ハワード	
原　　作：ジーン・マリー・ラスカス		編　　集：ウィリアム・ゴールデンバーグ	

コンカッション

薦	○小学生　　○中学生　　○高校生　　●大学生　　●社会人	リスニング難易表	
お薦めの理由	先ず、「映画の見所」でオマル医師の実直さと真実を語ることの大切さについて取り上げたように、彼の仕事に対する態度がお薦めの理由として挙げられます。最初の検死のシーンは短い場面ですが、彼は遺体に対してリスペクトの念を持っているので、遺体に話しかけて敬意を払ってから行います。また使用した道具は上司から予算の関係で再使用するように言われますが、道徳的な観点からオマル医師は拒みます。このように、どのように仕事に取り組み、どのように生きたいかがよく分かる場面です。 　次に、オマル医師が徹底的にNFLに対抗して自分の信念を貫く点を挙げます。NFLはビジネスのためオマル医師の見解をどうしても避けようと全力で圧力をかけて彼を潰しにかかります。電話で恐喝しFBIを使って彼を辞職に追い込み、妻のムティソを尾行して赤ん坊を流産させたり、とんでもない行動に出ます。それでも、最終的にオマル医師の信念は世の中に伝わります。このような職業観や人生観を大学生や社会人の方に感じ取っていただきたいです。	スピード	3
		明瞭さ	3
		米国訛	3
		米国外訛	4
		語　彙	4
		専門語	4
		ジョーク	3
		スラング	3
		文　法	3

発展学習	この映画では主人公のオマル医師が、純粋に真実を語ることの大切さを唱えている点が最も大切な部分です。ここでは、ムティソとの会話を取り上げて人生の分岐点に立つ主人公の様子や態度、行動を通して、大学生や社会人が意思決定について再考してもらいたいです。以下は、オマル医師が努力をしてもなかなか報われないことをムティソに話した時に、彼女が励まして話しかける場面です。 If you don't speak for the dead, who will? You are of the Igbo tribe, Bennet. When you have truth, the thing you are told you cannot do is the thing you must do. Embrace that and nothing created by man can bring you down. オマル医師にどんなに障害があっても、真実ならば世の中に伝えることの大切さを述べて、それができるのはオマル医師だと言います。 さらに以下は、NFLの脳震盪会議でオマル医師が演説する最後の場面です。 But when a man is a football player, he knows he may break his arm or his leg. He does not know that he can lose his mind, his family, his money, his life. They have to know. これまで、NFLはビジネスのためになかなかオマル医師の見解を認めようとしませんでしたが、最後に世の中に伝わったのです。オマル医師の行動を通して、社会に対して時には立ち向かっていくことの重要性を発展学習として考えてもらいたいです。

キャスト	ベネット・オマル医師　：ウィル・スミス　　　　　プリマ・ムティソ　　　　：ググ・ンバータ＝ロー ジュリアン・ベイルズ医師：アレック・ボールドウィン　マイク・ウェブスター　　：デヴィッド・モース シリル・ウェクト医師　：アルバート・ブルックス　　ジョセフ・マルーン医師　：アーリス・ハワード スティーヴン・デコスキー医師：エディ・マーサン　　ダニエル・サリヴァン　　：マイク・オマリー

第7回映画英語アカデミー賞　候補映画

ザ・コンサルタント

あらすじ	主人公 Christian Wolff（Ben Affleck）は、数値に強い親近感を抱く驚異的な数学的才能をもつ人物です。小さな町で公認会計士事務所を営んで生計をたてています。しかし、その裏で世界で最も危険な犯罪組織の人たちを相手にフリーランスの会計士としても働いています。自閉症による完璧主義者で天才的頭脳を持ち、命中率100％の射撃の腕を誇る年収100万ドル、本籍不明の男…。謎が深まるその正体を探るため、米国政府機関である Fin CEN（the Financial Crimes Enforcement Network：金融犯罪取締執行ネットワーク）の局長 Raymond King（J. K. Simmons）が分析官の Marybeth Medina（Cynthia Addai-Robinson）を使い彼の身元を突き止めようと動き出しました。その動きを察知した Christian の有能な相棒（Alison Wright）が、「安全な仕事」として最先端のロボットを扱う Living Robotics という大手電器会社の仕事依頼を Christian に勧めます。経理課に所属する Dana Cummings（Anna Kendrick）が＄61million もの使途不明金を発見したとのことで調査依頼が舞い込んだのでした。 　ところが15年分の帳簿を1日で調べ上げ、架空の会社への送金に気づいた Christian に社長の Lamar Blackburn（John Lithgow）は親友 Ed Chilton（Andy Umberger）の死を理由に突然仕事を中断するように告げます。この日を境に Christian と Dana は暗殺者に命を狙われ始めるのでした。果たして彼らの運命は？
映画の背景	Christian は幼い頃、両親に連れていかれた神経科専門医から、他とは異なる才能に恵まれた子供であると診断されます。その医師の元で治療することを勧められますが、「他人と異なる」ことがいかに過酷な将来を迎えることになるかを知っていた PSYOP（Psychological operations）に属する軍人の父親（Robert C. Treveiler）に弟の Braxton（Jon Bernthal / Jake Presley）と共にインドネシアで Pencak Silat と呼ばれる伝統的な武道を強要されます。 Chris's Father：You're different. Sooner or later, "different" scares people. 　なぜ父親は Pencak Silat を選択したのでしょうか。Pencak Silat とはマレー地域発祥の1000年の歴史を持つ伝統武術であり、単に技を覚えるのでなく、鍛練を積むに従って礼節や他人への思いやりを身に付け、心豊かにその人らしくよりよい生き方を学ぶ武道だそうです。基本精神は、「稲の教え（Ilmu Padi＝実るほど頭を垂れる稲穂かな）」に象徴され、学ぶ者達の誓いである "Ikrar Pesilat" に継承されています：1. 崇高な精神と品格を備える。2. 同胞を尊敬し、友愛と平和を愛する。3. 常に前向きに考え、行動し、創造性と力強さに溢れる。4. 真実・公正・正義を守り、試練に立ち向かい、誘惑を跳ね返す。5. 自身の言動に常に責任を持つ。 　この武道と、数字にこだわる自身の傾向によって Christian は計算による無駄な動きのない素早い戦い方を身につけたといえるでしょう。

映画情報		
	製作費：4,400万ドル	撮影場所：米国ジョージア州
	製作年：2016年	言　　語：英語、インドネシア語、フランス語
	製作国：米国	ジャンル：アクション、犯罪、ドラマ、スリラー
	製作会社：エレクトリック・シティ・エンターテイメント他	使用楽曲：*To Leave Something Behind* 他

100

The Accountant

(執筆) 石田　理可

映画の見所

　自閉症であり、裏の仕事を持つ Christian にはその特質から必要不可欠な隠れ家があります。移動可能な travel trailer 'Airstream PanAmerica' というトレーラーです。

　このトレーラーは "Jabberwocky" と名付けられ、中には Christian にとって他人の目には触れさせたくない品々が隠されています。"Jabberwocky" は、Lewis Carroll（彼が偽名の一つとして用いた英国人数学者、本名：Charles Lutwidge Dodgson, 1832-1898）の詩ですが、日本語では「無意味な言葉」「チンプンカンプン」「たわごと」と訳されます。殺された獣についての詩で、Christian が歌う *Solomon Grundy* (Mother Goose Nursery Rhymes) の韻をふむのと同じようなある種のリズムを持っています。さて、そんな名前のトレーラーにある物は？

「発展学習」を参考に探してみてください。

発売元：
ワーナー・ブラザース ホームエンターテイメント
DVD価格：1,429円
Blu-ray価格：2,381円
（2018年5月現在、本体価格）

印象的なセリフ

「みんな違ってみんないい」とは金子みすゞ（1903-1929）の詩の一節ですね。他人と異なる事をどうとらえるかを示すセリフを紹介します。かつて Christian を診察した神経科医が他の自閉症児の両親へ語る言葉です。

Neurologist : Neuro-typicals. The rest of us. What if we're wrong? What if we've been using the wrong tests to quantify intelligence in children with autism? Your son's not less-than, he's different. Now your expectations for your son may change over time. They might include marriage, children, self-sufficiency, and they might not. But I guarantee you, if we let the world set expectations for our children, they'll start low… and they'll stay there. …And maybe… Just maybe… He doesn't understand how to tell us. Or… we haven't yet learned how to listen.

そして Christian が仕事先で出会った Dana のセリフです。

Christian : Why was the dress so important to you?
Dana : It wasn't about the dress. I just wanted to walk into the gym and have everybody say WOW! I was trying to belong. I was trying to connect. I think that no matter how different we are, we're all trying to do the same thing.

公開情報

公 開 日：2016年10月14日（米国）
　　　　　2017年 1月21日（日本）
上映時間：128分
年齢制限：G（日本）、R（米国）
音　　声：英語、インドネシア語、フランス語
字　　幕：日本語、英語
受　　賞：ヤング・アーティスト賞
ノミネート：サターン賞(最優秀スリラー映画)

第7回映画英語アカデミー賞　候補映画

ザ・コンサルタント

英語の特徴

　この映画の登場人物たちは汚い言葉・表現の slang をとても頻繁に使いますが、Christian の発話にはそれらは全くなく、自閉症の特徴がいくつかあらわれています。そのことは以下のように彼自身も認めています。

Dana　　　：Your life is unique.

Christian：It's not unique. I have a high-functioning form of autism, which means I have an extremely narrow focus and a hard time abandoning tasks once I've taken them up. I have difficulty socializing with other people, even though I want to.

　自閉症の人は対人関係を築くことが苦手なので、目線を合わすことができない・周囲に関心がないように見える・相手の気持ちがわからない・その場の空気が読めないなどが挙げられると同時に、言葉の発達が遅れる傾向もあります。また、呼んでも反応しない・話すのが遅い・人が話したことをオウム返しする・抽象的な言葉、比喩や皮肉を理解できないなどといった特徴もあります。

　税金の相談に訪れたMr.&Mrs. Rice（Ron Prather & Susan Williams）、Living Robotics 社の Blackburn 兄妹（妹 Jean Smart）、Ed、Dana、Francis Silverberg（Jeffrey Tambor）そして弟の Braxton との会話にもこれらの特徴が表れています。Christian はゆっくり発話するので聞きやすいと思います。注意して聞いてみましょう。

学習ポイント

　Medina の依頼した the FBI Language Services の Gordon Amundson が言及する Christian の発声についての分析結果をみてみましょう。発音や話し方の特徴には母語も影響します。映画の中だけでなく、実際にいろいろな人の言葉選択を含むそれぞれの特徴をみつけ、分析するのも面白いと思います。

Amundson：It's an unusual audio file. *Solomon Grundy* is a nursery rhyme circa mid-1800s. Your voice has four of the six intonation patterns we use to define American English. That's difficult to confirm with a rhyme. Out of curiosity, was your subject a trauma victim? （略）The verse was repeated a total of four and a half times with zero variation in pitch, span, tempo, volume, or articulatory precision. （略）Well, we often see this type of repetitive chanting in children who have been exposed to trauma or persons with neurodevelopmental disorders. （略）Autism's nearly impossible to identify visually. The traits are behavioral: difficulty with social interaction, communication, lack of eye contact.

Christian の恩師である Francis にも特徴を指摘されています。

Francis　　：...Okay. Listen to me. IN-FLEC-TION. Right? Listen, just listen to my tone. （略）I gave you a PhD in black money, but you gotta learn this.

スタッフ

製　　作：マーク・ウィリアムズ　　　　　製作総指揮：ギャビン・オコナー他
　　　　　リネット・ハウエル・テイラー　撮　　影　：シーマス・マクギャヴェイ
監　　督：ギャビン・オコナー　　　　　　音　　楽　：マーク・アイシャム
脚　　本：ビル・ドゥビューク　　　　　　編　　集　：リチャード・ピアソン

ザ・コンサルタント

薦	○小学生　　○中学生　　○高校生　　●大学生　　●社会人	リスニング難易表	
お薦めの理由	Christian は自閉症ですが、知能指数が高い（IQ70以上）高機能自閉症に値しますので「アスペルガー症候群」、2013年以降、「自閉スペクトラム症 / 自閉症スペクトラム障害」と診断分類されます。 　この障害には「社会性欠落や対人交流などのコミュニケーション障害」「言語発達の遅れ」「興味の対象や行動の偏りと動作の反復性」の３つの特徴が発達段階で現れます。症状にはかなり個人差があるものの、早期に気づき、適正な環境をつくること、早期療育や適切な教育を行っていくこと、苦手なことへの対応方法を工夫していくことなどでその特性を強みとしていかすこともできると言われています。 　Christian はどのようにして障害を克服したのでしょう。世界中の裏社会に生きる犯罪者達をも顧客に持ちながら会計士として活躍し、優れた格闘能力で命を奪われることもなく成功しています。どのような葛藤があったのでしょうか。自閉症をはじめとした障害の多様性を認め、それぞれの能力を伸ばそうとする動きが活発になっている現代だからこその作品です。	スピード	3
		明瞭さ	5
		米国訛	5
		米国外訛	2
		語彙	5
		専門語	4
		ジョーク	1
		スラング	3
		文法	5

発展学習	Christianが拘ったものを確認してみましょう。 【Mother Goose Nursery Rhymes：*Solomon Grundy*】 "Solomon Grundy Born on a Monday, Christened on Tuesday, Married on Wednesday, Sick on Thursday, Worse on Friday, Died on Saturday, Buried on Sunday… " 【"Everything in the world that is important to me is in this trailer."とは】 武器や資金だけではなく価値ある美術品他も多く使用、保管されていましたね。 　1）Pierre-Auguste Renoir（1841-1919）*Woman with a Parasol and a Child on a Sunlit Hillside*, 1874 　2）Cassius Marcellus Coolidge（1844-1934）*A Friend in Need (Dogs Playing Poker)*, 1903 　3）Jackson Pollock（1912-56）*Free Form*, 1946 　4）Maria Innocentia Hummel（1909-46）*Gone A Wandering #908*。 King が Smoke and Mirrors！と言うように、主要人物同様、登場する美術品や音楽にも「二面性」があります。「 3 」に拘るChristianが聴く音楽は巨匠 Mstislav Leopol'dovich Rostropovich（1927-2007）の Johann Sebastian Bach（1685-1750）*Suite 6 No.3 in C Major, BWV 1009: Prélude* でした。数回登場する Muhammad Ali（本名 Cassius Marcellus Clay, Jr. 1942-2016）のパズルも冒頭で Christian が作成する時は裏向きだったのを含め、それらの「二面性」は何なのかを考えてみましょう。

キャスト	クリスチャン・ウルフ：ベン・アフレック　　　　フランシス・シルヴァーバーグ：ジェフリー・タンバー デイナ・カミングス　：アナ・ケンドリック　　　メリーベス・メディナ：シンシア・アダイ＝ロビンソン レイモンド・キング　：Ｊ・Ｋ・シモンズ　　　　ラマー・ブラックバーン：ジョン・リスゴー ブラックス　　　　　：ジョン・バーンサル　　　リタ・ブラックバーン　：ジーン・スマート

第7回映画英語アカデミー賞　候補映画

ジェイソン・ボーン

<table>
<tr><td rowspan="3">あ ら す じ</td><td>

　ボーンが姿を消してから数年後、元同僚のニッキーがアイスランドの首都レイキャビクで CIA のサーバーをハッキングして最高機密を入手します。そこには、非業の死を遂げたボーンの父リチャード・ウェッブが〈トレッド・ストーン〉計画に関わっていたことが記されていたのでした。彼女はただちにボーンに知らせるべく、彼のいるアテネへと向かうのでした。

　ハッキングに気づいた CIA は、デューイ CIA 長官指導のもと、すぐに刺客としてアセットに連絡をとり、ボーンを始末しようとします。バイクに乗って逃げる二人に、アセットの放った弾丸は、ニッキーを捉えたのでした。

　亡くなる寸前のニッキーから受け取ったコインロッカーにあった USB には、ボーンの父が暗殺者養成プログラム〈トレッド・ストーン〉に関わっていたこと、そしてボーンが CIA の監視対象になっていたことを示していました。一方、デューイは、新興の IT 企業ディープ・ドリーム社が運営する SNS を利用して、壮大な監視プログラム〈アイアン・ハンド〉を計画していました。ところが、ディープ・ドリーム社の CEO カルーアは、プライバシーの視点からデューイに手を貸すことを断ります。また、ボーン追跡の大役を任されていたヘザー・リーは、自身の野心のため、ボーンを殺すのではなく、ボーンを CIA に復帰させようと考えるようになっているのでした。

</td></tr>
</table>

<table>
<tr><td rowspan="2">映 画 の 背 景</td><td>

○ 冒頭から本作のシリーズ作品を思い起こさせるような場面が出てきます。それぞれのタイトルからその意味を探ってみましょう。

　第1作『ボーン・アイデンティティ』(2002) の 'identity' は「自己、身元」です。このシリーズのテーマが、記憶を失った主人公ジェイソン・ボーンの自分探し、すなわち自分のアイデンティティを、マリーという女性と共に探すものでした。

　第2作『ボーン・スプレマシー』(2004) の 'supremacy' は「優位、優越性」で、CIA に恋人マリーを殺されたボーンの復讐もので、第3作『ボーン・アルティメイタム』(2007) の 'ultimatum' は「最後通牒」です。自身の忌まわしい元凶を突きとめようとする物語でした。そして、主人公をジェレミー・レナーに代えた第4作『ボーン・レガシー』(2012) の 'legacy' は「遺産」です。

　因みに本作は、元々『ボーン・リサージェンス』'resurgence'「復活、再起」を予定していたようです。しかし、同年『インディペンデンス・デイ：リサージェンス』が夏に公開されたため、変更になりました。

○ 政府による監視システム、すなわち米国で現実に稼働していたプリズム (PRISM) が物語のベースになっています。これは実際に2013年 CIA 職員のスノーデンが暴露したことによって発覚しました。ところで気になる監視カメラですが、日本には2016年現在、約500万台設置されているそうです。

</td></tr>
</table>

<table>
<tr><td rowspan="4">映 画 情 報</td><td>製 作 費：1億2,000万ドル</td><td>撮影場所：ベルリン、ロンドン、ラスベガス他</td></tr>
<tr><td>製 作 年：2016年</td><td>言　　語：英語、アイスランド語、ギリシャ語、ドイツ語</td></tr>
<tr><td>製 作 国：米国、中国</td><td>ジャンル：アクション、スリラー</td></tr>
<tr><td>配給会社：Universal Pictures</td><td>使用楽曲：*Extreme Ways*</td></tr>
</table>

ジェイソン・ボーン

Jason Bourne

(執筆) 松葉　明

<table>
<tr>
<td rowspan="1">映
画
の
見
所</td>
<td>

○ 欧米旅行が楽しめます。

　　舞台がアイスランドの首都レイキャビクにはじまり、アテネ、ベルリン〔Chap.9〕、ロンドン〔Chap.12〕、そしてラスベガス〔Chap.14〕です。ボーンシリーズには欠かせないアクションシーンは、二人乗りでのバイクの疾走と、初めて撮影が許可されたラスベガスでのカーチェイスが必見です。特に、取り壊しが決定していたラスベガスのリヴィエラ・ホテルを使い、迫力あるシーンを撮影することができました。

○ 最後まで敵か味方かわからない、無表情のオスカー女優のヴィキャンデルが、物語に緊張感を与えてくれます。

○ 監視され、狙われているはずのボーンが、実は相手を監視していたというオチが、この映画にも所々に登場します。

</td>
<td>

発売元：
NBCユニバーサル・エンターテイメント
DVD価格：1,429円
Blu-ray価格：1,886円
（2018年5月現在、本体価格）

</td>
</tr>
</table>

<table>
<tr>
<td>印
象
的
な
セ
リ
フ</td>
<td>

○ "I remember."＝「思い出した／覚えている」です。映画の冒頭〔Chap.1, 0:57〕から記憶がまだ十分に戻っていないボーンが言います。ボーンはさらに、"I remember everything."「すべて思い出した」と言います。

○ "Copy that."＝「了解」〔Chap.4, 17:46〕で、リーが使っています。通信手段を通してのやり取りが多い本作では、指令を受けたときの返事として、リー以外にも多くの登場人物が使っています。そして、"Understood."〔Chap.3, 13:19〕も同様の意味で使われています。

　　因みに拒否するときは 'No' ではなく、'Negative'〔Chap.7, 33:01〕＝「断る／ノーだ」と、工作員のアセットがリーに対して使っています。

○ "You have a choice."＝「あなたには選択肢があるわ」〔Chap.16, 97:28〕

　　CIA 長官デューイを返り討ちにしたリーが、ボーンに CIA に戻るように説得するときに使います。ボーンのかつての同僚ニッキーが、"We don't have a choice, Jason."「私たちには選択肢がないのよ、ジェイソン」〔Chap.5, 20:20〕と言っていたときとは状況が変わってきています。

○ "I know how to deal with him."＝「彼の扱い方はわかっているるます」〔Chap.19, 109:55〕自分を売り込もうと国家情報長官にリーが言うセリフです。野心家で、自信にあふれたリーを表しています。

</td>
</tr>
</table>

<table>
<tr>
<td>公
開
情
報</td>
<td>

公開日：2016年 7月29日（米国）
　　　　2016年10月 7日（日本）
上映時間：123分
年齢制限：G（日本）、PG-13（米国）

</td>
<td>

音声：英語、日本語 / 字幕：日本語、英語
シリーズ作品：『ボーン・アイデンティティ』（2002）
　　　　　　　『ボーン・スプレマシー』　（2004）
　　　　　　　『ボーン・アルティメイタム』（2007）

</td>
</tr>
</table>

105

第7回映画英語アカデミー賞　候補映画

ジェイソン・ボーン

<table>
<tr>
<td>英語の特徴</td>
<td>

　マット・デイモンとトミー・リー・ジョーンズは生粋の米国人であるのに対して、アリシア・ヴィキャンデルはスウェーデン人、作戦員アセット役のヴァンサン・カッセルはフランス人なので、それを意識して英語を聞いてみるとおもしろいです。あらためて北欧出身のヴィキャンデルのように、北欧の人がネイティヴのような英語を話すのに驚かされます。そして、ディープ・ドリーム社（架空）のCEO アーロン・カルーアを演じたリズ・アーメッドはパキスタン系英国人で、俳優兼ラッパーです。

　アクション映画の典型なので、セリフは多くありませんが、その分会話速度は速くなります。また、情報通信テクノロジーに関する専門用語は、普段耳にしないことが多いので、事前に確認しておくのがよいでしょう。下にある「学習ポイント」の欄にもいくつか挙げておきました。

　ヨーロッパと米国を舞台に繰り広げられる本作は、英語以外に、アイスランド語、ギリシャ語、ドイツ語が聞こえてくる場面があります。英語は国際語と言われていますが、その他の言語にも意識的に触れることは大切です。

　また、ジェイソン・ボーンの使用語は288語、45行のセリフしかないそうで、しかも冒頭の20分間セリフがほとんどありません。セリフは最小限なので、学習教材として取り組みやすいでしょう。

</td>
</tr>
<tr>
<td>学習ポイント</td>
<td>

　昨今の情報テクノロジーの進化と、それに伴って起こる事件を如実に再現した内容の物語です。それに関連する語と語句を学び、語彙力をつけましょう。

○ 'CCTV = Closed-Circuit Television のことで、元々は「閉回路テレビ」、すなわち特定の建物や施設内での有線テレビを指していました。しかし、今では本作のように、「映像監視システム」を指すことが多いようです。"I'm accessing CCTV now."「監視カメラにアクセスしています」〔Chap.9, 46:33〕と、リーも使っています。

○ 'Snowden'=Edward Snowden 元 CIA 職員のエドワード・スノーデンのことです。彼は2013年に政府の監視システムの極秘情報を暴露したことで世界を震撼させました。2016年に『スノーデン』のタイトルで映画化もされています。"It could be worse than Snowden."「スノーデンのときよりも悪いかもしれない」〔Chap.3, 8:40〕とCIAのジェファーズが、"I already took a hit with Snowden."「すでにスノーデンで痛手を負った」〔Chap.8, 41:04〕とディープ・ドリーム社CEOのカルーアが引き合いに出しています。

○ その他にも、'classified'=「機密の、極秘扱いの」、'surveillance'=「監視」、'encryption'=「（情報の）暗号化〔Chap.8, 41:16〕」、'metadata'=「メタデータ（データについてのデータのこと）〔41:11〕」等の語も調べてみましょう。

</td>
</tr>
<tr>
<td>スタッフ</td>
<td>

製　　作：ポール・グリーングラス他　　　製作総指揮：クリストファー・ラウズ他
監　　督：ポール・グリーングラス　　　　撮　　影　：バリー・アクロイド
脚　　本：ポール・グリーングラス他　　　音　　楽　：ジョン・パウエル他
キャラクター原案：ロバート・ラドラム　　編　　集　：クリストファー・ラウズ

</td>
</tr>
</table>

ジェイソン・ボーン

薦	●小学生　　●中学生　　●高校生　　●大学生　　●社会人	リスニング難易表	
お薦めの理由	○ アクション好きにはたまりません。 スパイもので、カーチェイスを含めアクションシーン満載の作品です。上映時間も123分と長くないので、特に男子生徒にお薦めです。 ○ シリーズ化されています。 本作はシリーズ化されており、物語の内容も前作と繋がっているので、第1作品に戻って鑑賞するのも楽しみの一つです。 ○ 異文化理解に役立ちます。 まだ記憶に新しいギリシャの経済問題が、映画の最初に登場しています。EU崩壊も危惧されました。地図帳でその場所も確認してみましょう。 ○ 現代社会の問題点が浮き彫りになっています。 世界中の何処にいても、監視カメラを通してその居場所やら行動やらがわかってしまう恐ろしさを感じることができます。このことは現在、決して本や映画の世界だけのものではありません。	スピード	4
		明　瞭　さ	3
		米　国　訛	3
		米　国　外　訛	3
		語　　彙	3
		専　門　語	4
		ジョーク	2
		スラング	3
		文　　法	2

発展学習	○ 短めの会話に取り組みましょう。ボーンとリーです。　　〔Chap.13, 75:13〜〕 Bourne：What's Iron Hand?　　　　　　　　（アイアン・ハンドって何だ？） Lee　：Dewey's new black-ops program.　　（デューイの新しい軍事計画） 　　　　Full-spectrum surveillance.　　　　（全世界の監視網） 　　　　Watching everyone all the time.　　（すべての人々を常に監視） 　　　現代の監視社会を表現しています。〔Chap.5, 20:20〜〕のボーンとニッキーの対話では、アイアン・ハンドに興味を示さなかったボーンに変化が訪れたようです。 ○ 自信と野心に満ちたリーとラッセル国家情報長官との会話です。〔Chap.19, 110:20〜〕 Russel：You still think you can bring him in? 　　　　（まだ彼を復帰させることができると思っているのか？） Lee　：I have his trust. After what he went through. I'll bring him in. I'm certain of it. 　　　　（私は彼の信頼を得ています。復帰させます。自信があります） Russel：And if you can't?　　　　　　　　（それでもしできなかったら？） Lee　：Then... he'll have to be put down.　（その時は彼に消えてもらいます） 　　　実はこのやりとりはそのままこのチャプターの〔113:33〜〕で繰り返されます。 　　　その理由は映画を観てのお楽しみです。

キャスト	ジェイソン・ボーン：マット・デイモン　　　　ニッキー・パーソンズ　：ジュリア・スタイルズ ヘザー・リー：アリシア・ヴィキャンデル　　　アーロン・カルーア　：リズ・アーメッド ロバート・デューイ：トミー・リー・ジョーンズ　クレイグ・ジェファーズ：アトー・エッサンドー アセット（作戦員）：ヴァンサン・カッセル　　ラッセル国家情報長官：スコット・シェパード

第7回映画英語アカデミー賞　候補映画

シング

|あらすじ|　様々な動物たちが人間のように共に暮らすとある町で、かつては栄えていたが今は取り壊し寸前になっている「ムーン劇場」のコアラ支配人、楽天家のバスター・ムーンは倒産を回避するため賞金1,000ドルの歌のコンテストを開催することを計画しました。バスターが知らぬ間に、ある手違いで賞金1,000ドルが100,000ドルとして広告がばら撒かれ、人生を変えるチャンスをつかむためにオーディションの参加者が殺到します。犯罪一家から抜け出したいゴリラのジョニー、普段からペアを組んでいる彼氏を捨ててソロになるべきか悩んでいるパンクでかっこいいハリネズミのアッシュ、25匹の子豚たちの世話に追われる母ブタのロジータ、エンターテインメント性と見た目が評価された陽気なブタのグンター、尊大な詐欺師でストリートミュージシャンのネズミのマイクなど、応募者の中でもっとも優秀な数匹によって候補枠は埋まり、究極のあがり症で、舞台負けしたため、全く歌えずに落選したシャイな歌姫の象のミーナは舞台スタッフとして劇場に残ることができました。ショーの準備に向けて、予選通過者はリハーサルを始めましたが、その後、銀行員がバスターの元に借金の返済を求めるために現れ、劇場を差し押さえると通告します。バスターは歌のコンテストの賞金が100,000ドルと告知されたことも知り、経営難から劇場を救い出すために親友の羊、エディーに相談します。果たしてバスターはムーン劇場をかつての栄光の姿に戻すことができるのでしょうか。|

|映画の背景|　『怪盗グルーの月泥棒 3D』（*Despicable Me*, 2010）、『ミニオンズ』（*Minions*, 2015）、『ペット』（*The Secret Life of Pets*, 2016）などのヒット作を手がけたイルミネーション・スタジオによる、誰もが聞いたことがあるヒット曲や名曲の数々が劇中歌に使用されている長編アニメーションです。動物などを人間になぞらえて表現した擬人的な映画は、一般的によく知られているドリームワークスだけでなく、様々な映画会社が製作しており、2016年だけでも『カンフー・パンダ3』（*Kung Fu Panda 3*）、『ズートピア』（*Zootopia*）、『アングリーバード』（*The Angry Birds Movie*）などが公開されています。そして2017年には本作『シング』（*Sing*）がリリースされました。更に『シング』はイルミネーション・スタジオによる擬人化映画で人間のキャラクターが一切登場しない初めての映画です。
　この映画は第74回ゴールデン・グローブ賞でアニメーション作品賞と、スティービー・ワンダーとアリアナ・グランデが歌うエンディングソング「フェイス」で主題歌賞にノミネートされました。
　バスターは6歳の時にとある劇場に恋をしました。父親が路上洗車をして一生懸命貯めた資金で劇場を買い取り、今ではバスターがその劇場の経営者になっているというところから物語が始まります。また、父親の路上洗車専用のバケツは父親の形見でもあり、バスターがどん底の時にバスターの力になります。|

| 映画情報 | 製作費：7,500万ドル
製作年：2016年
製作国：米国、日本
配給会社：東宝東和（日本） | 言　　語：英語、日本語、ウクライナ語
ジャンル：アニメーション、コメディ
使用楽曲：*Don't You Worry 'Bout a Thing*、
　　　　　Firework、*My Way* 他多数 |

Sing

（執筆）上原寿和子

映画の見所

倒産寸前の劇場を救う映画全体の構成の中でもオーディションのシーンに注目しましょう。映画製作者たちの想像力による、動物の種類ごとに想定される歌声や性格に合った選曲が、擬人化されたこのアニメーションの見所です。「劇場の再建」と「友情や家族愛」をテーマにした人間ドラマに浸ることができます。オーディションのシーンはFOXテレビの『アメリカン・アイドル』のようなリアリティ番組の設定になっています。また、映画の終盤では、歌のコンテストで予選を通過した動物たちが改装された劇場の舞台でスポットライトを浴び、*Shake It Off* (Rosita & Gunter)、*I'm Still Standing* (Johnny)、*Set It All Free* (Ash)、*My Way* (Mike)、と*Don't You Worry 'Bout A Thing* (Meena)を最初から最後まで歌います。そのシーンでは表現力と迫力のあるパフォーマンスに魅了されることでしょう。

発売元：
NBCユニバーサル・エンターテイメント
DVD価格：1,429円
Blu-ray価格：1,886円
（2018年5月現在、本体価格）

印象的なセリフ

ショーの開幕で使うバスターの決まり文句 "All creatures great and small, welcome to the Moon theater"（生きとし生けるもの、ムーン劇場へようこそ）が印象的なセリフです。1回目はバスターが劇場の支配人となり、劇場の開会式でテープカットを行ったシーン〔39:10〕です。また、事故で劇場が崩れたため、バスターは劇場の修復と歌のコンテストを一度は諦めました。しかし、ある出来事をきっかけに、自分自身とそれぞれの出演者のために思い直し、一般公開した歌のコンテスト〔80:49〕でバスターはこの決まり文句を言いました。このセリフは映画の起承転結の区切りを象徴し、更に2回〔64:44, 99:57〕使われるため、学習題材として利用すると良いでしょう。

次に、楽観的思考で誰かを励ますためのセリフを紹介します。"Do you know what's great about hitting rock bottom? There's only one way left to go, and that's up."（最悪な状況（hit rock bottom）のいいところは、向かう方向は一つしかなく、それは良い方向だ）バスターがどん底の状況でこのセリフは使われます。歌のコンテストで賞金額が誤って告知されたことを知った時にバスターがエディーに言いました。コンテストは中止せず、決行することを決心した時〔25:05〕でした。また、崩壊した劇場の前でバスターが渋々路上洗車業で人生を繋ぐことにした際に、エディーが応援に駆けつけて、バスターを励ますために言ったセリフ〔75:51〕でもあります。

公開情報

公開日：2016年12月21日（米国）
　　　　2017年 3月17日（日本）
上映時間：108分
年齢制限：G（日本）、PG（米国）
音　声：英語、日本語
字　幕：日本語、英語
受　賞：ASCAPフィルム＆テレビミュージック賞

第7回映画英語アカデミー賞　候補映画

シング

英語の特徴	会話の他にオールディーズから新曲のヒットソングまで60曲以上の主にサビの部分を聞くことができます。主人公のバスターの会話のスピードは場面によって変化があります。オーディションや予選通過者への指導をする際は多少速く、落ち込んだり、物事がうまく行ってなかったりした時にはゆっくり話します。バスターの発音は明瞭であり、特に指導する時は、早口ですがハキハキと滑舌よく話します。他のキャラクターも明瞭に話しますが、おばあちゃんカメレオンのミス・クローリーとファイナルで母ブタのロジータがペアを組むことになるグンターの発音はコミカルで耳をすませて聞く必要があるかもしれません。語彙は高校生レベルに達していますが、アニメーションであり、ヒット曲が満載なため、小学生でも語彙レベルが十分でない学習者でも気軽に楽しむことができます。ギャングのゴリラ達（英国英語）とブタのグンター（ドイツ語なまりの英語）以外はバスターをはじめ米国発音です。作中には予選通過者の様々なエピソードが描かれ、人間ドラマで耳にするような家族やカップルの会話、ジョークやスラングの他に、オーディション、劇場、歌番組用語や、ギャングや詐欺用語も聞くことができます。上映制限がG（General Audience: 一般指定）なので、四文字言葉や暴力的な語彙は一切使用されていません。学習の教材としてはどの場面を使用しても低学年から大人まで気軽に利用できます。
学習ポイント	まずはキャラクターの名前、動物名とそれぞれの個性を紹介する練習を始めてみましょう。例：Buster Moon is a Koala. He owns a theater. He wants to save his theater from becoming bankrupt. （バスター・ムーンはコアラです。彼は劇場支配人です。彼は劇場を倒産から救いたいと思っています。）Johnny is a gorilla. He is a member of a gang. He wants to become a singer. （ジョニーはゴリラです。彼はギャングの一員です。彼は歌手になりたいです。） 　次に好きな歌を選び、歌の理解を深めましょう。歌手名、作曲者名、ヒットした年、などを調べます。歌詞の和訳を見ながら言葉の意味を理解しましょう。次に歌っているシーンでシャドウイングします。更に、ヒットした曲の動画を見ながらカラオケの練習で楽しく英語の発音をします。最後に下記の文章を穴埋めしながら英語で歌の紹介をしてみましょう： This song is called ＿＿ . It was produced by＿＿ and was originally sung by＿＿. The song is about＿＿. In the movie ＿＿ sings the song. It suits this character because ＿＿. 　最後にイディオムによる学習をしましょう。例：リハーサルのシーン〔30:05〜〕You only get one shot （チャンスは一度のみ）、to blow the audience away （〜を魅了する）、 Break it up （喧嘩はやめろ）、 You're on （あなたの出番）、Keep it down （静かにしろ）、You're gonna pick it up in no time. （直ぐに覚える）
スタッフ	製　　作：クリス・メレダンドリ 　　　　　ジャネット・ヒーリー 監　　督：ガース・ジェニングス 脚　　本：ガース・ジェニングス　　　音　　楽　：ジョビィ・タルボット 編　　集　：グレゴリー・パーラー コンセプト画：エリック・ギヨン キャスティング：アリソン・ジョーンズ

110

シング

薦	●小学生　　●中学生　　●高校生　　●大学生　　●社会人	リスニング難易表	
お薦めの理由	60曲以上のヒット曲を含むこの映画は、音楽とアニメーション好きには欠かせない「人間」ドラマです。また、何度も見ることで歌を口ずさみたくなる曲が満載なため、学習者は好きな曲を選び、歌詞の理解を深めるだけでも英語学習の意欲が湧く映画です。映画のストーリーが把握しやすくなっている他に、人間味のある動物たちがたくさん登場するのできっとお気に入りのキャラクターに出会うことができます。劇場を立て直す一つの目標に向けて関係する動物たちの絆がどう深まるか、小学生から社会人まで気楽に見られる映画です。また、豪華な声優陣による歌も聞くことができます。リース役のリース・ウィザースプーンは Taylor Swift の *Shake It Off*、ジョニー役のタロン・エガートンは Elton John の *I'm Still Standing*、マイク役のセス・マクファーレンは Frank Sinatra の *My Way*、アッシュ役のスカーレット・ヨハンソンはこの映画オリジナルの曲 *Set It All Free*、ミーナ役のトリー・ケリーは Stevie Wonder の *Don't You Worry 'Bout A Thing* を歌います。	スピード	3
		明瞭さ	3
		米国訛	1
		米国外訛	2
		語　彙	3
		専門語	4
		ジョーク	4
		スラング	4
		文　法	3

発展学習	各キャラクターのエピソードを英語で説明してみましょう。例：Buster Moon first went to the theater when he was six. He fell in love with the theater and since then, he dreamt of running his own theater. Buster became the owner of the theater. However, the theater was under a managerial crisis, and Buster therefore decided to gain funds by producing a music competition. （バスター・ムーンは6歳の時に初めて劇場に行きました。彼は劇場と恋をし、それ以降、自分の劇場を経営したいと夢を見ます。しかし、バスターは劇場を手に入れたものの、その劇場が経営不振に陥り、資金増加のために音楽大会を開催することにします。） 　次に、動物たちが主人公なので、通常の言い回しとは語彙が変わるフレーズを学習してみましょう。例：Buster: He worked his tail off（work one's butt off：一生懸命働く、butt→tail）バスターが父のことを語るシーン。For what is a mouse, what has he got?（man→mouse）終盤でマイクが *My Way* を歌う時のシーン。All creatures great and small, welcome to the Moon theater（Ladies and gentlemen→All creatures great and small）ショー開幕の決まり文句でバスターが使います。 　最後に "All Creatures Great and Small" は英国作家で獣医のジェームズ・ヘイロット（1916〜1995）の小説の原題でもあり、BBCによりドラマ化されました。発展学習として英国の文化に触れることができます。

キャスト	バスター・ムーン：マシュー・マコノヒー　　　　ミーナ　：トリー・ケリー アッシュ：スカーレット・ヨハンソン　　　　　　ロジータ：リース・ウィザースプーン ジョニー：タロン・エガートン　　　　　　　　　ナナ　　：ジェニファー・ソーンダース、 マイク　：セス・マクファーレン　　　　　　　　　　　　　ジェニファー・ハドソン（歌）

第7回映画英語アカデミー賞　候補映画

シング・ストリート　未来へのうた

あらすじ

　1985年、アイルランド首都ダブリン。質素な生活を送る家庭の末っ子、14歳のコナーは、不況のあおりを受け公立の教育困難校への転校を余儀なくされます。上品で育ちの良いコナーは、学校ではイジメの格好の標的、家では両親の罵り合う声を絶え間なく聞かされる悶々とした日々を送っていました。ある日コナーは、学校の前で美しい少女・ラフィーナを見かけ、瞬く間に恋に落ちます。連絡先を聞き出すため、自分のバンドのミュージックビデオを制作していると嘘をつき、ラフィーナに出演を依頼。慌てて同級生らと共に、自らがボーカルをつとめるバンド、シング・ストリートを結成します。

　手始めにコピーを始めた彼らでしたが「他人の曲で女をモノにできると思っているのか」と喝を入れるのが、音楽シーンに精通する兄ブレンダン。夜な夜なブレンダンの部屋で繰り広げられる"熱血指導"によって、シング・ストリート初のオリジナルソングが仕上がっていきます。ラフィーナも、彼らの音楽、そしてコナーの彼女へのまっすぐな思いに手繰り寄せられるように、ミュージックビデオの制作に協力するようになります。しかしラフィーナには、ロンドンでモデルになるという長年の夢と、その夢をサポートしてくれる年上の恋人がいました。一方、コナーの両親の仲は冷え切り、別居が決定。自分の無力さ、未熟さに傷つきながらも、コナーは、周りの支えの中で自分の生き方を探し、行動し続けます。

映画の背景

　アイルランドは1949年に英連邦より離脱し、共和制国家に移行しました。国民の大多数がカトリック教徒であるアイルランドは大変保守的で、連邦離脱後、経済は長期に渡り低迷しました。物語は1985年を舞台としていますが、主人公コナーの両親が、離婚ではなく別居という選択肢をとったのも、アイルランドでは1995年まで、離婚が認められていなかったためであり、このことから、当時のアイルランドの人々が、いかに謹厳な社会で生きていたかを窺い知ることができます。同時期、英国や米国のポップカルチャーがミュージックビデオという新形式でアイルランドに次々と流入、鬱屈したダブリンの若者の心を鷲掴みにしていきました。「自伝的な音楽映画を作りたい」と言って、本作の脚本・監督を手がけたジョン・カーニー氏は、1972年ダブリン生まれ。この作品は、80年代のダブリンで青春時代を過ごした、カーニー氏の青春回顧録とも呼べるようです。

　また、カーニー監督は、過去にロックバンドのベーシストをつとめ、ミュージックビデオの制作を手がけていました。『ONCE ダブリンの街角で』(2007)、『はじまりのうた』(2013)、そして本作を見れば、カーニー監督が音楽映画の名手であることを疑う人は誰もいないでしょう。しかし、音楽と同時に、彼の作品の中央にはいつも、不器用な登場人物たちの心の葛藤が繊細なタッチで描かれています。その意味で監督は、ヒューマンドラマの巧者でもあるのです。

映画情報

製 作 年：2015年	撮影場所：ダブリン
製 作 国：アイルランド、米国、英国	言　　語：英語
配給会社：The Weinstein Company（米国）	ジャンル：青春
ギャガ（日本）	使用楽曲：*Go Now*（Adam Levine）他

112

Sing Street

(執筆) 水野　資子

映画の見所

　カーニー作品の魅力は、無駄なく、基本に忠実に映画を作っている点にあります。すべてのシーンのすべてのカットが見事なまでに一本の線でつながっていくプロットは爽快で、意識して見ていただきたい部分です。

　物語のポイントは、コナーが周りの助けによって少年から青年へ成長していく様にあります。コナーの兄ブレンダン、そしてコナーの想い人ラフィーナ。コナーが音楽や夢や家族について彼らと語り合う場面には、力強いセリフが散りばめられ、見る側を勇気づけます。

　また、破滅を迎えるように見えるコナー一家ですが、絆は決して消えていないことが随所で示されます。庭で夕日を浴び、ワイングラスを傾け新聞を読む母親の後ろ姿は、まるで西洋絵画のように崇高です。息子二人の目に写る母親の姿に、是非注目してください。

発売元：ギャガ
DVD価格：1,143円
Blu-ray価格：2,000円
(2018年5月現在、本体価格)

印象的なセリフ

　作中では、兄ブレンダンが主人公コナーの精神的な支えとして、またバンド、シング・ストリートの事実上のプロデューサーとして、とても重要な役割を果たしています。ここではそんなブレンダンのセリフの中でも、特に印象深いものを二つ紹介します。

(1) ブレンダンがバンドを始めたばかりの弟コナーを叱咤激励する場面：

Did the Sex Pistols know how to play? You don't need to know how to play. Who are you? Steely Dan? You need to learn how NOT to play, Conor. That's the trick. That's rock and roll. And that takes practice. （中略） Rock and roll is a risk. You risk being ridiculed.

(2) 大学も中退し、両親の別居も決まり、ついにこれまでの鬱積したブレンダンの本音が弟コナーに対して爆発してしまうシーン：

Do you see that guitar? I used to be able to play that guitar well. I used to ride hot girls. I could run 200 meters faster than anybody in my school. You're the youngest. You get to follow the path that I macheted through the jungle that is our mad family. （中略） And you followed the path that I cut for us. Untouched! You just moved in my jet stream. And people laugh at me, Conor, the stoner, the college dropout. And they praise you, which is fine! But once, I was a fucking jet engine!

公開情報

公　開　日：2016年4月15日（米国）
　　　　　　2016年7月 9日（日本）
上映時間：106分
年齢制限：PG-12（日本）、PG-13（米国）
音　　声：英語
字　　幕：日本語
受　　賞：ナショナル・ボード・オブ・レビュー(米国)
ノミネート：ゴールデン・グローブ賞優秀作品賞

第7回映画英語アカデミー賞　候補映画

シング・ストリート　未来へのうた

<table>
<tr><td rowspan="1">英語の特徴</td><td>

　本作品の英語はアイルランド訛りのため、「聞き取り」が第一関門となるでしょう。特に American English に慣れている学習者にとっては、単純な言葉でも聞き取れなかったり、あるいは聞き取れても意味がわからなかったりすることがあるかもしれません。しかし話の内容は日常会話レベルであり、英検準2級程度の力があれば、十分挑戦できます。

　アイルランド訛りのせいで聞き取りが難しいと感じる場面が多々あるかもしれませんが、主人公コナーとその家族が話す言葉は明瞭で、比較的聞き取りやすいはずです。一方、コナーの学校の友人（特に貧困地域に住んでいるバンドマネージャー役のダーレンと、いじめっ子のバリー）が登場する場面の英語には、スラングがたくさん含まれ、文法も逸脱することが多く、かなり聞き取りにくく感じるのではないかと思います。しかし、登場人物の言葉遣いの違いに注目すれば監督の演出意図が理解でき、より一層映画で英語学習する醍醐味を感じることができるでしょう。根気よく視聴し続ける中で、必ず学ぶ楽しさを体感できる作品です。

　同監督の作品は、四文字言葉や性的・暴力的表現が最低限にとどめられていて、学習教材に適した英語が使われています。特に音楽を題材とした本作品では、サントラの歌詞が最高の学習教材となることは間違いありません。本編も音楽も、コナーと同年代の中高生にぴったりの教材です。

</td></tr>
<tr><td rowspan="1">学習ポイント</td><td>

　映画で英語学習する場合、繰り返し視聴することでその効果が期待できるようになります。本作品は、見るたびに新たな発見がある、見る者を飽きさせないストーリーで、英語学習には最適な一本です。ただし、本作に限らず、何度同じ作品を見てもなかなか学習効果が感じられない場合、次の3点を確認してください。

（1）日本語で（日本語字幕をつけて）理解できるストーリーか

（2）自分の興味・関心に合ったジャンルやストーリーか

（3）楽しむことを忘れていないか

　日本語でも理解できないくらいストーリーが複雑だったり、自分の好みではないが薦められたので我慢しながら見ていたり、楽しむことを忘れるくらい勉強として取り組んでいたりすると、長続きせず、学習効果はあまり望めません。実際に一度視聴し、これだと思う一本を見つけ、楽しんで学習しましょう。映画を使った英語学習では、継続できる状態を作ることがとても大切なのです。

　最適な教材が見つかったら、最も印象に残っているシーンに戻り、自分が強く共感を抱いた登場人物のセリフに注目しながら鑑賞します。その際、セリフの聞き取りとディクテーション（書き取り）にチャレンジしましょう。DVDで英語字幕が出ない場合でも、話題となった映画脚本は、ほとんどの場合ネットで探し出すことができます。それと照らし合わせながら表現の習得を進めましょう。

</td></tr>
<tr><td rowspan="1">スタッフ</td><td>

製　　作：アンソニー・ブレグマン他　　　製作総指揮：ケビン・フレイクス他

監　　督：ジョン・カーニー　　　　　　　撮　　影：ヤーロン・オーバック

脚　　本：ジョン・カーニー　　　　　　　音　　楽：ギャビン・グラス

原　　作：ジョン・カーニー　　　　　　　編　　集：アンドリュー・マーカス他

</td></tr>
</table>

シング・ストリート　未来へのうた

薦	○小学生　　○中学生　　●高校生　　●大学生　　●社会人	リスニング難易表	
お薦めの理由	14歳の少年が主人公の青春音楽映画ですから、中学英語を学び終えた中学3年生から、あらゆる世代の音楽ファンにお薦めしたい、楽しみながら生きた英語を学習できるストーリーとなっています。 　また本作では、サントラが重要な役割を果たしています。歌詞に登場人物の心情を代弁させているシーンが多く、また歌にはアイルランド訛りが少なく聞き取りやすいので、80年代サウンドが好きな学習者はサントラからも英語を学習できる最高の教材となるでしょう。バンド経験者なら、思わず自分でギターを取り出して歌ってみたくなるかもしれません。 　ところどころに若者スラングやCockney rhyming slangと呼ばれる、ロンドン下町起源の、単語の一部を押韻させた俗語が登場します。中には、現代では余り使われなくなったスラングも出てきますが、当時の若者が使っていた生きた英語を聞き取って、文脈からその意味を推測してみたり、日本の若者言葉との共通性を見つけたりできるのも、本作ならではの魅力です。	スピード	4
		明瞭さ	4
		米国訛	1
		米国外訛	5
		語　彙	3
		専門語	2
		ジョーク	2
		スラング	4
		文　法	2

発展学習	発展学習にはセリフの文字情報が欠かせません。前述の通り、ネットで脚本を見つけられることが多く、また話題作なら、その作品の原題と"quote"（「引用」）で検索すれば、名セリフ引用サイトがすぐに見つかりますので、例え入手したメディアに英語字幕オプションがなくても諦めず、大好きな映画と出会えたらネットを活用してみましょう。英語の脚本を通じて、限られた字数で字幕を作る日本語字幕制作の苦労が垣間見えたり、また、日本語字幕ではカットされてしまったセリフまでも拾い上げ解釈を深めたりすることが可能です。こうして自分なりのアプローチで映画を見ることができれば、映画を使った学習が大きく前進するはずです。 　最後に、発展学習のためには、アウトプットが欠かせません。映画ファン同士集まって感想交換会をしてもよし、あらすじや見所、名セリフをまとめたブログを開設してもよし、できるだけ誰かの反応を得られる場を探っていきましょう。名セリフについて語り合って、言葉の解釈の奥行きが一段と深まれば、その言葉が自分の一部となり、やがては作品そのものが、自分の人生の経験と化していきます。 　"May the force be with you." はスター・ウォーズのお決まりの名セリフですが、あなたの周りに否定ばかりする上司や先生がいたら、心の中でこう呟いてみるのはどうでしょうか ── "You only have the power to stop us. But not to create."（自信をつけたコナーがいじめっこに言い返した時のセリフ）

キャスト	コナー：フェルディア・ウォルシュ＝ピーロ　　ペニー　　：マリア・ドイル・ケネディ ラフィーナ　：ルーシー・ボイントン　　　　　アン　　　：ケリー・ソーントン ブレンダン　：ジャック・レイナー　　　　　　ダーレン　：ベン・キャロラン ロバート　　：エイダン・ギレン　　　　　　　エイモン　：マーク・マッケンナ

スウィート17モンスター

あらすじ	疎外感を抱いている個性的な女子高校生を主人公にした、1981年生まれの若手女性監督による初監督作品ならではの新しい潮流を示したティーン向けコメディです。17歳で高校2年生のネイディーンは、妄想癖が強く、家族とも周囲ともうまくあわせることができずに自分のこともてあまし、いつも自己嫌悪に陥っています。「この世に人は二種類存在する」という彼女によれば、「自信に満ちて世渡り上手な連中と、その連中の滅亡を願う人たち」の二種類のうち、何事もうまくこなし、母のお気に入りで誰からも好かれる兄ダリアンは彼女にとって疎ましい存在です。ありのままの彼女を受け入れてくれていた父を亡くしてからは、親友クリスタのことを頼りに生きてきたネイディーンでしたが、よりによってクリスタが兄と交際をはじめたことにより孤立を深めていきます。そんな中、韓国系男子のクラスメートであるアーウィンは気をつかわずに話ができる相手ですが、自分のことで精一杯のネイディーンはアーウィンが彼女に寄せる好意に気づかないままでいます。クリスタに自分を選ぶのか兄を選ぶのか迫った挙句に絶交してしまって以降、友人のいないネイディーンにとって想いの丈をぶつけられる相手は教師のブルーナーだけです。恋愛に対しても経験がないなりに興味を抱いているネイディーンは、ルックスの良いニックに憧れを抱き、SNSを通じてアプローチを試みます。17歳の女の子の不安定な心情を繊細に描いた物語です。
映画の背景	主人公の女子高校生ネイディーンが一人で昼休みを過ごしている男性教師のもとに駆け込み、「自殺したい」と語りだすところから物語ははじまります。その後、他の人のようにうまく周囲となじむことができないでいるそれまでの半生がモノローグで語られます。友達のいない彼女が小学2年時にクリスタという親友を得てずっと二人で過ごしてきたこと、幼少の頃から母親とうまく折り合いがつかず、社交的な兄とも仲が悪いままであり続けてきたこと、彼女の良き理解者であり大好きだった父親と死別してしまった背景などが明らかにされます。妄想癖が強く、自分の世界に入り込みがちな主人公のモノローグ形式でテンポよく物語は展開します。後ほど、物語の冒頭場面に話が繋がってくる構成になっています。 　米国で主に1980年代以降、現在に至るまで発展してきたティーン・コメディのジャンルの伝統を継承しつつ、友達の少ない疎外感を抱いた女の子を主人公にした成長物語である点にこの物語のユニークさがあります。家族と折り合いが悪く、唯一の親友に対しても寛容になれず絶交してしまい、気まぐれに訪ねる時にいつでも彼女の相手をしてくれる先生に対しても憎まれ口をきいてしまう主人公の姿は共感を得にくいものかもしれませんが、それでいて不思議と憎めないのは、傷つけたり自分も傷ついたりしながら成長していく思春期という多感な時期を描いた物語ならではのものです。観客それぞれの感情や体験を呼び起こすことでしょう。

映画情報	製　作　費：900万ドル 製　作　年：2016年 製　作　国：米国、中国 配給会社：カルチャヴィル（日本）	撮影場所：バンクーバー、カリフォルニア 言　　語：英語 ジャンル：ティーン・コメディ 使用楽曲：*Who I Thought You Were*（Santigold）

スウィート17モンスター

The Edge of Seventeen

(執筆) 中垣恒太郎

映画の見所

原題を "The Edge of Seventeen" としているように、17歳という思春期の不安定な心情を繊細に描きながら、ティーン・コメディならではのユーモアと、最終的には主人公が物語を経て成長し前向きに自分の居場所を見出していくところにこの物語の最大の特色があります。感情の赴くままに気持ちをぶつけることで周囲を傷つけ、そのことにより自己嫌悪に陥り、自らも傷ついてしまうネイディーンの様子と、つかず離れずの絶妙な距離感で彼女を温かく見守るブルーナー先生の優しさが印象深く描かれています。ややこしい思春期の葛藤と疎外感、長年にわたる母や兄との確執などを乗り越え、母や兄もそれぞれ問題や悩みを抱えていたことを思いやることができるようになる成長物語です。個性的でありながら不思議と愛嬌のある主人公のひたむきでリアルな心理描写は世代を越えて共感を呼び起こすことでしょう。

発売元:
ソニー・ピクチャーズ エンタテインメント
DVD価格:1,280円
Blu-ray価格:1,800円
(2018年5月現在、本体価格)

印象的なセリフ

主人公のネイディーンが一人本を読みながらゆっくり昼食をとっているブルーナー先生のもとに駆け込んできます。"Look, I don't wanna take up a ton of your time, but I'm gonna kill myself."(手短に済ませるわね。これから自殺する)と想いの丈をぶちまける彼女に対し、ブルーナー先生は本を閉じ、サンドウィッチを食べる手を休めて、白紙を手にしながら以下のように読み上げるふりをします。"I... I wish I knew what to say. Well, I was actually just drafting my own suicide note. Just now.... I have 32 fleeting minutes of happiness per school day during lunch, which has been eaten up, again and again, by the same especially badly dressed student. And I finally thought, you know what? I would rather have the dark, empty nothingness. I really would. It sounds relaxing."(言葉もないね。実は先生も遺書を書いていたところだ。…俺がこの学校で楽しい時を過ごすのは昼休みの32分間だけ。その貴重な時間さえたびたび邪魔される。それも奇抜な服の生徒に。そこで俺はこう考えた。いっそのこと闇の世界に逃げよう。空虚な無の世界には平穏がある)。突然、自殺したいと言い出す女子高校生に対し、実は自分も貴重な昼休みすら奪われてしまう境遇に耐えかねて自殺を考えていたと返す先生の屈折したユーモアもこの作品の魅力のよりどころになっています。問題を抱え、孤立した主人公にそっと寄り添う教師の温かいサポートぶりを表す名場面の一つです。

公開情報

公開日:2016年11月18日(米国)
　　　　2017年 4月22日(日本)
上映時間:105分
年齢制限:PG-12(日本)、R(米国)

音声:英語、日本語
字幕:日本語、英語
受賞:第82回ニューヨーク映画批評家協会賞第1回作品賞
デトロイト映画批評家協会賞ブレイクスルー賞

第7回映画英語アカデミー賞　候補映画

スウィート17モンスター

<table>
<tr>
<td rowspan="3">英語の特徴</td>
<td>

ネイディーンは、口は悪いが傷つきやすい繊細な女の子であり、米国で暮らすリアルな女子高校生の感情表現豊かな語り口を学ぶことができます。動転した際の早口の口調や、感情があふれるままに投げつける悪口、兄や親友とのケンカ、あるいは、彼女の相手をしてくれるブルーナー先生やクラスメートの男の子アーウィンの前ではリラックスして落ち着きのある会話を楽しむことができている様子など、状況や関係性に応じての会話表現の違いに注目するのも有効でしょう。

親友クリスタが、ネイディーンにとって人嫌いな兄と交際をはじめ、プロムに誘われたことを打ち明ける場面。ティーン・フィルムではいつも様々なドラマが起こる定番となっているロッカーの前でクリスタと口論がくり広げられます。

Nadine ： You can't. You can't have both. It's me or him. Pick.

Krista ： No, I'm not gonna pick. This isn't a choice.

Nadine ： Why can't you just say me? Then we're done.

「私か兄貴かどちらかを選んで」と親友に詰問し、どちらかなんて「選べない」と答えるクリスタに「じゃあもう私たち絶交ね」と告げ、いよいよひとりぼっちになってしまいます。母親も親友もそして彼女自身も彼女のことを持てあましていますが、それでも愛嬌ある主人公として共感を呼ぶ独特のユーモアも注目したいポイントになるでしょう。

</td>
</tr>
</table>

<table>
<tr>
<td rowspan="3">学習ポイント</td>
<td>

授業風景やクラスメートとの関係性、放課後の過ごし方、パーティーでのふるまい方などから米国の高校生活にまつわる文化を学ぶことができます。周囲とうまくなじめない主人公がどのような問題を抱えているのか、社交を重んじる米国社会の中でのプレッシャーなど、この作品だからこそ見えてくる側面です。ネイディーンは誘われて参加したパーティーでうまく周囲の会話に入り込むことができず、一人トイレの鏡に向かって "Just don't be so weird. God, why are you so awkward?"（もっとふつうにしなくちゃ。どうしてそんなに不器用なの？）と自問自答し、「もっとリラックスして誰かに話しかけよう」と自分に暗示をかけています。

監督・脚本のケリー・フレモン・クレイグは1981年カリフォルニア州生まれで新鋭の女性監督であり、この作品が監督としてのデビュー作。女性監督ならではの視点で、邦題の「モンスター」が示すように17歳で思春期の主人公の不安定な心情、母親との確執、親友同士の関係性を繊細に描いている点も見どころです。また、クレイグは、『ブレックファスト・クラブ』（1985）などの作品で1980年代にティーン・フィルムのジャンル生成に多大な影響を及ぼしたジョン・ヒューズ監督への敬愛を公言しており、多くの批評家も実際にヒューズ作品の現代的な発展形としてその系譜上に位置づけ高く評価しています。時代の変化やジャンルの発展史を通じて、現在の米国の高校生の姿が見えてくることでしょう。

</td>
</tr>
</table>

<table>
<tr>
<td rowspan="3">スタッフ</td>
<td>製　　作：ジェームズ・L・ブルックス
　　　　　ジュリー・アンセル他</td>
<td>製作総指揮：キャシー・シュルマン</td>
</tr>
<tr>
<td></td>
<td>撮　　影：ダグ・エメット</td>
</tr>
<tr>
<td>監　　督：ケリー・フレモン・クレイグ</td>
<td>音　　楽：アトリ・オーヴァーソン</td>
</tr>
<tr>
<td>脚　　本：ケリー・フレモン・クレイグ</td>
<td>編　　集：トレイシー・ワドモア＝スミス</td>
</tr>
</table>

スウィート17モンスター

薦	○小学生　　○中学生　　●高校生　　●大学生　　●社会人	リスニング難易表	
お薦めの理由	米国映画には「ティーン・フィルム」と呼ばれるジャンルの伝統があり、現在まで多様に発展を遂げています。主に高校生を対象にした映画を通して、日本の高校生活との比較はもとより、ジャンルの様々なパターンを比較考察することができます。『スウィート17モンスター』はその中で、個性的な女の子を主人公に据えている点に特色がありますが、友人関係、母親との確執、恋愛への興味と不安など思春期をめぐる普遍的な問題が扱われています。登場人物と同じ高校生から社会人に至るまで幅広い層に開かれた作品であり、なおかつ主人公に強い共感を持つことができるならば特別な作品となることでしょう。人気のあるジャンルであることからも、この作品に興味を持つことができた場合は同種の作品に関心を広げていくことができます。ティーン・フィルム文化への入門編として格好の作品であり、また、日本の高校生を描いた学園ものの作品と比較することにより、学生生活、家族や友人、異性との関係、進路の悩みなど文化にまつわる様々な相違点を見出すことができるでしょう。	スピード	4
		明瞭さ	3
		米国訛	4
		米国外訛	3
		語彙	4
		専門語	3
		ジョーク	4
		スラング	4
		文法	3

発展学習	原題は女性シンガー、スティーヴィー・ニックスによる曲 *Edge of Seventeen*（1981）に由来しています。トム・ペティとある曲のレコーディング中、彼女がペティの最初の妻のジェーンに夫婦が出会った頃のことを尋ねた際に、ジェーンが "At the age of seventeen"（17歳の時に）と答えると、彼女の南部訛りからニックスが "Edge of seventeen" と聞き間違えたという逸話に基づきます。作中では未使用の楽曲ですが、17歳ならではの不安定な心情を表す表現として映画に継承されています。映画の中で音楽は主人公の心情や彼女の個性を効果的に表現しています。映画で使用された楽曲を収録したサウンドトラック盤もリリースされており、音楽の選曲も高い評価を受けています。それぞれの音楽が起用されている役割について場面とあわせて検討してみることも有効でしょう。 　韓国系男子のアーウィン・キムも重要な役割をはたしています。アジア系としての彼は教室の中で少数派に位置づけられる存在であり、裕福な家庭で育っていることがわかりますが、親は仕事に忙しく近い関係ではないようです。映画製作の仲間たちや、学生映画祭の運営なども興味深いものです。主人公の母親モナは夫の死後、娘に手を焼きながら、常に息子を頼りにし、再婚にも意欲的です。母親であると同時に、悩み葛藤する一人の女性である姿が描かれており、彼女が母として成長する物語でもあるのです。

キャスト	ネイディーン：ヘイリー・スタインフェルド　　ダリアン（兄）：ブレイク・ジェナー ミスター・ブルーナー（先生）：ウディ・ハレルソン　　アーウィン・キム：ヘイデン・セットー モナ（母）：キーラ・セジウィック　　ニック：アレクサンダー・カルヴァート クリスタ（親友）：ヘイリー・ルー・リチャードソン　　トム（父）：エリック・キーンリーサイド

第7回映画英語アカデミー賞　候補映画

世界一キライなあなたに

<table>
<tr>
<td>あ ら す じ</td>
<td>　英国の田舎町に住む主人公ルイーザは、地元のカフェにウェイトレスとして勤めている26歳。父親は失業中で彼女が一家の家計を支えています。ところがそのカフェも営業不振で閉店、ルイーザは職を失ってしまいます。職業紹介所に通いつめ、ルイーザがやっとの思いで見つけたのが、「6か月」限定の高収入な介護の仕事。その内容は、地元の大富豪トレイナー家の御曹司・ウィルの世話係でした。ウィルは頭脳明晰、スポーツ万能、事業でも順風満帆な日々を送っていましたが、2年前の交通事故で脊髄を損傷、首から下の自由をほぼすべて失い車椅子生活を余儀なくされていました。障害者扱いされることを何よりも嫌ったウィルは、口を開けば皮肉を言って周りに誰も寄せ付けません。そんな人生に絶望したウィルを元気付けるのがルイーザの役目でした。ところがウィルは心を開かないばかりか、ルイーザを一日も早くやめさせようと嫌がらせを続けます。しかし、懸命に自分の仕事をやり遂げようとするルイーザには、これまでウィルが接してきた人間とは違うところがありました。彼女はどんな時も、決してウィルを過剰に障害者扱いすることはなく、一人の人間として他の人間と同等に接し続けたのです。ウィルは次第に元気を取り戻し、ルイーザもウィルの聡明さとカリスマ性に惹きつけられていきます。生きる希望を再び見つけたかのように見えたウィルでしたが、"6か月"と言う期限は刻一刻と近づいていたのです。</td>
</tr>
<tr>
<td>映 画 の 背 景</td>
<td>　ロマンティック・コメディとしてジャンル分けされている本作ですが、物語の背景には「安楽死」という、非常に重大な生命倫理の問題が存在しています。ここで言う「安楽死」とは、患者から耐え難い苦痛を取り除くことを目的に、患者本人の同意のもと、薬物投与などによって人為的に患者を死に至らしめる行為のことで「積極的安楽死」とも呼ばれています。したがって、人間としての尊厳を保つことを目的に、人工的な延命措置を取りやめて自然な終末を選択する「消極的安楽死（尊厳死）」とは異なります。「積極的安楽死」は、2017年現在日本では違法ですが、スイス、オランダ、ベルギー、ルクセンブルグ、米国の一部の州では合法化されています。
　本作で登場するスイスの「ディグニタス」は、安楽死による自殺を合法的に幇助（ほうじょ）する実在の団体です。日本にはこのような施設はありませんが、朝日新聞（「死生観 本社世論調査」2010.11.4）やNHK世論調査（河野啓, 村田ひろ子「日本人は"いのち"をどうとらえているか」2015.4）によると、日本人の約7割が、積極的安楽死の合法化に賛成であるとされています。
　我々は耐え難い病苦に直面した時、自由意志で死を選択することが許されるべきなのでしょうか。単なるラブ・コメディとしてくくるには余りにも重い問題が本作の骨子をなしています。</td>
</tr>
<tr>
<td>映 画 情 報</td>
<td>製 作 費：2,000万ドル　　　　　　撮影場所：イングランド、ウェールズ、パリ他
製 作 年：2016年　　　　　　　　言　　語：英語
製 作 国：米国、英国　　　　　　　ジャンル：ロマンティック・コメディ
配給会社：Warner Bros.　　　　　　使用楽曲：*Photograph*（Ed Sheeran）他</td>
</tr>
</table>

Me Before You

(執筆) 水野 資子

映画の見所

この映画の一番の見所は、ウィルの心の葛藤にあると言えるのではないでしょうか。再び生きる希望を持ってもらおうと奔走するルイーザの思いとは裏腹に、ルイーザを好きになればなるほど、一人の男性として彼女を幸せにしてあげることのできない苦しみがウィルを更に追い詰めていきます。最後のウィルの決断を固いものにしたのは、実はルイーザの存在だったのかもしれません。

またストーリーとは別に、高校生や大学生の女性にお薦めの見所は、ルイーザのファッションです。トレイナー家に雇われて間もない頃、毎日エキゾティックな格好でやってくるルイーザをウィル目線で描写しているシーンがありますが、そこがルイーザのファッションショーとなるよう軽妙に編集されています。快活な彼女がうまく演出されている楽しいシーンです。

発売元：
ワーナー・ブラザース ホームエンターテイメント
DVD価格：1,429円
Blu-ray価格：2,381円
（2018年5月現在、本体価格）

印象的なセリフ

ここでは知性溢れるウィルにスポットを当て、セリフの登場順に紹介します。

(1) ルイーザに放つ冷淡な一言：
　Could we strike a deal whereby you are very "unchatty" around me?
　（僕の近くでは静かにするっていう取り決めをしないか）

(2) 元恋人と親友が突然ウィルを訪ねて来た際の皮肉たっぷりな婉曲表現：
　To what do I owe this pleasure?（こんな光栄に預かるようなことしたかな）

(3) 馬鹿げた話を途中で止めようとしたルイーザに対して：
　That ship already sailed.（言ってしまったからには、後に引けないよ）

(4) 握手を求めてしまったルイーザの父親に冗談で配慮するセリフ：
　A curtsy will be fine.（カーツィ〔英国女性のお辞儀〕で結構ですよ）

(5) 元恋人と親友の結婚式でお礼を言われて：
　I wouldn't have missed it for the world.（これだけは絶対見逃せなかったよ）

(6) ルイーザへの告白：
　You are pretty much the only thing that makes me want to get up in the morning.
　（朝起きたいと思うのは君がいるからなんだ）

(7) ルイーザへの最後のメッセージ：
　I'll be walking beside you every step of the way.（僕は君のそばにずっといるよ）

公開情報

公開日：2016年 6月3日（米国）
　　　　2016年10月1日（日本）
上映時間：110分
年齢制限：G（日本）、PG-13（米国）
音　声：英語
字　幕：日本語、英語
受　賞：ピープルズチョイスアワードドラマ映画賞
ノミネート：MTVムービー＆テレビアワード

第7回映画英語アカデミー賞　候補映画

世界一キライなあなたに

<table>
<tr>
<td>英語の特徴</td>
<td>

　本作では、英国英語が使われています。米国英語に慣れている学習者にとっては聞き取りづらいかもしれませんが、難題は発音よりも会話スピードかもしれません。特にウィルは会話スピードが速いですので、日本語と英語字幕を活用しながら聞き取りを進めると良いでしょう。会話の内容はいたって平易ですから、一旦スピードが克服できれば、耳も慣れてくるはずです。

　本編では若者が日常的に使っている俗語が多く登場します。例えばトレイナー夫人との面接シーンでは、ルイーザが "I make a mean cup of tea." と自己PRをするところがありますが、文脈からも推測できるように、この "mean" は否定的な意味ではなく、俗語で「すごい」という肯定的な意味として使われています。

　また、医療用語が少し登場しますが、いずれもそれほど難解なものではありません。例えば、"physio" であれば "physical"「身体的な」から推論がたてられますし、"quadriplegia" の "quad-" は「4」の意の接頭辞、"-ia" は病名によくつく接尾辞なので「四肢の病状」に関することだと見当がつきます。

　文法では日本人が苦手とする比較表現が多く登場します。"You might as well have given him M & Ms."（チョコをあげたのと同じようなもんだよ）、"It's no better than murder."（殺人と何ら変わりないわ）等々。比較表現の学び直しにぴったりな表現が満載です。

</td>
</tr>
<tr>
<td>学習ポイント</td>
<td>

　脚本のテキストデータがあれば、学習の幅はかなり広がります。ネットで無料で手に入るものには多少の不備はあるかもしれませんが、学習にはかなり有用です。本作の脚本の語数は約10,000語。英検や TOEIC で長文に慣れている学習者なら、想像以上に挑戦しやすい教材のはずです。全編を鑑賞しストーリーが掴めたら、データを用いて以下のテーマについて学習してみましょう。

(1)「キーワードを探し出そう！」脚本中には繰り返し登場するワードがいくつかあり、登場人物の心情変化や深層心理を読み解く鍵となります。キーワードに印をつけ、そのシーンは特に注目して読んでみましょう。筆者はまず、ウィルのセリフ中に頻繁に出てくる Mother や Mum が気になりました。合わせてウィルと母親の会話にも注目し、印部分を数珠つなぎして読み返せば、二人の心の葛藤がより鮮明に浮かび上がります。

(2)「"Me Before You" オリジナル邦題を考えよう！」本作の原題は "Me Before You"、邦題は『世界一キライなあなたに』ですが、味付けが施された邦題からは、しばしば原題に含まれた大切なメッセージが打ち消されていることがあります。"me" と "you" は誰を指しているのか、前置詞 "before" という語は「以前」なのか「目の前」の意味なのか。脚本上のキーワード "before" に注目し、自分なりの解釈でオリジナル邦題をつけてみましょう。

</td>
</tr>
<tr>
<td>スタッフ</td>
<td>

製　　作：カレン・ローゼンフェルト他　　　製作総指揮：スー・ベイドン＝パウエル
監　　督：テア・シャーロック　　　　　　撮　　影：レミ・アデファラシン
脚　　本：ジョジョ・モイーズ　　　　　　音　　楽：クレイグ・アームストロング
原　　作：ジョジョ・モイーズ　　　　　　編　　集：ジョン・ウィルソン

</td>
</tr>
</table>

世界一キライなあなたに

薦	○小学生　　○中学生　　●高校生　　●大学生　　●社会人	リスニング難易表	
お薦めの理由	本作品は、「いのちの倫理観」という重いテーマを取り扱っていますが、物語のメインは、主人公のルイーザと彼女と恋におちるウィルの純愛ですので、高校生からシニア世代までが楽しんで英語学習に利用することができる内容となっています。 　特に、ルイーザを演じる女優エミリア・クラークの、眉毛ですべての感情を表現してしまうくらいの豊かな表情はとても愛らしく、まるで実写版のディズニー映画を見ているような気分にさせられます。プロットとしてもディズニー映画の『美女と野獣』にとてもよく似ていて、それゆえに一般受けしやすい一作となっています。 　話すスピードがかなり速く、1回では聞き取りづらいですが、後味が爽やかなストーリーですので、学習教材として繰り返し見るには最適です。何度も出てくる言葉が登場人物の心情を理解するキーワードになっていますから、それを見つけ出しながら登場人物の心の変化を深く読み取っていくと、さらに解釈が深まるでしょう。	スピード	5
		明　瞭　さ	3
		米　国　訛	1
		米　国　外　訛	5
		語　　彙	3
		専　門　語	3
		ジョーク	2
		スラング	3
		文　　法	2
発展学習	熱心な学習者や映画ファンなら、本編付属のNG集や未公開シーン集も必ず見るという人は多いでしょう。少し残念なのは、本作品の付属動画がとても商業的な手法で作られていて、大切な本編のメッセージが軽く印象付けられてしまっている点です。発展学習にお薦めなのは、むしろYouTubeに公開されているエミリア・クラーク（ルイーザ役）とサム・クラフリン（ウィル役）のインタビュー(Me Before You Emilia Clarke & Sam Claflin Interview; Flicks And The City Clips) です。このインタビュー動画では、二人がいかに真摯な姿勢で役作りに励んだかが、過剰な演出なく語られます。ここで使用されている言葉や文法は、本編同様、英検2級レベル（高校卒業程度）があれば十分で、二人は考えながら話しているので、会話スピードは映画本編よりも聞き取りやすいくらいです。YouTubeの画面右下の字幕アイコンを使えば、英語字幕を表示させることもできますから、本編の発展学習には非常に適した教材として推薦できます。 　最後に言語習得の上で最も重要なステップは「発信」です。感じたこと・習得したことを自分の言葉に置き換え誰かに向けて発信することが、取り入れた言語知識を自分のものとして構築するために絶対不可欠なプロセスとなります。オリジナル邦題を添えて、ブログやSNS等で映画を詳しく紹介するのもいいでしょう。月1本などと目標を立て、是非楽しみながら学習を継続してください。		
キャスト	ルイーザ　　：エミリア・クラーク　　　　ネイサン　　：スティーブン・ピーコック ウィル　　　：サム・クラフリン　　　　　カトリーナ　：ジェナ・コールマン カミーラ　　：ジャネット・マクティア　　バーナード　：ブレンダン・コイル スティーブン：チャールズ・ダンス　　　　パトリック　：マシュー・ルイス		

123

第7回映画英語アカデミー賞　候補映画

ドクター・ストレンジ

あらすじ	天才的な神経外科医であったストレンジは、交通事故により両手の繊細な機能を失います。最先端の医学でも治せないことに自暴自棄となっていたストレンジは、ある日、重度の機能障害者を完全回復させたという修行場カマー・タージの話を聞き、カトマンズを訪れます。そこで「至高の魔術師」と言われるエンシェント・ワンに弟子入りし、修行を積んだストレンジは、ある時、時間を操る「禁断の魔術」を会得します。兄弟子であるモルドやウォンから、本部であるカマー・タージとニューヨーク、ロンドン、香港の３つのサンクトラム（聖域）が、全宇宙征服を狙う暗黒次元の主ドゥマムと、以前カマー・タージで修行したものの今はドゥマムの手先となっているカエシリウス達から地球を守っていることを知らされます。浮遊マントの力にも助けられながらカエシリウスと互角の戦いをするストレンジですが、カエシリウスからエンシェント・ワンも暗黒次元の力を使っていると告げられ、師への猜疑心が芽生えます。暗黒次元の力と一体となり破壊力を強めたカエシリウスに、エンシェント・ワンが破れ、ロンドン、ニューヨークのサンクトラムも陥落し、香港もカエシリウスらが破壊していく中で、ストレンジは「禁断の魔術」を使って時間を過去に戻すとともに、ドゥマムのもとを訪れます。そこでドゥマムを永遠の時間のループの中に閉じ込めることに成功したストレンジは、ドゥマムが地球から手を引くことを条件にドゥマムを解放するという「取引」を迫ります。
映画の背景	原作は、マーベル・コミックが出している同名の漫画です（初出1963年）。ストーリーの基本構造は、神経外科医としては天才的な腕前を持つが、傲慢で、神秘的な力については全く認めない唯物論者である主人公ストレンジが、自動車事故で外科医の命でもある両手の機能に障害を負い、現代医学で回復させられない絶望のなか、最後の望みとして魔術の力、神秘の力を頼り、その力に目覚めて活躍するというストーリーです。最先端の医学に携わるストレンジが、現代の科学的、懐疑的、唯物的な人々を代表する存在として、逆に、ネパールのカトマンズに位置する修行場カマー・タージで至高の魔術師と呼ばれるエンシェント・ワンとその弟子達が、東洋的な雰囲気とあわせて、魔術や神秘現象を肯定する人々として描かれます。完全な唯物論者であったストレンジが、エンシェント・ワンの魔術の力によって、アストラル体（幽体）として身体から抜け出したり、多元宇宙や暗黒次元を体験することによって、魔術や神秘的な力に目覚めていきます。思想的、文化的な背景としては、魔術師の世界においても善悪の違いがあり戦っているという構図や、エンシェント・ワンが死に際に幽体離脱して異次元世界へ消えていくシーンなど、洋の東西を問わず世界各地にある神秘思想において描かれる霊界や異次元世界の様子の一部を上手に取り入れ映像化しています。
映画情報	製 作 費：1億6,500万ドル　　　　撮影場所：ロンドン、香港、ニューヨーク、カトマンズ 製 作 年：2016年　　　　　　　　言　　語：英語 製 作 国：米国　　　　　　　　　　ジャンル：アクション、アドベンチャー、ファンタジー 配給会社：Walt Disney Studios Motion Pictures　使用楽曲：*The Maser of the Mystic End Credits*

124

Doctor Strange

(執筆) 森　健二

映画の見所

この映画の見所の一つは、はじめは神秘現象を疑い、修行を積んだ後も魔術師として戦う使命に対して逃げ腰であったストレンジが、カエシリウスとの戦いの中で魔術師として成長していくところです。また、永遠の若さを維持しているエンシェント・ワンが、暗黒次元から力を引いていることが明らかとなり、カエシリウスに敗れるシーンも見所です。特に、異次元空間であるミラー・ワールドの中で、戦いを繰り広げる際に、世界が縦横無尽に変化していく映像は、圧巻です。クライマックスの香港での戦いのシーンも、ストレンジが時間を逆転させることにより、崩壊した世界が元に戻る映像が面白いです。ドゥマムとストレンジが取引するシーンは少し軽い感じがする部分でもありますが、正義のヒーローが悪の首領に勝つというオーソドックスな結末になっています。

発売元：ウォルト・ディズニー・ジャパン
MovieNEX価格：4,000円
（2018年5月現在、本体価格）

印象的なセリフ

1. ストレンジにエンシェント・ワン（A）が神秘体験をさせたときのセリフ：
   A: Open your eye.　　　　　　（目覚めなさい）
   　 Thoughts shape reality.　　（思考が現実を形作るのです）

2. エンシェント・ワン（A）が死に際して、ストレンジ（S）と交わしたセリフ：
   A: I've hated drawing power from the Dark Dimension. But as you well know sometimes one must break the rules in order to serve the greater good.
   （私は、暗黒次元から力を引きたくなかった。しかし、知ってのとおり、人は時には、より偉大なる善のためにルールを破らねばならないときがあるのです）
   A: He needs your flexibility, just as you need his strength.
   （彼にはあなたの柔軟さが必要であり、あなたには彼の強さが必要なのです）
   S: I'm not ready.　　　　　　　　　　（私は準備ができていないのです）
   A: No one ever is.　　　　　　　　　　（準備できている人など誰もいないのです）
   　 We don't get to choose our time.　（我々は時を選ぶことはできないのです）
   　 Death is what gives life meaning.　（死は人生に意味を与えてくれるのです）

3. ストレンジ（S）がドゥマムに取引を持ちかけるときの決まり文句：
   S: Dormammu, I've come to bargain.　（ドゥマム、私は取引するために来た）

公開情報

公　開　日：2016年11月 4日（米国）
　　　　　　2017年 1月27日（日本）
上映時間：115分
年齢制限：G（日本）、PG-13（米国）
音　　声：英語、日本語
字　　幕：日本語、英語
受　　賞：サターン賞コミック原作作品賞、助演女優賞
ノミネート：第89回アカデミー視覚効果賞

第7回映画英語アカデミー賞　候補映画

ドクター・ストレンジ

英語の特徴	天才外科医としてのストレンジが活躍している部分や交通事故の後遺症が治らず苦闘している姿を描いている部分では、難解な医学用語が出てきたり、スピードが非常に速いため、聞き取るのがやや難しく感じられるでしょう。特に、ストレンジの同僚でありかつ恋人でもある医師パーマーとの会話は、親密な二人の間の会話という設定のため会話スピードが非常に速いため、英語字幕を見ながら内容を理解しつつ聞き取りにチャレンジすることがお薦めです。これら以外の場面では、自然な聞き取りやすいスピードで会話が進められていきます。特に、カマー・タージ、多元宇宙、暗黒次元、ミラー・ワールド、魔術等といった映画の基本的なストーリー展開を理解するために必要な説明を兼ねているセリフの部分では、比較的ゆったりとしたスピードで話されているので聞き取りやすくなっています。ジョークの頻度は多くはありませんが、ストレンジがウォンに話しかける際のジョークなど、比較的わかりやすいジョークとなっています。また、映画の中で、ストレンジがカエシリウスとの戦いに際してスラングを使って挑発して罵るシーンが何回か出てきますが、それ以外の場所では特に下品なスラングはでてきません。また、文法的にも、通常の会話でもよく使われる倒置などはでてきますが、それ以外に特に難しい文法表現や文法違反の表現はでてきませんので、英語学習者にとって比較的学習しやすい英語といえるでしょう。
学習ポイント	英語初学者向けの学習ポイントとしては、まず1回目の視聴では映像を楽しみながら日本語音声と日本語字幕を見て、映画のストーリーをしっかりと把握するとよいでしょう。次に、英語の音声で日本語の字幕を見ながら、耳から入ってくる英語表現がどういう意味なのかを確認しながら英語を聞くとよいでしょう。3回目以降のほぼ映画のストーリーとセリフの意味が頭に入ってきたあとは、英語字幕のみで英語を聞いたり、字幕なしで、英語音声だけを聞きながら視聴すると、英語学習としては段階的で効果的な学習を進めることができます。この映画では、前述の「印象的なセリフ」の欄で掲載したセリフ以外にも、わかりやすい表現で印象的なセリフが数多く使われています。それらのセリフは内容も理解しやすく、高校生レベルの学習者であれば、聞き取りの練習にもなります。 例1)　ストレンジ（S）がドゥマムを賞賛するカエシリウスに言ったセリフ： 　　　S: Look at your face. Dormammu made you a murderer. 　　　（自分の顔を見てみろ。ドゥマムはお前を殺人者にしたんだ） 例2)　ストレンジ（S）が、兄弟子であるモルドに、エンシェント・ワンの若さの秘密を語るセリフ： 　　　S: She draws power from the Dark Dimension to stay alive. 　　　（彼女は、生き続けるために暗黒次元から力を引いているんだ）
スタッフ	製　　作：ケヴィン・ファイギ　　　　製作総指揮：ルイス・デスポジート他 監　　督：スコット・デリクソン　　　撮　　影：ベン・デイヴィス他 脚　　本：ジョン・スペイツ他　　　　音　　楽：マイケル・ジアッキーノ 原　　作：スタン・リー他　　　　　　編　　集：サブリナ・プリスコ他

126

ドクター・ストレンジ

薦	○小学生　●中学生　●高校生　●大学生　●社会人	リスニング難易表	
お薦めの理由	映画の冒頭で、少し衝撃的なシーン（図書館の看守が首を切られて殺されるシーン）があることを除けば、特に残忍なシーンはありませんので、安心して観られるスーパー・ヒーローものの映画です。特に、異次元（ミラー・ワールド）世界の映像がとても迫力があり、中学生から社会人まで、幅広い年齢層の人が楽しめます。英語学習用として観る場合には、セリフの一部の専門用語（医学や神秘思想など）の部分ははじめは聞き取れなくても気にせずに、全体のストーリーと映像を楽しみながら観るとよいでしょう。特に、ストーリーや魔術についての説明を兼ねた部分のセリフは比較的ゆったりと聞き取りやすいスピードで話してくれていますので、その部分の英語はしっかりと理解するつもりで聞き取ろうとすれば学習効果は高くなるでしょう。お薦めの学習方法としては、まずは日本語音声や日本語字幕で1～2回視聴して内容を押さえた上で、次に、英語の音声や英語字幕付きで観て、最後に字幕なしの英語のみで観ることです。段階を踏んで何度も観ると学習効果的が高まるでしょう。	スピード	3
		明瞭さ	2
		米国訛	2
		米国外訛	2
		語彙	4
		専門語	4
		ジョーク	3
		スラング	2
		文法	3

発展学習	英語を本格的に学んでいる大学生や社会人向けには、映像を楽しむだけでなくセリフの内容をしっかりと聞き取りながら、繰り返し観ることをお薦めします。時間的に余裕があるときには、聞こえてくるセリフを書き取ってみる「ディクテーション」にトライしてみるのも効果的です。「印象的なセリフ」や「学習ポイント」でも紹介した比較的ゆっくりと話されている箇所を中心に、映画を観ながら（聞きながら）セリフを書き取ってみることで、一段と高度で正確なリスニング力を磨くことができます。 　また、会話スピードの速い箇所を中心に、リスニング力を上げる方法もあります。例えば、天才神経外科医としてのストレンジが活躍している頃のシーンでは、ストレンジの軽妙なセリフを聞き取ろうとすることで、リスニング力アップのトレーニングになります。さらにリスニング力を鍛えたい方には、聞こえてくるセリフを後追いでご自分の口で言ってみる「シャドウイング」に挑戦するのも効果的です。例えば、主人公ストレンジと同じ医者であり恋人でもあるパーマーが感情的な葛藤を交えながら会話をする場面では、まとまった分量のセリフが、非常に速いスピードで話されています。これらの速いセリフの部分も活用して「シャドウイング」をすることは、より高度なリスニング力を鍛えるための最適なトレーニングにもなることでしょう。

キャスト	ドクター・スティーヴン・ストレンジ： 　　　　　ベネディクト・カンバーバッチ モルド：キウェテル・イジョフォー ニコデマス・ウエスト：マイケル・スタールバーグ	クリスティーン・パーマー： 　　　　　レイチェル・マクアダムス ウォン：ベネディクト・ウォン ジョナサン・パングボーン：ベンジャミン・ブラット

第7回映画英語アカデミー賞　候補映画

トランボ　ハリウッドに最も嫌われた男

あらすじ

　物語は1947年に始まります。この頃の米国は、共産主義者を排除しようと、HUAC（下院非米活動委員会）による、いわゆる赤狩りが横行しており、その活動はハリウッドにまで及ぶのでした。

　脚本家のトランボは、共産党員ですが、労働問題に熱心に取り組む愛国者です。しかし、彼への疑惑の目は消えず、議会から召喚状が届き、公聴会の場で質問に対して反発した彼は、議会侮辱罪で有罪判決を受け、1950年6月には投獄されてしまうのでした。

　翌1951年4月に釈放されたトランボは、家族と喜び再会しますが、ブラックリストに載った彼に、仕事を依頼する映画会社はありません。そんな中、B級映画専門のフランク・キングは違いました。彼は政治には無頓着で、金のために一流の脚本家を格安で雇えるというので、低予算のアクション映画やSFの仕事をトランボに託してきたのです。同じように仕事を干されている仲間と、最愛の家族の協力を得て、懸命に脚本作りに取り組むトランボ。そんな折、友人のイアン・マクレラン・ハンターの名を借りた『ローマの休日』(1953) が、アカデミー脚本賞をとり、また、ロバート・リッチという偽名で書いた『黒い牡牛』(1956) も同賞を受賞します。やがて、1960年の『栄光への脱出』『スパルタカス』にはトランボの名がクレジットされるようになり、彼は名誉を挽回することができたのでした。

映画の背景

○ ハリウッド・テンとは？（〔Chap.2, 23:46〜〕に新聞の記事が掲載）

　　第二次世界大戦後の世界は、米ソを頂点とする、資本主義対社会主義の争いでした。米国では、共産主義者を排除しようとする赤狩りが行われ、映画界では最初の標的となった10人の監督と脚本家はハリウッド・テンと呼ばれました。その10人の中でも、特に有名なのが本作主人公のダルトン・トランボです。

　　圧力に屈する者、仲間を裏切る者、そしてトランボのように、赤狩りの圧力に頑として屈しない人たちがいました。また、他にもチャップリンのように、当時英国に居て、危険を察知し帰国を断念した人もいます。因みに、チャップリンは1972年4月、20年ぶりの帰国で第44回アカデミー賞名誉賞を受賞し、スタンディング・オベーションで迎えられたのは有名な話です。

○ 憲法修正第1条（Amendment I）とは？

　　映画の中でトランボが拘る合衆国憲法修正第1条とは、「国教樹立を禁止し、信教・言論出版の自由、集会・結社の自由、請願権の保障などを定めたもの」です。彼が議会侮辱罪（Contempt of Congress）に問われたことは、不当な扱いといえるでしょう。実はトランボは、当初この条項で裁判に勝てると思っていたそうです。現在でも、言論や出版の自由が完全に保障されているとは限りませんが、国家権力を抑制する条文として、今なお生きています。

映画情報

製 作 費：1,500万ドル	配給会社：東北新社/STAR CHANNEL MOVIES（日本）
製 作 年：2015年	撮影場所：ニューオーリンズ（40日間）、ロサンゼルス（1日）
製 作 国：米国	言　　語：英語
製作会社：シヴハンス・ピクチャーズ他	ジャンル：伝記、ドラマ

Trumbo

(執筆) 松葉　明

発売元:TCエンタテインメント
DVD価格：3,800円
Blu-ray価格：4,700円
（2018年5月現在、本体価格）

映画の見所

○ 名優たちが所々に登場します。
　著名なジョン・ウェイン、カーク・ダグラスのキャラクターが登場し、その他実在の名優たちも昔のフィルムの中で登場しています。
○ 懐かしい名作が登場します。
　『ローマの休日』〔Chap.4, 56:33～〕をはじめ、トランボが関わった『黒い牡牛』〔Chap.6, 90:57～〕、『スパルタカス』（1960）〔Chap.7, 107:37～〕の一場面が出てきます。
○ 人種問題にも触れています。
　当時は米国の人種問題も色濃く出ていた時代でした。一家総出でトランボの脚本活動に協力し合う〔Chap.4, 60:06～〕中、娘ニコラは公民権運動に関心があるようです。〔61:27～〕
○ 浴槽に浸かりながら原稿に勤しむユニークなトランボが幾度も登場しています。これも'自由'の表れでしょう。

印象的なセリフ

○ "Many questions can be answered 'yes' or 'no' only by a moron or a slave."
（多くの質問に'はい'か'いいえ'だけで答えるのは愚か者か奴隷だ）〔Chap.2, 21:04〕
　議会からの召喚状で公聴会に出席したトランボが、質問に対し、憤然と答えます。そして、これで議会侮辱罪に問われることになります。
○ "It's funny. It's breezy and romantic. Who wrote it?"　　〔Chap.3, 33:26～〕
（おもしろい。爽やかでロマンチックだ。誰が書いたんだ？）
　トランボと娘のニキ、そして友人のハンターの三人が、ある作品について話しているときに、ハンターがトランボに言うセリフです。さて、その作品とは…？
○ "Trumbo, we can't afford you!"　　　　　　　　　　　〔Chap.4, 52:19～〕
「トランボ、お前は高すぎるんだよ！」と、B級映画会社のフランク・キングが言います。この一言でトランボは著名であることがわかります。
○ "Oh, I think it's a fine picture, and I think it's going to be a big hit."
（あぁ、いい作品だ、大ヒットすると思う）　　　　　　　〔Chap.7, 112:25～〕
　『スパルタカス』を観たケネディ大統領の言葉です。1961年2月に発せられたこの言葉によって、トランボを援護し、彼の復権へと繋がっていくのです。
○ "There were only victims."（いたのは犠牲者だけだった）　〔Chap.7, 115:42〕
　ずっと虐げられてきたこのトランボのセリフには、グッとくるものがあります。

公開情報

公 開 日：2015年11月 6日（米国）
　　　　　2016年 7月22日（日本）
上映時間：124分
年齢制限：G（日本）、R（米国）
音　　声：英語、日本語
字　　幕：日本語、英語
受　　賞：第90回キネマ旬報外国映画ベスト・テン第4位
ノミネート：第88回アカデミー賞主演男優賞

第7回映画英語アカデミー賞　候補映画

トランボ　ハリウッドに最も嫌われた男

<table>
<tr>
<td rowspan="5">英語の特徴</td>
<td>

　舞台がすべて米国内だけなので、話される英語は一般的な米国英語です。俳優陣もほとんどが米国人で、ヘッダ・ホッパーを演じるヘレン・ミレンが英国人、ジョン・ウェイン役のデヴィッド・ジェームス・エリオットがカナダ人であるくらいです。

　映画の中心となるのは、マッカーシズムが吹きすさぶ時代、しかも社会派ドラマなので、中高生には内容が難しいかもしれません。しかし、会話スピードはそれほど速くありません。使用語彙も難解なものは少ないです。それどころか、主人公のトランボが幼い愛娘ニキとする会話〔Chap.1, 7:11～〕は、とてもわかりやすく、中学生レベルの英語です。さらに、この映画では敵役となるジョン・ウェインが話すスピーチ〔Chap.1, 10:07～〕は、聞き手を意識してジョークも含み、わかりやすく修辞を使ったものになっていて、とても参考になります。（下の「学習ポイント」に冒頭を紹介）

　また、本作中にトランボが脚本を書いた映画『ローマの休日』の有名な一場面の一つが出てきます。上品な英語を学ぶのには最適な作品なので、これを機会に再度鑑賞されることをお勧めします。

　ところで、本作に脚本家で登場しているアーレン・ハード（Arlen Hird）は、実は架空の人物です。しかも、彼の名前は強硬派（hard-liner）のアナグラム（アルファベット並べ替えのゲーム）となっています。

</td>
</tr>
<tr>
<td rowspan="5">学習ポイント</td>
<td>

　この映画には、「印象的なセリフ」の欄には収まりきらない名セリフがありますので、もう少し紹介します。

○ "I wanna say one thing about a place I love. No, not Hollywood. I like Hollywood, but I love America." 〔Chap.1, 10:07～〕

　（私は私が愛する場所について一つ言いたい。いや、ハリウッドではない。ハリウッドは好きだけど、私はアメリカを愛してるんだ）

　　ジョン・ウェインのセリフです。これだけだと単なる愛国者なのですが、この後はトランボたちを糾弾する内容になっていきます。

○ "We both have the right to be wrong." 〔Chap.1, 12:10～〕

　（我々は二人とも間違える権利がある）

　　トランボが俳優のジョン・ウェインに言います。米国の、自由に考え、自由に間違えるという精神は、米国の、ひいては民主主義の根本ですね。

○ 『ローマの休日』誕生のころの話です。 〔Chap.3, 33:57～〕

　Trumbo：You take 20. No, 30! And that's my final offer.

　（君の取り分は20％。いや30％だ。これが最後のオファーだからな）

　　なんと、トランボは自分の取り分を減らしていくのです。彼と友人ハンターとの友情の絆がわかりますね。

</td>
</tr>
</table>

<table>
<tr>
<td rowspan="4">スタッフ</td>
<td>製　　作：マイケル・ロンドン他</td>
<td>製作総指揮：ケリー・ミューレン</td>
</tr>
<tr>
<td>監　　督：ジェイ・ローチ</td>
<td>撮　　影：ジム・デノールト</td>
</tr>
<tr>
<td>脚　　本：ジョン・マクナマラ</td>
<td>音　　楽：セオドア・シャピロ</td>
</tr>
<tr>
<td>原　　作：ブルース・クック</td>
<td>編　　集：アラン・ボームガーテン</td>
</tr>
</table>

130

トランボ　ハリウッドに最も嫌われた男

薦	○小学生　　●中学生　　●高校生　　●大学生　　●社会人	リスニング難易表	
お薦めの理由	○ 米国現代史がわかります。 　　第二次大戦直後の米ソ冷戦の時代、米国ではマッカーシー旋風の、いわゆる赤狩りが行われた負の時代でした。米国は、自由の国という印象が強いと思われがちですが、異論を認め合うという民主主義の根本が否定された時代があったことは知っておくべきでしょう。 ○ 不朽の名作『ローマの休日』の誕生秘話がわかります。 　　すべてが海外ロケだったのが、調査委員会の監視から逃れるためだったとされるのもうなずけます。 　　これを機会に、彼が携わった作品を鑑賞してみてはどうでしょう。特に彼が1939年に刊行し、1971年に自ら監督した映画『ジョニーは戦場に行った』は必見です。 ○ 天才脚本家ダルトン・トランボがわかります。 　　社会派ドラマでありながら、主人公トランボの家族愛と、映画への熱い思いが伝わってきます。そして暴力に訴えるのではなく、辛抱強く正義を貫く彼の生き様に心打たれるでしょう。	スピード	3
		明瞭さ	3
		米国訛	3
		米国外訛	2
		語彙	3
		専門語	3
		ジョーク	2
		スラング	2
		文法	3

発展学習	会話でのやりとりにも挑戦してみましょう。 ○ 冒頭でのトランボ親子の対話です。　　　　　　　　　〔Chap.1, 7:11～〕 　Niki　　：Dad, are you a communist?　　　（パパ？パパは共産主義者？） 　Trumbo：I am.　　　　　　　　　　　　　（そうだよ） 　Niki　　：Is that against the law?　　　　　（それって法律に違反するの？） 　Trumbo：It is not.　　　　　　　　　　　（しないよ） 　Niki　　：The lady with the big hat said, you were a dangerous radical. Are you? 　　　　　（大きな帽子を被った女の人が、パパを危険な過激派と言ったの。そうなの？） 　　少し難易度の高い語が出てきますが、文法的には中学レベルです。また、この後の共産主義を娘に説明する二人のやりとりも非常にためになります。 ○ ヘッダ・ホッパーとカーク・ダグラスの会話です。　　〔Chap.6, 96:42～〕 　Hopper：We've known each other a long time. Since when did you become such a 　　　　　bastard? （ずっと友達だったのに。いつそんなろくでなしになったの） 　Douglas：I was always a bastard. You just never noticed. 　　　　　（俺はずっとそうだったよ。あんたが気づかなかっただけさ） 　　ホッパーはトランボを採用しようとするカーク・ダグラスが気に入りません。

キャスト	ダルトン・トランボ：ブライアン・クランストン　　ジョン・ウェイン：デヴィッド・ジェームス・エリオット クレオ・トランボ　：ダイアン・レイン　　　　　ニコラ(ニキ)・トランボ：エル・ファニング ヘッダ・ホッパー　：ヘレン・ミレン　　　　　　フランク・キング　　：ジョン・グッドマン アーレン・ハード　：ルイス・C・K　　　　　　エドワード・G・ロビンソン：マイケル・スタールバーグ

第7回映画英語アカデミー賞　候補映画

ニュースの真相

<table>
<tr>
<td>あ ら す じ</td>
<td>　本作品の舞台は、ワシントンD.C.、大統領選真っただ中の2004年。米国の大手三大放送局CBSのニュース報道番組『60ミニッツⅡ』のプロデューサーだったケイト・ブランシェット演じるメアリー・メイプスが番組で報道したニュースを巡って起きた一連の騒動が描かれます。その中で、CBS同番組のアンカーマンを務めるロバート・レッドフォード演じるダン・ラザーとプロデューサーのメアリー、両者がジャーナリストとして真実を伝える使命感をもって番組製作に取り組み共感し合う特別な関係性も色濃く描かれます。物語の大筋は、わかりやすく大きく二部に分けられます。前半は、メアリーが調査チームを結成し、ジョージ・W・ブッシュ大統領の軍歴詐称疑惑についてのスクープを報じるまでで、スピード感溢れるニュース報道番組製作の裏側を垣間見る形で進みます。後半は、報道の根拠資料の真正問題が保守系ブロガーによって指摘され、番組やCBS全体のスキャンダルへと発展しメアリーが報道責任を追及され、ジャーナリストとしての進退が窮まっていきます。それに伴い、物語がジャーナリズムの側面から仕事を越えて父娘関係のように結びついているダンとの関係性・精神性を描くヒューマンドラマ色が濃くなります。また全編に渡り、断続的に当時の選挙戦の動向を報じるテレビ映像が映りこむので、私たちはメアリーのドラマと当時の社会背景とをシンクロさせながら見てゆく仕掛けとなっています。</td>
</tr>
<tr>
<td>映 画 の 背 景</td>
<td>　本作を堪能するうえで知っておくべきは、実際にあった2004年の大統領選挙キャンペーン中に起きたテレビ報道スキャンダルについてです。「ラザーゲート」とも「メモゲート」とも言われたブッシュ大統領の軍歴詐称疑惑報道の根拠文書偽装スキャンダルの真相が、それを引き起こしたCBSの看板ニュース報道番組『60ミニッツⅡ』のプロデューサーであるメアリーが書き記した著書『大統領の疑惑（"TRUTH"＜原題＞）』をもとに描かれています。日本でもスキャンダルについて書かれた当時の週刊誌やアカデミックレポート、この映画の作品評を通して改めて事の顛末が振り返られているものなどが散見されます。作中に目を移すと、シーン中に映りこむテレビ画面に流れている選挙戦に関する当時の実際のニュース映像がそのまま使われており、作中随所に2004年当時の空気感や臨場感が巧みに醸成されています。また、ロバート・レッドフォードは、実在のCBSアンカー、ダン・ラザーとは浅からぬ縁があります。ダンは45年前に起きたウォーターゲート事件を実際に報道しており、ロバートは『大統領の陰謀』（1976）で同事件の真相を暴くジャーナリストの役を演じました。今作ではそのロバートが、疑惑の真相を暴けずアンカーを降板し凋落していくダンを演じています。そんなダンの役を俳優としてのキャリアを終えようとしているロバートが演じているのも一つの時代の終焉を見ているような気にさせられます。</td>
</tr>
<tr>
<td>映 画 情 報</td>
<td>製 作 費：960万ドル
製 作 年：2015年
製 作 国：オーストラリア、米国
配給会社：Sony Pictures Classics

撮影場所：シドニー（オーストラリア）
　　　　　ロサンゼルス（米国）他
言　　語：英語
ジャンル：伝記、ドラマ、歴史</td>
</tr>
</table>

132

Truth

(執筆) 金指　早希

映画の見所

　本作の大きな見所は、原作にないシーンが少なからず断続的に組み込まれているところと言えるでしょう。なぜなら、原作では言及されていないシーンこそが映画としてのオリジナルの脚色であり、そこには製作者からの明確な意図が組み込まれていると考えられるからです。原作者のメアリー役のケイト・ブランシェットが出演していないシーンは彼女が知り得ない設定のシーンとも言え、そんなシーンに注目してみると、トファー・グレイス演じるマイク・スミスがジャーナリズム精神を語るセリフが多いことに気が付きます。そうしてみると、マイクを通して"FEA"の精神が廃れた昨今のジャーナリズム、ネットの声と権力の影に屈していくその姿への警鐘を鳴らしていると捉えることもでき、この作品に単なる原作の映画化から一歩踏み込んだ深みを与える見所になっています。

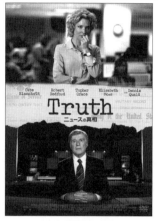

発売元：
キノフィルムズ／木下グループ
DVD価格：3,800円
Blu-ray価格：4,700円
（2018年5月現在、本体価格）

印象的なセリフ

　ここで取り上げる印象的なセリフは、メアリーの"Daddy, please stop."と"Yes, Dad."です。なぜなら本作がヒューマンドラマの要素もある作品だということが分かる印象的なシーンだからです。まず1つ目は、軍歴詐称疑惑の証拠となった文書の偽造疑惑が浮上した後、メディアに自分の悪評を話す実の父親に対して電話口で"Daddy, please stop."と言うシーンです。このシーンで幼い頃父親からどんなに家庭内暴力を受けても決して口にしなかったことを支えにしていた「やめて」という言葉をついに口にし、泣き崩れます。どんな罵りや誹謗中傷にも屈しなかったメアリーが父親に対しては屈してしまった印象的なシーンです。2つ目は、メアリーが電話でダンに"Yes, Dad."と言うシーンです。ダンから「（内部調査委員会では）堂々としてろよ」と言われ、口にした言葉です。"Yes, Dad."から、実の父親には暴力を受け、相当の確執があったメアリーがダンにはただの仕事仲間の関係を超えた父性を感じていたことが分かります。また、自分の身を切ってでも娘を守ろうとする父親のような愛情に触れ、それがDadという単語で口から出たシーンであるともいえます。この2つのシーンは、メアリーのジャーナリストとしての部分ではなく、人間的な部分が描かれているシーンであり、これらがあることで、本作がただのジャーナリズムの話ではなく、ヒューマンドラマであることが分かります。

公開情報

公　開　日：2015年10月16日（米国）
　　　　　　2016年 8月 5日（日本）
上映時間：125分
年齢制限：G（日本）、R（米国）
音　　声：英語
字　　幕：日本語
オープニングウィークエンド：6万6,232ドル
興行収入：254万1,854ドル

第7回映画英語アカデミー賞　候補映画

ニュースの真相

英語の特徴	本作はブッシュ大統領の軍歴詐称やその調査や報道の話が扱われているため Democrats（民主党支持者）、Colonel（中佐）、Oficcer Effectiveness Training Report（将校能力訓練報告）などの政治や軍事に関する専門用語が多く登場します。また、ニュース報道やメディア製作ならではの語彙だけでなく、そうしたシーンにも mad cubists（狂ったキュビスト）など教養を求められる語彙や知的表現も豊富です。他には、常用的なジョークやスラングとまでは行きませんが、"FEA"（Fuck 'em all を指す）など調査チーム内で使われている省略用語や、隠語、非常用的な使われ方が物語にかかわる要素として時折フォーカスされます。会話のスピードや明瞭さを見てみると、１対１での会話はあまり速くありませんが、調査チーム内の多人数での掛け合いや、時間に追われている編集作業の場面では速くなります。明瞭さも、登場人物同士のみの会話は明瞭ですが、後ろでテレビから流れているニュース報道の音声やその音声に被りながら登場人物が話すセリフが重なる所があるので、各々明瞭さに欠ける部分があります。全体的に都会の大企業の職場シーンやそこでの社会性の高い会話が多いのもあり、特徴的な訛りはあまり見られません。会話中心で難解な文法はあまりありませんが、ニュース報道のシーンでは次の「学習ポイント」で示したように関係詞や、with を伴う付帯状況を表す句、分詞構文の使用頻度が高くなり形式的になります。
学習ポイント	本項目では、〔01:49:46〜〕の米国の三大アンカーと言われたダン・ラザーの最後のスピーチのシーンを取り上げ、文法的、表現的、文化的視点から解説し「学習ポイント」とします。ダンの最後のスピーチはCBSの公式サイトにスクリプトが載っているほど記録すべき出来事であり、作中でも物語上重要なシーンの一つです。まず、このシーンを英文法的な視点でみると、完了形、関係詞がよく見られ、完了形は７回、関係詞は９回登場します。完了形は動作が継続されて行われた時間幅の情報がセットになっており、完了形の理解を測る試験問題にもそのまま使えそうな丁寧な言い回しになっています。関係詞は、関係代名詞が８回、関係副詞が１回ずつ使用されています。ニュースらしい with を伴う付帯状況を表す句でも使われています。ニュースを伝えるストーリー原稿ではないので、５Ｗ１Ｈを使った状況説明的な文はないですが、完了形と関係詞節を使ってとても簡潔に視聴者へ最後のメッセージを届けているのが印象的です。最後に、ダンの "Courage." というセリフについてです。この "Courage." は、ダンの番組終わりでの決めセリフであり、アンカーとしての象徴性を帯びたスタイルです。米国の三大アンカーの一人の最後のスピーチという、米国ジャーナリズムの歴史に刻まれる１シーンという意味でも本シーンは教養としての「学習ポイント」でもあります。

スタッフ			
	製　　作：ジェームズ・ヴァンダービルト他	製作総指揮：アントニア・バーナード他	
	監　　督：ジェームズ・ヴァンダービルト	撮　　影：マンディ・ウォーカー	
	脚　　本：ジェームズ・ヴァンダービルト	音　　楽：ブライアン・タイラー	
	原　　作：メアリー・メイプス	編　　集：リチャード・フランシス＝ブルース	

ニュースの真相

薦	○小学生　　○中学生　　○高校生　　●大学生　　●社会人	リスニング難易表	
お薦めの理由	本作は、米国の大統領選挙中に実際に巻き起こった報道スキャンダル、またその渦中に居た人物の自伝的書物を原作として作られているため、当時の米国の社会文化的コンテクストがとても強く、それらに関連する情報をある程度リサーチできる力を持っている大学生と社会人向けと言えます。主に、ブッシュ大統領の軍歴詐称疑惑やラザーゲート（メモゲート）と呼ばれた報道スキャンダル、アンカーや三大ネットワークなどの米国メディアやジャーナリズムの基礎知識、登場人物の背景知識等が必要です。また、2004年当時の大統領選をリアルタイムで知っている世代には、親近感や興味が湧くのではないでしょうか。 　また、この映画のもう一つのテーマであるメアリーの人間性を描く面では、メアリーの女性としてのキャリアや、それを献身的に支える夫の姿に、働き方や夫婦の形を考えさせられます。全編を通して仕事に関するシーンが多いため、これから社会に出る大学生や社会人には共感できるポイントが多いはずです。	スピード	4
		明瞭さ	3
		米国訛	3
		米国外訛	1
		語　彙	5
		専門語	5
		ジョーク	3
		スラング	3
		文　法	4

発展学習	本項目では〔00:11:22〜00:17:00〕のメアリーが調査チームを再結成させた瞬間のシーンを取り上げ、口語英語という視点で登場人物のセリフや多用されている口語表現に着目し、その機能を学ぶことで、実践的な会話のリスニングやスピーキングの活用に繋げます。本シーンでは約６分間の間に、四人の登場人物の各セリフに１回の頻度で20種類の口語表現が登場します。このシーンで着目するのは、頻出する「談話標識」「話題化」「文頭の省略」の口語ポイント３点です。まず本シーンの「談話標識」は、発言権を得る、発言権が自分にあること（移ったこと）を周知する、と同時に論理展開を始める合図の機能をしています。セリフ中でも、他の人が話した後に "Well, 〜." "Now, 〜." "By the way, 〜." と別の人が話し始めるシーンが多くみられます。次に「話題化」は、話題にしたいことや人物などを先に独立させて強調し目立たせる機能を持っています。例えばロジャーのセリフで見てみると "What it basically means is that Bush never even showed up. The Alabama commander, he has no recollection of him." と話の途中で関係詞ではなく、話題化の手法で聞き手の注目を引いています。最後の「文頭の省略」は、本シーンを見ると相手の会話の文脈を受けて話しを繋ぐ形が多く、重複する部分は省略し口語としての即興性を担保しているとも言えます。これらが起こることで論理展開がスムーズに進行します。

キャスト	メアリー・メイプス：ケイト・ブランシェット　　ルーシー・スコット　：エリザベス・モス ダン・ラザー　　　：ロバート・レッドフォード　　アンドリュー・ヘイワード：ブルース・グリーンウッド マイク・スミス　　：トファー・グレイス　　　　ビル・バーケット　　：ステイシー・キーチ ロジャー・チャールズ中佐：デニス・クエイド　　ジョシュ・ハワード　：デビット・ライオンズ

ハドソン川の奇跡

あらすじ

2009年1月15日木曜日現地時間午後3時半過ぎ、USエアウェイズ1549便は、ニューヨークのラガーディア空港を離陸して約5分後に、マンハッタン島の西のハドソン川に不時着水しました。離陸上昇中にカナダ雁（がん）の群れと衝突し、2基両方のエンジンに複数の鳥が吸い込まれて推進力を失ったのです。機長のサレンバーガー（通称サリー）は再点火を試みたあと補助動力装置（APU）を起動させ、緊急手順を確認する副操縦士のジェフと協力して、管制官と着地場所を探しながら、グライダー操縦していきます。バードストライク後の208秒の中で、機内と街の人々を救うには川に着水するしかないと判断してそれを実行し、満席の乗客と乗務員の計155人全員の命を救いました（なお、APUだけで航空機は推進力を得られませんが、エンジンの再点火や操縦などのためには必要だそうです）。

映画では、サリーはPTSDのフラッシュバックに苦しみ、悪夢の中でTVレポーターに落ち度を責められ、国家運輸安全委員会（NTSB）の責任追及も受けます。不況で家計も苦しく、解雇されて年金を失うわけにはいきません。エアバス社工場のシミュレータで行われる再現飛行実験は、NTSBがパイロット達の証言を聴聞した後に予定されていましたが、サリーは同僚に工場との交渉を頼んで実験を早め、判断を下す反応時間を考慮して再実験をしてもらうことにも成功します。最後には物的証拠も見つかり、サリーは最善を尽くしていたことが証明されます。

映画の背景

フランス語の「助けて」という文と音が近い mayday という遭難信号を考案したのは F. S. Mockford という英国人で、遭難信号は聞き間違いを防ぐために3度繰り返され、他の通信に割り込むことができるそうです。通信でこのような決まりがあることは、一刻も無駄にできない緊急時に必要です。しかし、この事故の着水直前に、実際に複数の空港の管制官同士が通信をした音声で、後にネット上に公開されたものを聞くと、両方のエンジンが停止したことを聞き直したりして、最速で通信が行われたとは言えなかったようです。人の音声コミュニケーションには無駄があるので、緊急時には、聞き間違いや時間のロスを管理することが重要で、もしも英語が外国語ならばなおさら注意が要ります。

この映画の後半の舞台となる NTSB は crew resource management（CRM）の改善等を推進していますが、CRM とは、航空安全のためにパイロットが行う訓練で、コックピットでの対人コミュニケーション・リーダーシップ・意思決定を重視するそうです。機長・副操縦士は世界中の管制官と英語で話します。学習者の立場からは、世界中の英語の音声変種がどの程度世界中の管制官に許容されているのかは、興味深い問題ですね。また、英語が第1言語でない人で自国外の航空管制官として働いている人がいるかどうかも、気になります。なお、英語を母語としないパイロット同士は、母語で会話しているようです。

映画情報

製作費：6,000万ドル
製作年：2015-16年
製作国：米国
配給会社：Warner Bros.

撮影場所：米国ニューヨーク、アトランタ、シャーロット
言語：英語
ジャンル：伝記、ドラマ
使用楽曲：*Flying Home*（The Tierney Sutton Band）他

Sully

(執筆)設楽　優子

発売元：
ワーナー・ブラザース ホームエンターテイメント
DVD価格：1,429円
Blu-ray価格：2,381円
（2018年5月現在、本体価格）

映画の見所

　問題の208秒を含む飛行場面が最初に通しで流れるのは32:31の離陸から38:31の着水までで、操縦席だけでなく管制塔や客室の様子も描かれます。NTSBの聴聞会の出席者がコックピット音声（CVR）を聞きながらたどる78:14から83:55までの場面も5分あまりで大きな見所となっていますが、この場面からはバードストライク前の1分半が端折られているので、実際の3分半が5分あまりに引き伸ばされたことになります。

　着水後の脱出・救出場面も記録映画的な群像ドラマとなっています。

　そして、何よりも圧巻なのは NTSB の弁論場面です。「the pilot in control（取り乱さないパイロット）」と言われたサリーが、自分は最善を尽くして任務を果たしたということをアサーティブな言葉の力で証明しました。

印象的なセリフ

　実際のCVR音声は（TV映像などを介して）ネットに公開されていて、映画の32:46以降と78:58以降のセリフはこれを忠実に再現しています：

Sully　　　：My aircraft.　　　　　　（操縦交代）
Jeff　　　 ：Your aircraft.　　　　　　（あなたに操縦交代）〔中略〕
Sully　　　：Mayday, mayday, mayday. This is Cactus 1549. Hit birds. We've lost thrust on〔実際はin〕both engines. We are turning back towards LaGuardia.
　　　　　　（メーデー カクタス1549 鳥と衝突 推力喪失 ラガーディアへ引き返す）
Controller ：OK, you need to return to LaGuardia? Turn left heading 2-2-0.
　　　　　　（ラガーディアへ？　左旋回220）
Sully　　　：2-2-0.（220）
Controller ：Which engine did you lose?（どっちのエンジンの停止か？）
Sully　　　：Both. Both engines.（両方ともだ）〔中略〕
Controller ：Tower, stop your departures. We got an emergency returning.
　　　　　　（タワー〔飛行場管制席〕へ：離陸停止 緊急引き返し）〔中略〕
Controller ：Cactus 1549, if we can get it for you, do you wanna try to land runway 1-3?
　　　　　　（カクタス1549　滑走路13に着陸か？）
Sully　　　：We're unable. We may end up in the Hudson.（無理だ ハドソンに下りる）

公開情報

公 開 日：2016年9月 9日（米国）
　　　　　2016年9月24日（日本）
上映時間：96分
年齢制限：G（日本）、PG-13（米国）
音　　声：英語
字　　幕：日本語、英語
受　　賞：AFI 2017年の映画賞
　　　　　第40回日本アカデミー最優秀外国作品賞

第7回映画英語アカデミー賞　候補映画

ハドソン川の奇跡

英語の特徴	この映画には航空英語がたっぷりあります。「印象的なセリフ」のTurn left heading 2-2-0.という表現の220は「進行方向を変えた結果が北から時計回りで220°方向になるよう」進めという意味で、左回りならば360°との差の140°の角度ですが、常に右回りの数字を使うことで関係者は瞬時にイメージしているそうです。また、滑走路入口に13と書いてあるrunway 1-3は130°を向いていて、同じ滑走路の反対側から着陸する飛行機から見えるのは180°を足した310°の意味の31で、これも右回りの数字です。このような英語が、きちんと伝わる範囲で速く流れるので、臨場感のあるリスニング練習や、数字を正しく発音する練習に使えます。 この映画の報道英語も本物で、特に、悪夢の中で意地悪い質問をして、現実のインタビューもする役で出演しているのは、CBSの報道番組『60 Minutes』で機長をインタビューしたKatie Couric本人です（この映像は事件後3週間ほどでCBSがYouTubeに投稿していて、実際は映画よりも和やかでした）。 機長や管制官が実際に国会で証言したCNNの映像は、8年以上たった今でもYouTubeで観られますが、実際の機長もほとんど言いよどみがなく、結果的にトム・ハンクスの英語は現実と近いものになっていると思います。登場人物はすべて非常に豊かな英語表現の使い手で、乗客やタクシーの運転手以外は外国訛りがなく、標準的で地域性のない米国英語を話していると思います。
学習ポイント	事件直後にサリーはジェフに〔12:37〕I don't like not being <u>in control</u> of the process. I want my self back.（中略）I'm having a little trouble separating <u>reality</u> from whatever the hell this is.（中略）I've <u>delivered</u> a million <u>passengers</u> over 40 years in the air, but in the end, I'm gonna be <u>judged on</u> 208 seconds. とこぼします。下線部は応用できる表現ですから覚えましょう。 そんな混乱の中で受けたインタビューシーンでも、彼は冷静に（in control）取材を受けます。下線を付けた表現の使い方と、couldの時制の一致に注目しましょう〔13:55〕。 Sully　：　It was obvious. It was a <u>critical</u> <u>situation</u>, losing thrust in both engines at a low <u>altitude</u> <u>over</u> one of the most <u>densely</u> populated areas of the <u>planet</u>. Katie　：　But choosing to land on the Hudson, that was still a big "if." Sully　：　I was sure I <u>could</u> do it. Katie　：　You were? Sully　：　Yeah. Katie　：　How do you feel when people call you a hero? Sully　：　I don't feel like a hero. I'm just a man who was doing his job. Katie　：　The right man for the job at the right time.

スタッフ			
製　　作：クリント・イーストウッド他		製作総指揮：キップ・ネルソン他	
監　　督：クリント・イーストウッド		撮　　影：トム・スターン	
脚　　本：トッド・コマーニキ		音　　楽：クリスチャン・ジェイコブ他	
原　　作：チェズリー・サレンバーガー他		編　　集：ブル・マーレイ	

138

ハドソン川の奇跡

薦	○小学生　　○中学生　　●高校生　　●大学生　　●社会人	リスニング難易表	
お薦めの理由	9.11や金融危機で深く傷ついていたニューヨークにとって、ハドソン川の奇跡は明るい出来事でした。この航空史に残る事件の翌年5月に *Highest Duty: My Search for What Really Matters* という本が出版され、その翻案のこの作品は、ドキュメンタリー的英語教材とみてもよいし、退職間近の男性の成長の物語として受け止めても良いと思います。この両方の内容を英語で感じることは、中学生には難しいかもしれませんが、すべての世代にとって興味深いと思います。 　原作の副題やDVDの付属映像に表れているように、サリーにとっては、仕事に最善を尽くすことだけでなく、よい家庭人であることが最も大切のようです。つまり、彼にとって英雄扱いされることはどうでもよいらしく、155人とその家族をたすけたこと、副操縦士や客室乗務員とチームで働いたことを誇りにし、レスキュー隊やその場に居合わせてボランティアで協力した人々にも深い敬意を持っているようです。 　英雄崇拝と、有名人への個人攻撃は紙一重であるという現象も興味深く、すべての年代にお薦めします。	スピード	5
		明 瞭 さ	4
		米 国 訛	3
		米 国 外 訛	1
		語　　彙	5
		専 門 語	5
		ジョーク	3
		スラング	3
		文　　法	3

発展学習	NTSBの聴聞会で、シミュレーションの条件に反応時間を加える必要性を認めてもらうため、サリーは相手の反応を待ちながら、アサーティブにこう語ります〔72:50〕: …This was dual engine loss at 2,800 feet followed by an immediate water landing with 155 souls onboard. <u>No one has ever trained for an incident like that</u>. No one. The Teterboro landing, with its <u>unrealistic bank angle</u>, we were not the Thunderbirds up there. I'd like to know how many times the pilot practiced that maneuver before he actually pulled it off. I'm not questioning the pilots. They're good pilots. But they've clearly been instructed to head for the airport immediately after the bird strike. You've allowed <u>no time for analysis or decision-making</u>…. You are looking for human error. Then make it human. 　3か所の下線は既に行われたシミュレーションの欠点で、あくまでも事実のみの指摘です。大勢の命を預かった重圧を表すのに情緒的なことは言わず、サンダーバードのような人形劇ではなかった、と簡潔な比喩でまとめています。2番目の下線の「バンク角」とは、旋回時の安定のために機体を横に倒す角度で、空港に着陸するためにはほぼ180°から短い距離で280°にせよと言われているため、相当の角度が必要だったのではと考えられます。滑空中なのですから、どこかに滑って行ってしまいそうだったのではないかと思います。

キャスト	チェズリー・'サリー'・サレンバーガー：トム・ハンクス　　　チャールズ・ポーター　　　：マイク・オマリー ジェフ・スカイルズ　　　：アーロン・エッカート　　エリザベス・デイヴィス：アンナ・ガン ローリー・サレンバーガー：ローラ・リニー　　　　ベン・エドワーズ　　：ジェイミー・シェリダン マイク・クリアリー：ホルト・マッキャラニー　　　ケイティ・クーリック：ケイティ・クーリック（本人）

第7回映画英語アカデミー賞　候補映画

ハンズ・オブ・ラヴ 手のひらの勇気

あ ら す じ	２人の女性 ― ローレル・ヘスターとステイシー・アンドレ ― の関係と平等を求める思いを中心に据えた物語です。作品は２人の出会いからドメスティック・パートナー制度下での幸せな共同生活、というごく普通の家族像の描写から始まります。しかし、しばらくしてローレルにステージ４の癌腫瘍が見つかります。残された時間がわずかだと悟った彼女は、愛するステイシーに遺族年金を残したいと考えます。中盤以降は、婚姻制度下での配偶者を受給者とする年金を、ステイシーに残すための権利争いを軸に物語が展開します。ローレルからの郡政委員会への嘆願を受け、その議題の審議が行われます。ドメスティック・パートナー制度下では州公務員が同性パートナーに年金を残すことが是認されており、郡職員であるローレルにも適用範囲を拡大する権限を委員会は有しています。しかし、嘆願に肯定的な委員もいましたが、調和という名の圧力を受け、満場一致でローレルの訴えは否決されます。その後、職務上のパートナーであるデーンの助言を受けて、公開委員会で直接、委員たちと対峙することになるのです。その後、ローレルの置かれた状況は新聞一面で取り上げられ、同性愛活動家たちも関与するようになり、良くも悪くも反響を巻き起こします。様々な人たちの思惑が絡む中、ただ平等を求める、という信念を貫いたローレルは最終的に正義を手にし、さらに過去の功績を認められ警部補に昇進、そして死を迎えることになります。
映 画 の 背 景	米国では性的マイノリティが声高に権利を主張し、その存在が幅広く受容されているイメージを持つ人もいるかもしれません。しかし、その裏には、声を上げて権利を掴まなければ命の危険に晒される可能性があるという現実があります。1998年には同性愛嫌悪者たちが、同性愛者であるというだけで、ワイオミング州の大学生マシュー・シェパードを殺害するという痛ましい事件が起きました。これを契機として、それまでヘイト・クライム保護法の対象ではなかった同性愛者を保護対象にしようという活動が始まりました。その活動はマシューの死から10年以上が経過した2009年に、オバマ政権下で法案として結実します。 　本作品の時代背景は、性的マイノリティに対する理解不足が続く2002年から、ローレルが亡くなる2006年です。舞台となるのは、共和党支持者の高齢者つまり保守層が多いオーシャン郡です。一般的には都会と比べると、リベラル派が少ない田舎の方が、性的マイノリティに対する偏見や差別は強くなる傾向があります。それだけにローレルの戦いが厳しいものであったことは想像に難くありません。しかし彼女の行動はニュージャージー州のドメスティック・パートナー法改正へとつながり、また2013年には同州において同性婚が合法化されました。そして2015年には連邦最高裁が全州で同性婚が合憲だとの判断が下されるのです。米国のような社会で声を上げることの重要性がわかるのではないでしょうか。
映 画 情 報	製　作　費：700万ドル　　　　　　撮影場所：ニューヨーク 製　作　年：2015年　　　　　　　　言　　　語：英語 製　作　国：米国　　　　　　　　　ジャンル：ドラマ、ロマンス 配給会社：松竹（日本）　　　　　　使用楽曲：*Hands of Love*（Miley Cyrus）

140

Freeheld

(執筆) 安田 優

映画の見所

異性愛者と同等の、正当な平等の権利として年金受給権を愛する女性に残したいという一心で、ローレルは立ち上がります。彼女と対立するのは郡政委員会であり、彼女を支援するのは同性愛者団体です。まず郡政委員の1人は同性婚への第一歩を防ぐために嘆願を認められないと発言しています。つまり、ローレルの件が社会全体に影響を与えることを懸念している訳です。他方、同性愛団体はローレルを支援しながらも、彼らの究極の目標である同性婚を実現するために、ローレルの協力を仰ぎたいと考えています。時代背景を鑑みると、ここには全米を二分するほどの案件である同性婚を巡る論争が反映されていると言えます。個人の言動が否応なく政治的になり得る状況や、ローレルを軸に対立勢力がせめぎ合う構図を意識しながら、映画を鑑賞してみるといいでしょう。

発売元:松竹
DVD価格:3,800円
(2018年5月現在、本体価格)

印象的なセリフ

多くの社会は男性が大きな権力を持つ家父長制社会 (patriarchal society) です。その中で社会が求める規範から外れることは、社会が与えてくれる恩恵や特権を失う危険に直結します。女性であるローレルは、通常以上に男性的枠組みに縛られる警察組織の一員です。男性中心社会における女性というだけでなく、さらに女性同性愛者でもあることで、二重に不利益な状況下にあると言えます。ローレルとステイシーとの会話はそのような状況を端的に示しています。

> Stacie ：What? You're a cop so you think you can yell at people? Is that...
> Laurel ：I have to be careful. In law enforcement, women don't get important cases. They don't get promoted. A gay woman, forget it.

本来は所持する能力に応じて判断されるべきでしょうが、男性的機関である警察 (law enforcement) においては、女性であることが昇進や仕事内容にまで影響を及ぼし、そこでゲイであることは論外だと示されています。またローレルは、職務上のパートナーであり、一定の信頼関係のあるデーンに対してもカミングアウトしていませんでした。デーンが "You didn't trust me enough." と非難する際、ローレルは "I could have been out at work and gotten anywhere beyond the back office, filing reports? ... You're straight. You're white‐You're male..." と返答します。これらの発話にはローレルの不断の内なる苦悩が垣間見えます。

公開情報

公 開 日：2015年10月 2日（米国）
　　　　　2016年11月26日（日本）
上映時間：103分
年齢制限：G（日本）、PG-13（米国）
音　　声：英語
字　　幕：日本語
受　　賞：第63回サン・セバスティアン国際映画祭セバスティアヌ賞

第7回映画英語アカデミー賞　候補映画

ハンズ・オブ・ラヴ 手のひらの勇気

英語の特徴	作品内の会話スピードは普通であり、比較的明瞭に話されています。一般的に大学生に期待されるレベルの英語力があれば、聞き取り自体はそれほど難しくはありません。ナチュラル・スピードでの聞き取りに慣れていれば対応できるでしょう。作品内で用いられる特徴的な語彙・表現には、政治・法律・権利に関するもの（Domestic Partner Act, gay marriage, constituent, etc.）や、警察に関するもの（detective, policer officer, lieutenant, etc.）があります。しかし、その多くは意味を知らなくても、文脈から推測し把握することが可能です。それらは、大学生として知っておいて損はない語彙・表現であるだけでなく、資格試験対策としても有用です。また性的マイノリティ関連の表現（lesbian, gay, homosexual, etc.）も出てきますが、特に海外生活を考えている場合には、知っておくべき表現でしょう。どのような文脈で使われているかを意識してください。 　いわゆるFワードは1回、Sワードは10回以上使われています。それ以外にも、物語の特性もあり、同性愛嫌悪者からの差別的発言として、女性同性愛者に対する侮蔑表現 "dyke" が繰り返し出てきます。性的マイノリティ自身が意図して発話する場合は特別な意味を持つ場合がありますが、異性愛者が使う場合は侮蔑発言となるため注意を要します。作品内でのこれらの発話は、性的マイノリティが置かれている状況をリアルに感じさせる点でも重要な機能を果たしています。
学習ポイント	米国での状況と比べると、日本においては性的マイノリティが襲撃され、命を落とすという事件は少ないということもあるのか、法制度の整備は遅れ気味です。近年、地方自治体の条例レベルで、パートナーシップ制度などLGBT関連の施策が整えられつつあります。しかし、同性婚の合憲性を認めた米国や、同じアジアでも同性婚を認めないことは違憲だと判断された台湾の状況を鑑みると、日本は遅れを取っています。 　本作品を用いての学習に際しては、まず映画の字幕とスクリプト（https://www.springfieldspringfield.co.uk/movie_script.php?movie=freeheld）を手がかりとして、米国におけるドメスティック・パートナー制度と同性婚制度の違いに関連する表現を抜き出し、語彙・表現を検討しましょう。そして比較・対照する形で、英語でまとめてください。また不足している情報については、インターネット（Googleなど）を用いてリサーチをするといいでしょう。2つの制度の相違点を認識した上で、ドメスティック・パートナー制度の問題点について列挙してみましょう。ここまでの作業でこれらの制度についての客観的な材料を手に入れることになります。まとめる過程で、語彙力や表現力、思考力が自然に向上します。加えて発信力を鍛えるため、資料をもとに、これらの制度の相違点と問題点について英語での説明を試み、他者にその内容が伝わるかどうかを確認しましょう。
スタッフ	製　　作：マイケル・シャンバーグ他　　　製作総指揮：ロバート・サレルノ 監　　督：ピーター・ソレット　　　　　　　　　　　　リチャード・フィショフ 脚　　本：ロン・ナイスワーナー　　　　音　　楽：ジョニー・マー、ハンス・ジマー 撮　　影：マリス・アルベルチ　　　　　編　　集：アンドリュー・モンドシェイン

142

ハンズ・オブ・ラヴ 手のひらの勇気

薦	○小学生　　○中学生　　○高校生　　●大学生　　●社会人	リスニング難易表	
お薦めの理由	郡政委員による "she's so not like a lesbian." という発言が示すように、性的マイノリティはステレオタイプで捉えられがちです。そのような状況では、性的マイノリティがカミングアウトをしていない限り、周囲はその存在に気づかないことがあり得ます。周りは異性愛者だけという仮定に基づき、性的マイノリティに関する軽口が叩かれる様子を、一度は目にしたことがあるでしょう。そこに性的マイノリティがいたならば、彼らがどれほど傷つくかは想像に難くありません。作品内では、ゲイの刑事がローレルを支援したいと思いながらも、性指向を知られることを恐れ、協力を躊躇います。彼の言動を通じても、日常生活における性的マイノリティの苦しみが提示されています。それだけに、彼が社会の圧力に屈せず、ローレル支援に立ち上がる姿は感動的です。差別や偏見は、その対象への無知から生じるのかもしれません。本作は性的マイノリティという社会の構成員を理解し、偏見のない新たな知見を得る絶好の機会を与えてくれます。	スピード	3
		明瞭さ	3
		米国訛	4
		米国外訛	1
		語彙	3
		専門語	3
		ジョーク	2
		スラング	3
		文法	3
発展学習	本作品でも描かれているように、同性婚については現在の米国においてさえ根強い反対があります。同性婚が認められていない日本においては言うまでもありません。では何故、強硬な同性婚反対論者が存在するのでしょうか。同性愛が、家父長制がもたらす既得権益を脅かす要素となり得ることが1つの理由かもしれません。余裕があれば映画鑑賞後に、スクリプトを活用しながら、まずは同性婚やLGBTに反対する見解を探してみましょう。例えば、スクリプトのサイトで検索機能を用いて "marriage" というキーワードを入れると、その語（句）が使われている箇所が強調されます。この機能を利用すれば、求める情報を効率的に得られます。次に、抜き出した中に知らない表現があれば調べてください。その後で、それらの意見がどのような根拠に基づいているのか考えてみましょう。またインターネットや書籍も使って、英語で表現されている同性婚やLGBTを否定する見解を調べ、できる限りたくさん書き出しましょう。　次段階として取り上げた見解を詳細に検討し、それらの見解に本当に万人を納得させられるだけの論理的かつ正当な理由があるかどうかについて「批判的に」考えてください。その上で同性婚やLGBTに対して否定的な見解を論破する意見を考え、英語で書き出しましょう。単独学習も可能ですが、ペアやグループでの協働作業を通して、英語で多様な考えを議論し合うことで、さらに発信力を高められます。		
キャスト	ローレル・ヘスター　　：ジュリアン・ムーア　　　　スティーヴン・ゴールドスタイン：スティーヴ・カレル ステイシー・アンドレ：エレン・ペイジ　　　　　　トッド・ベルキン　　　：ルーク・グライムス デーン・ウェルズ　　：マイケル・シャノン　　　　ブライアン・ケルダー　：ジョシュ・チャールズ クォーティ牧師　　　：サー・ンガウジャー　　　　ドン・ベネット　　　　：アダム・ルフェーヴル		

第7回映画英語アカデミー賞　候補映画

BFG: ビッグ・フレンドリー・ジャイアント

あらすじ

英国・ロンドンの孤児院で暮らす、10歳の少女ソフィーは、毎晩眠れぬ夜を過ごしています。ある晩、布団にもぐって本を読んでいると、外にいる巨人の姿を見てしまい、秘密を漏らさないようにと、巨人の国に連れ去られてしまいます。怯えるソフィー。しかし、その巨人は「優しい巨人（BFG:Big Friendly Giant）」で、人間を食べようとする他の野蛮な巨人たちから、ソフィーを守ってくれたのでした。野蛮な巨人は、人間のことを「人間豆: human bean（human beingをもじったもの）」と呼んで、見つけたら食べてしまうのです。

BFGは人々の夢を集めていました。不眠症のソフィーが、自分は夢を見ないと言うと、BFGは夢の国に連れて行ってくれます。それは湖の湖面の裏側にありました。湖に飛び込み、夢の国で素晴らしい夢を捕まえたソフィー。BFGはそれを、「ソフィーの夢」と名付け、瓶に詰めてくれました。

BFGには、自分が以前かくまっていた男の子に、本の読み方を教わり、一緒に楽しく暮らしていたのに、最後はその子が他の巨人たちに食べられてしまったという悲しい思い出があり、ソフィーのことは人間の世界に戻そうとします。ですがソフィーは、自分には家族もいないし、いなくなっても悲しむ人もいない、一緒に悪い巨人を退治しよう、と言い、女王陛下に子供たちがさらわれて巨人に食べられてしまう夢を見せて、英国空軍の助けを得て、巨人たちを退治しようと考えます。

映画の背景

スティーヴン・スピルバーグ監督、メリッサ・マシスン脚本。二人は『E.T.』でも監督、脚本を担当しており、本作品には『E.T.』へのオマージュとも取れる場面が現れます。ソフィーとBFGが指を合わせる場面は、『E.T.』で、E.T.とエリオットが指を合わせる、映画史上でも大変有名な場面と重なります。本作品は、メリッサ・マシスンの遺作となりました。

巨人の大きな耳や手足を表現するための特撮技術の一つとして、モーションキャプチャが使用されています。現実の人物の動きをデジタルで記録する技術のことで、俳優は、体にマーカーを付けて演技します。

BFGは、『ブリッジ・オブ・スパイ』で第88回アカデミー助演男優賞を受賞し、舞台俳優としての評価も高い、マーク・ライランスが演じています。本作では、原作のロアルド・ダールの絵本で、クウェンティン・ブレイクが描いたイラストのBFGそのもののイメージを再現しています。

巨人を退治するのに英国空軍の力を借りる。児童文学に軍隊とは、いささか突拍子もない組み合わせのようにも思われますが、ロアルド・ダール自身が英国空軍のパイロットであったことを鑑みれば納得のいく展開です。

心優しい孤独な巨人と、孤児院で暮らす孤独な少女が、偶然に出会い、そして次第にお互いを信頼しあっていく。友愛を描いた、素敵なファンタジー映画です。

映画情報

製作費：1億4,000万ドル
製作年：2016年
製作国：米国、インド
配給会社：Walt Disney Studios Motion Pictures

撮影場所：ニューヨーク、スコットランド、ロンドン（バッキンガム宮殿）他
言語：英語
ジャンル：ファンタジー

144

The BFG

(執筆) 大庭　香江

発売元：ウォルト・ディズニー・ジャパン
DVD価格：1,429円
Blu-ray価格：3,800円
(2018年5月現在、本体価格)

映画の見所

「印象的なセリフ」の項で挙げた、BFGとソフィーが、巨人退治に向かう前に、丘の上に座り、夕日に照らされながら話す場面で、二人が手をつなぐのは、『E.T.』を共に手がけた、スティーヴン・スピルバーグ監督と、脚本家のメリッサ・マシソンならではの演出で、二人の心が通じたのを感じ、感動を生みます。

BFGがソフィーを夢の国に連れて行く場面は、赤、青、黄色、様々な色の夢が飛び交い、非常に幻想的に描かれています。

巨人の飲み物は、泡が上から下に流れる、重力に逆らった不思議な現象が起きます。しかし、そのために、炭酸飲料を飲んだら出るはずのげっぷが、下に下がって出てしまい…。少々品のない演出ではあるのですが、女王陛下の前で、みんながこれを飲んでおならをし、吹き飛ばんでしまう場面は、笑わずにはいられません。

印象的なセリフ

☆BFGはソフィーに、悲しいことや辛いことがあっても、思い出すのはきっと良いことだけだ、と話してくれます（下線は「巨人語」）：

Sophie　　：What is Sophie's dream?
The BFG　：Your golden phizzwizard*. I don't see much of them anymore.　*happy dream
Sophie　　：But what does it say?
The BFG　：It tells a story of a little gal. A little chiddler* with her whole life ahead of her. With a fambly of her own. Little chiddlers* of her own, too, someday. There will be great successfuls and funnies ahead for her, and... truth to tell, just a dribble of despair. Times'll be hard, times is be soft. Adventures will come and go. But in the end... She remembers the good deeds. Now, Sophie... I know that story be your heart's desire. I knows it. The dream, it came to you, didn't it? It be Sophie's dream.　*child(ren)

☆次に目覚めた時にはもう巨人の国にはいないけれど、Will you still hear me when I call for you?と不安がるソフィーにBFGはこう答えます。

The BFG　：Are you forgetting these?（theseと言ってBFGは自分の大きな耳を指す）

そして、二人は、BFGの大きな手の小指と、ソフィーの小さな手を合わせます。

Sophie　　：It be time, BFG.

公開情報

公開日：2016年7月 1日（米国）
　　　　2016年9月17日（日本）
上映時間：118分
年齢制限：G（日本）、PG（米国）
音　声：英語、日本語
字　幕：日本語、英語
受　賞：サターン賞（編集賞、プロダクション・デザイン賞）他

第7回映画英語アカデミー賞　候補映画

BFG: ビッグ・フレンドリー・ジャイアント

英語の特徴	作品の舞台は、巨人の国と、英国・ロンドン。原作者ロアルド・ダールは英国の作家で、この映画でも英国英語が使用され、物語は、ロアルド・ダールらしさを生かした、ブラック・ジョークとブラック・ユーモアに溢れています。主演の俳優も英国出身です。個々のセリフが独立しており、重なることはまれです。主人公および人間の登場人物の発音は明瞭で、語彙レベルは平易です。会話スピードは標準的でゆったりしている方で、特に、主人公ソフィーのセリフは比較的ゆっくりですし、女王陛下やバッキンガム宮殿の人々のセリフもゆっくりと、かつ落ち着いて話されますので、聞き取りやすいです。巨人の発音は独特ですが、聞き取れないほど標準的な英国英語の発音から外れているというわけではありません。しかし、文法違反については注意が必要です。巨人の話す英語は、人称や時制に関わらず、動詞がほぼすべて三人称単数現在形になっています。独特の英語になっていますが、結果、それはそれで一定の文法規則にのっとっていることと同じで、慣れればすぐに聞き取れるようになります。ジョークやスラングの登場頻度は多くありません。セリフの裏を読む必要はなく、文字通り解釈すれば分かります。ただし、専門用語はほとんど現れませんが、ごろ合わせの言葉遊びは多く、単純に辞書を調べても意味は見当たらないでしょう。

☆巨人語の間違い探しをしましょう☆
　BFGや巨人たちの話すセリフの英語には、動詞がほぼすべて、人称や時制に関わらず、三人称単数現在形が用いられています。過去形の文や現在進行形の文でも、動詞に‘s’が付く、といったことが起こります。

三人称単数現在形が用いられる	You is in a Giant Country now. Dreams is actually very mysterious things. Does you have...
過去形に‘s’が付く	I gots it.
進行形のはずの文に‘s’が付く	What I'm says...is

そこで、映画を視聴しながら巨人語の間違い探しをさせることで、be動詞の活用と三人称単数現在形を学習する教材とすることができます。
1. be動詞の活用を学ばせます。
2. 一般動詞は語末に‘s’を付けることを学ばせます。
3. 文字情報を与えるため、英語字幕を表示して映画を視聴し、巨人のセリフで、人称に関わらず三人称単数現在形を用いている部分で止めます。
4. セリフを文字で見せながら、動詞の誤りを見つけさせます。誤った用いられ方をしている動詞を見つけられたら、正しい形にさせましょう。

スタッフ		
製　　作：スティーヴン・スピルバーグ他	製作総指揮：キャスリーン・ケネディ他
監　　督：スティーヴン・スピルバーグ	撮　　影：ヤヌス・カミンスキー
脚　　本：メリッサ・マシスン	音　　楽：ジョン・ウィリアムズ
原　　作：ロアルド・ダール『オ・ヤサシ巨人BFG』	編　　集：マイケル・カーン

BFG: ビッグ・フレンドリー・ジャイアント

薦	●小学生　　○中学生　　○高校生　　○大学生　　●社会人	リスニング難易表	

		リスニング難易表	
お薦めの理由	平易な英語レベル、巨人が登場するという面白さ、夢という物語のテーマ、どれをとっても小学生には特にお薦めの作品です。原作は児童文学作家ロアルド・ダールの『オ・ヤサシ巨人BFG』。ダールの作品は、英語圏のみならず日本の子供にも大変人気があります。原作を読んでいる子供たちも映像化された作品に強い興味関心を抱くことでしょう。一方で、ダールは英国空軍のパイロットであった経歴の持ち主で、戦記物とも呼べる自伝的小説も手掛けており、児童文学作品にもそのかげが見え隠れします。児童文学という形を借りた、大人のための物語、と評されることもあるほど、ブラック・ユーモアや風刺に溢れているのです。そこで、この映画は、大人の学習者が教材として使用するのにも適していると考えられます。ごろ合わせのように単語をもじった造語が頻繁に現れますので、既に一定レベルの英語力のある学習者が、ダールの言葉遊びを探してみれば、楽しみながら自身の基礎的な語彙力を確かめることができます。作品の温かいメッセージは、子供も大人も、心を打つものになっています。	スピード	2
		明瞭さ	3
		米国訛	1
		米国外訛	5
		語　彙	2
		専門語	1
		ジョーク	5
		スラング	5
		文　法	3

発展学習	既に三人称単数現在形を習得している学習者の場合、最初は文字情報を与えず、音声のみで視聴させて、巨人語のおかしな点を指摘させると良いと思われます。 ☆主に前半を使用しての学習案： 　物語が始まってからしばらく聞いていると、主語がIやYouでも、動詞の語末に‘s’の音が付いているのが聞こえてくると思います。そして、巨人のセリフでは、主語の人称に関わらず、動詞がほぼすべて三人称単数現在形、または語末に‘s’が付いていることに気付くはずです。 　学習者がこの点に気付いたら、次に、英語字幕を表示して文字情報を与えます。セリフを文字でも見ながら、間違った巨人語のセリフを書き取らせます。書き取ったセリフの動詞をマークし、文法的に正しい英文に直します。 ☆主に後半を使用しての学習案： 　夢の湖に飛び込む場面の辺りからを使用します。BFGは過去形にも‘s’を付けてしまうことがあります。（例文は「学習ポイント」参照）このような例文を取り上げ、過去形には‘s’は付かないこと、また、応用、発展学習として、助動詞の後の動詞は原型となること、などを確認します。BFGのセリフの文法の間違いは、ソフィーに ‘you speak beautifully... simply beautifully.’ と言われてから、格段に良くなります。そこに気付くことができれば、聞き取りがさらに楽しくなるでしょう。

キャスト	BFG　　　　　：マーク・ライランス　　　　Mr.ティブズ　：レイフ・スポール ソフィー　　　：ルビー・バーンヒル　　　　マルノミ　　　：ジェマイン・クレメント 女王　　　　　：ペネロープ・ウィルトン　　チダラリン　　：ビル・ヘイダー メアリー　　　：レベッカ・ホール　　　　　ハグリン　　　：アダム・ゴドリー

美女と野獣

あらすじ	舞台はフランス。森の奥の城では、盛大な舞踏会が開かれていました。そこに現れたのが一人の魔女。見るからにみすぼらしいその魔女を、王子は冷たくあしらいます。魔女によって、美しい王子は、醜い心のままに、その姿を野獣に変えられてしまいました。家臣たちもまた、道具に姿を変えられてしまいます。呪いを解くには、魔法の薔薇の花びらが全て散ってしまう前に、王子が誰かを心から愛することを知り、そしてまた、誰かから愛されなければなりません。しかし、王子は愛する心を持たず、人に優しくする術を知らず、ましてや、恐ろしい野獣の姿になった今、誰が彼を愛するというのでしょうか。 　そんな野獣となった王子の城に、一人のオルゴール職人が迷い込みます。野獣の人質として捕らえられたその男、モーリスには、ベル（フランス語で「美しい」の意）という名の、読書が好きな、聡明で美しい娘がいました。ベルは父親の身代わりに、自分が野獣の城に留まることを決めます。野獣ははじめ、荒々しい態度でベルに接しますが、森で狼に襲われたベルを野獣が助けたのをきっかけに、二人は次第に心を開き、打ち解けあっていくのでした。 　その頃村では、娘のベルを野獣に捕らえられたと、父親が助けを求めていました。ベルに思いを寄せていた男、ガストンは、村人を先導し、野獣退治に向かいます。一方、魔法の鏡で父の姿を見て心配するベルを、野獣は村に戻し…。
映画の背景	☆原作について：『美女と野獣』は、フランスに伝わるお伽噺を、ガブリエル＝シュザンヌ・ド・ヴィルヌーヴ夫人が、1740年に発表したものです。ディズニーのアニメーション版の原作は、1756年に出版された、ジャンヌ＝マリー・ルプランス・ド・ボーモン夫人版とされています。ヴィルヌーヴ版では、お伽噺によく現れる「3」という数字を象徴するように、主人公のベルは、三姉妹の末っ子で、三人の兄達も登場します。ボーモン版でも、ベルを妬む二人の姉が登場します。ベルが父親にねだる薔薇の花は、ヴィルヌーヴ版、ボーモン版、ディズニー版、共通のモチーフです。 ☆ディズニーのアニメーション版について：ウォルト・ディズニーがこの世を去ってから、ディズニーの長編アニメーションは低迷期を迎えます。しかし、『リトル・マーメイド』(1989) 以降、1990年代のディズニーは、再び、ディズニー・ルネサンスと呼ばれる黄金期を迎え、『美女と野獣』(1991)、『アラジン』(1992)、『ライオン・キング』(1994)、『ポカホンタス』(1995)、『ノートルダムの鐘』(1996)、『ヘラクレス』(1997)、『ムーラン』(1998)、『ターザン』(1999)といった、珠玉の作品の数々が発表されました。『美女と野獣』は、アニメ映画史上初のアカデミー作品賞ノミネート作品であり、作曲賞と歌曲賞を受賞しました。脚本は、ディズニー初の女性脚本家、リンダ・ウールヴァートンです。
映画情報	製 作 費：1億6,000万ドル　　　　撮影場所：ロンドン他 製 作 年：2017年　　　　　　　　言　　語：英語 製 作 国：米国　　　　　　　　　　ジャンル：ファンタジー、ミュージカル 配給会社：Walt Disney Studios Motion Pictures　　使用楽曲：*Beauty and the Beast*

Beauty and the Beast

(執筆) 大庭　香江

映画の見所

ディズニーの長編アニメーション版『美女と野獣』は、ポスト・ディズニー時代：ウォルト・ディズニー自身が他界した後の時代の、黄金期を飾る、記念すべき代表作の一つです。本作品、実写版は、キャラクターデザインなどの、映像的・視覚的な面や、アラン・メンケンの同じ楽曲を使用している点など、限りなくアニメーション版に近づけてあります。そこに、魔法の本に手を当て、野獣とベルが、ベルの生まれた頃の、疫病の蔓延するパリの街を訪れ、ベルの母親の死の謎を解く、といった新しいエピソードが加わり、物語に奥行きを与えています。また、実写版ならではの、俳優の緻密な演技や表情により、登場人物の心理が深く掘り下げられています。モーションキャプチャを用いた、ファンタジーにふさわしい、幻想的な仕上がりとなり、アニメーション版のファンの期待を裏切らない作品となっています。

発売元：ウォルト・ディズニー・ジャパン
MovieNEX価格：4,000円
（2018年5月現在、本体価格）

印象的なセリフ

ベルと野獣は、シェイクスピアやアーサー王伝説といった、名高い文学作品についての共通の話題を通じて、次第に親しく打ち解けていきます。

Ⅰ．図書館で。野獣は、気を許したのか、ベルに冗談を言い、ベルは驚きます。

Belle：Have you really read every one of these books?
Beast：No, not all of them. Some of them are in Greek.
Belle：Was that a joke? Are you making jokes now?
Beast：Maybe.

Ⅱ．英国を代表する劇作家・詩人シェイクスピアの『真夏の夜の夢』にふれて。
　　恋は目でなく、心で。

Belle：[reciting lines from *A Midsummer Night's Dream*" as the Beast rests] "Love can transpose to form and dignity. Love looks not with the eyes, but with the mind…"
Beast：[recites the rest of the line with her] "… and therefore is winged Cupid painted blind."
Belle：[surprised] You know Shakespeare?
Beast：[rolls over] I had an expensive education.
Belle：Actually, *Romeo and Juliet*'s my favorite play.
Beast：[groans exasperatedly] Ugh, why is that not a surprise?
Belle：[taken aback] I'm sorry?

公開情報

公　開　日：2017年3月17日（米国）
　　　　　　2017年4月21日（日本）
上映時間：130分
年齢制限：G（日本）、PG（米国）
音　　声：英語
字　　幕：日本語
ノミネート：第90回アカデミー衣裳デザイン賞・美術賞

第7回映画英語アカデミー賞　候補映画

美女と野獣

英語の特徴	セリフの一つ一つは長すぎず、全体のセリフ量も、丁度良いです。特に主人公のベルと野獣の話すスピードは標準的です。発音も明瞭で、聞き取りやすいです。製作は米国、作品の舞台はフランスですが、英国出身の俳優が中心で、英国英語の発音と言えます。しかし、英国英語独特の癖はそれほどありませんので、米国英語を聞きなれている学習者にも、特に違和感を感じることなく、難なく聞き取れると思われます。語彙には難解なものはなく、専門用語も特にありません。しいて言えば、お伽噺やファンタジーにしばしば現れる語彙が多い、ということはありますので、その類の作品に慣れ親しんでいる学習者にはより理解し易いでしょう。文法違反もありませんので、スタンダードな文法知識があれば容易に理解出来ます。ジョークやスラングの登場頻度は高くありませんが、野獣の家臣たちを中心に、ウィットに富んだ、ジョークを交えた会話が繰り広げられます。群衆が野獣を襲う場面はありますが、特にネガティブな語彙や表現は用いられませんので、小さな子供から大人まで、安心して鑑賞し、学習教材とすることが出来ます。王子であった野獣の宮廷が、作品の舞台の中心となり、登場人物が宮廷の人々であることに加え、主人公のベルも、知的で聡明な女性として描かれますので、自ずから、言葉遣い、すなわちセリフやそこで用いられる語彙は、上品で洗練されたものが選ばれており、エレガントです。
学習ポイント	☆本作品を象徴する花、薔薇。 薔薇のイラストを用いて、様々なアクティビティが考案できます。 〈アルファベットや単語を学習する案の実践例〉 ① 薔薇の花びら一枚に一文字または一語、アルファベットや、単語を記入しておきます。学習者のレベルに合わせ、アルファベットの大文字・小文字や、数字を記入したり、あえて難易度の高い語を記入します。 ② 教師が、アルファベットや単語を読み上げ、学習者は、聞き取った文字や単語を、丸で囲みます。低学年では、花びらに色を塗っていくと楽しいでしょう。 ③ 全ての花びらのアルファベットや単語を丸で囲む、あるいは、全ての花びらの色が塗れたら、作業は完成です。 ④ 作業は、映画を見る前、見た後、どちらで行うのも良いと思います。見る前なら、花びらに登場人物の名前を記入し、予習に使用するのも良いでしょう。 ⑤ 学習者のレベルに合わせ、教師が単語を読み上げるのではなく、映画を見ながら、その語が聞き取れたら丸で囲む、など、アレンジします。 ⑥ ワークシートに、蕾のイラストも添え、そこに出席番号や氏名を記入させたりと、アレンジできます。 「発展学習」では、薔薇の花びらに記入する具体的な単語をご提案します。
スタッフ	製　　作：デビッド・ホバーマン他　　　製作総指揮：ジェフリー・シルバー他 監　　督：ビル・コンドン　　　　　　撮　　影：トビアス・シュリッスラー 脚　　本：ステファン・チボスキー他　音　　楽：アラン・メンケン 原　　作：ジャンヌ＝マリー・ルプランス・ド・ボーモン　編　　集：バージニア・カッツ

150

美女と野獣

薦	●小学生　●中学生　●高校生　●大学生　●社会人	リスニング難易表	
お薦めの理由	ウォルト・ディズニーの長編アニメーション映画作品の中でも、もはや古典的代表作となった『美女と野獣』。その実写版である本作品は、『美女と野獣』のファン必見の作品です。『シンデレラ』実写版では、アニメーション版からの改変が多く見て取れましたが、本作『美女と野獣』では、ストーリーやキャラクターデザイン、そして音楽、ほぼ全てが、アニメーション版を踏襲しています。加えて、新しいエピソードや曲が加わり、更に魅力を増しています。 　英語のレベルは平易ですが、形容詞や副詞にはレベルの高いものも含まれているので、上級の学習者でも得るところは大きいと思われます。 　また、初級者には、その映像の美しさや、ミュージカル作品としての完成度の高さから、楽しんで学習できる、映画英語学習の導入教材としても適しています。 　英語の難易度は初〜中級向きですが、あらゆるレベルの学習者の期待に応えることのできる作品と言えます。	スピード	3
		明瞭さ	1
		米国訛	1
		米国外訛	4
		語　　彙	3
		専門語	2
		ジョーク	2
		スラング	2
		文　　法	3
発展学習	本作品の特色の一つが、映像の美しさです。そこで、色彩を重視したアクティビティで、初級の学習者が色の名前を覚えるのに適しています。 〈色を学習する案の参考例〉 花びら一枚一枚に、色の名前（名称）を書く。教師が色を読み上げ、学習者は色鉛筆で該当する色の名前が書かれた花びらを塗る。色は、一般的な色鉛筆に揃えられている12色から選ぶとよい。カラフルなバラの花が誕生する。 薔薇の色：red、ベルのドレスの色：yellow、筆箱の色：green、空の色／野獣のコートの色：blue、雪の色：white；その他、狼の色：silver、コグズワース（時計）の色：gold、等 「学習ポイント」⑤のように映画を見ながら取り組むのであれば、本作の理解を深めるために必要なキーワードに注目させることもできます。 〈作品理解のためのキーワードの例〉 名詞：north, south, east, west, sun, moon, prince, princess, servant, wolf(wolves), castle, mirror, magic, curse, lightning, candle, petal, tale, rhyme		
キャスト	ベル　　　：エマ・ワトソン　　　　モーリス　　：ケヴィン・クライン 野獣　　　：ダン・スティーヴンス　ルミエール　：ユアン・マクレガー ガストン　：ルーク・エヴァンス　　コグズワース：イアン・マッケラン ル・フウ　：ジョシュ・ギャッド　　ポット夫人　：エマ・トンプソン		

第7回映画英語アカデミー賞　候補映画

ブリジット・ジョーンズの日記 ダメな私の最後のモテ期

あらすじ

　43回目の誕生日を迎えた Bridget はプチケーキにロウソクを立て、パジャマ姿で "All By Myself" を一人歌い上げます。「ブリジット・ジョーンズ」シリーズのファンにはお馴染みの場面ですが、Bridget 本人は昔のままではありません。彼女の身辺には大きな変化があったのです。前作で Bridget にプロポーズしたはずの Mark は別の女性と結婚してしまいました。仕事人間の彼と Bridget の間には修復できない溝が拡がり二人は破局していたのです。またかつて Bridget を巡って Mark と競い合ったプレイボーイの Daniel は飛行機事故で亡くなってしまいました。

　心おだやかではない Bridget にまた別の問題が降りかかります。彼女がプロデューサーを務めるテレビ局にも改革の波が押し寄せ、最も耳にしたくない言葉「若さ」を売りにした新しい女性の上司が送り込まれてきました。決まり切った日常の中で積み重なっていくばかりの年齢に焦る Bridget は、同僚の Miranda に誘われて訪れた野外フェスで米国人の Jack と知り合い、勢いに任せて一夜を共にします。その数日後には友人の子供の洗礼式で Mark と再会を果たすのですが、彼は妻と離婚の協議中で、Bridget を忘れることができないと告白しました。昔の愛情が甦った二人はそのまま朝を迎えます。日を置かず二人の男性と関係を持った Bridget ですが、数週間後に自分が妊娠していることに気がつきます。陽気で前向きな Jack と誠実だが不器用な Mark。どちらがお腹の子供の父親なのでしょうか。

映画の背景

　『ブリジット・ジョーンズの日記』(2001)、『ブリジット・ジョーンズの日記 きれそうなわたしの12か月』(2004) に続くシリーズ3作目です。Bridget Jones を演じる Renée Zellweger は米国テキサスの出身です。テキサスといえばかなり癖の強い米国英語を話す地域ですが、彼女は第1作の撮影に臨んで猛特訓をし、完璧な英国英語を身につけました。Daniel 役の Hugh Grant は、撮影が終わるまで彼女が米国出身だとは気がつかなかったと言っています。

　Mark を演じるのは英国ハンプシャー州出身の Colin Firth です。「ブリジット」シリーズの原作者 Helen Fielding は、彼が演じた BBC ドラマ『高慢と偏見』(1995) の Mr. Darcy からヒントを得て Mark というキャラクターを創り出しました。確かにぶっきらぼうでも実は優しく信頼の置ける Mark は、Mr. Darcy そのままです。他にも『ラブ・アクチュアリー』(2003)、『マンマ・ミーア』(2008) など多くの作品に出演し、2010年には『英国王のスピーチ』でアカデミー主演男優賞を受賞しました。最近では『キングスマン』シリーズでアクションにも挑戦しています。

　Jack を演じた Patrick Dempsey は米国出身で『フリーダム・ライターズ』(2007) や『レッド・ノーズ・デイ・アクチュアリー』(2017) にも出演しました。最近はモータースポーツにも力を入れています。また Bridget に「スタバの店員」と間違えられた男性は英国歌手の Ed Sheeran 本人で、野外フェスで歌声を披露してくれます。

映画情報

製 作 費：3,500万ドル	撮影場所：セント・ローレンス教会（英国）
製 作 年：2016年	グリニッチ公園（英国）他
製 作 国：英国、米国、フランス	言　　語：英語、イタリア語
配給会社：Miramax（米国）、東宝東和（日本）	ジャンル：コメディ、ロマンス

152

Bridget Jones's Baby

(執筆) 三井　敏朗

映画の見所

かつて適齢期を迎えて独身のままの自分に焦りと疎外感を感じていたBridgetですが、本作では未婚のシングルマザーとなってしまいます。彼女は周囲の偏見に悩まされつつも、授かった新しい生命を大切に育もうとします。

最近の米国アカデミー賞を見ると、2017年の『ムーンライト』や2018年の『君の名前で僕を呼んで』『シェイプ・オブ・ウォーター』など、多様な価値観や生き方を描いた作品が大きく評価されています。同性愛、身体的ハンディキャップ、人種の違いなどで異端のレッテルを貼られ、生きづらさを感じていた人々を社会が受け入れようとし始めたのです。映画界の変化はこの動きを敏感に反映したものなのでしょう。本作でも周囲の白い眼をはね返し、自分の生き方を貫いていくBridgetの姿は彼女を取り囲む人々の思いを変えていきます。

発売元：
NBCユニバーサル・エンターテイメント
DVD価格：1,429円
Blu-ray価格：1,886円
（2018年5月現在、本体価格）

印象的なセリフ

まずは初対面同士のJackとMarkの両者を前に、Bridgetが二人のうちのどちらがお腹の子供の父親かわからないと告白するセリフです。

Bridget：And this is the funny part, I suppose. Owing to these relations, uh, the resulting life form currently residing in my tummy could actually, in fact, be either of yours. 〔1:09〕

笑い話のように気軽な雰囲気を出そうとはしていますが、かなり気まずい場面です。一気に吐き出した後の放心した表情に味があります。男たちの反応にも注目。

時にほんのちょっとした一言がその人物の性格や人となりを表すこともあります。Bridgetは"What if it's not yours?"（あなたの子供じゃなかったら？）とJackとMarkの両者に問いかけました。以下はそれぞれの返答です。

Jack　　：Well, I mean, it would certainly change things. 〔1:23〕
Mark　　：Then, I'll love him anyway. Just as I love you. 〔1:46〕

もう一つ、映画のラストを飾るモノローグです。本シリーズのお約束通り、Bridgetは日々の出来事や心に秘めた思いを日記に打ち明けます。

Bridget：Dear Diary, and so, I, Bridget Jones, am a singleton no more. Married? Yes. Smug? Well, it's about time, so maybe just a little. 〔1:55〕

どうやら最後の最後にBridgetにもハッピーエンドが訪れたようです。

公開情報

公 開 日：2016年 9月16日（米国、英国）
　　　　　2016年10月29日（日本）
上映時間：123分
年齢制限：G（日本）、R（米国）
興行収入：2億1,195万2,420ドル（世界）
　　　　　4億6,900万円（日本）
受　　賞：ロンドン・イブニング・スタンダード英国映画賞2016コメディ賞

第7回映画英語アカデミー賞　候補映画

ブリジット・ジョーンズの日記 ダメな私の最後のモテ期

英語の特徴

　主に英国英語が使われています。会話は全体に聞き取りやすいと思いますが、英国風の発音や表現に慣れていない人には新鮮に感じるでしょう。誕生日の朝に電話をかけてきた Mum が Bridget に言う "Just ringing to wish you a happy birthday."（電話をかける）〔0:03〕や Dr. Rawlings が口にする "I'm not sure how much there is to gain from you two being at the coalface, ..."（差し迫った現場で）〔1:44〕などは英国独自の表現です。また米国人の Jack は両親学級を "prenatal class" と呼びますが、英国では "antenatal class" の方が一般的です。彼が Mark に言う "You need to chill out."（冷静になる、頭を冷やす）〔1:18〕も米国的な表現です。些細な点ですが、英国英語を話すネイティブ・スピーカーにとっては「いかにも米国人」と感じさせるところではないでしょうか。

　語彙だけに限らず、本作で描かれる英国人と米国人の気質の違いに注目してほしいと思います。裁判の弁護で "But this is the land of Shakespeare, Orwell, Lawrence."〔0:53〕と堅苦しい英国文豪の名前を引き合いに出したり、自ら "I find emotional declarations difficult."（感情表現が苦手）〔1:37〕と認める Mark は、不器用だが誠実という英国人の美質を備えていますが、"What's up? Come on, buddy."〔1:19〕と親しげに呼びかけてくる Jack のような米国人タイプは苦手なようです。Mark は苦々しげに "I'm really not your buddy." と言い返します。

学習ポイント

　ここでは変わりゆく英国社会を示す場面をあげてみます。
Bridget は Jack と Mark を伴い prenatal class（両親学級）を訪れますが、講師は彼女に向かって迷いなく "You must be the surrogate?"〔1:14〕と声をかけます。男性が二人に女性が一人というグループを見て、子供を望むゲイのカップルが代理母を頼んだのだと理解したのです。確かに現代では、どちらが本当の父親かわからないので二人とも付いて来た、というよりは自然なのかもしれません。

　"FOR FAMILY VALUES!"〔1:12〕をスローガンに選挙に出馬した Mum は、未婚のままお腹の大きくなった娘の姿にショックを受け、後援者たちの目から隠そうとします。Mum が掲げた "FAMILY VALUES" とは、父と母と子供で作り上げる、昔ながらの家族の形を美徳とするものに他なりません。傷ついた娘の姿を見て Mum はスローガンを次のように変更します。

SUPPORTS SINGLE MOTHERS, MINORITIES, THE MAJORITY OF HOMOSEXUALS AND ITALIANS.〔1:28〕

ずいぶんと並べ立てましたが、これらは様々な立場の人々の多様な価値観を漏らさず盛り込んだものです。頑固で保守的なイメージの英国ですが、この場面は異質相手であっても互いに受け入れようとする現代社会の姿をはっきりと示しています。最後の "ITALIANS"（イタリア人）はややブラックなジョークです。

スタッフ

製　作	：ティム・ビーヴァン他	製作総指揮	：アメリア・グレインジャー他
監　督	：シャロン・マグアイア	撮　影	：アンドリュー・ダン
脚　本	：ヘレン・フィールディング他	音　楽	：クレイグ・アームストロング
原　作	：ヘレン・フィールディング	編　集	：メラニー・アン・オリヴァー

薦	○小学生　　○中学生　　●高校生　　●大学生　　●社会人	リスニング難易表	
お薦めの理由	第1作・第2作では適齢期を迎えてなお独身で、仕事と恋愛にはさまれ奮闘する Bridget の姿が多くの女性の共感を呼びました。本作ではさらに「若さ」が新たな強敵として彼女の前に立ちふさがります。未婚で、子供を持つにもギリギリの年齢にさしかかり、また職場では自分よりはるかに若い女の上司が番組の「若返り」をうたって Bridget たちベテラン勢にリストラを迫ります。悪気のない友人たちもわざわざケーキに43本のローソクを立てて誕生日を祝ったり、"You didn't freeze your eggs by any chance, did you?"（卵子を冷凍保存してないの？）〔0:11〕などと問いかけて彼女の気持ちを逆なでします。Bridget は "No, I imagine they're hard-boiled by now."（もう固ゆでよ）とジョークで返答しますが、内心は穏やかではありません。 　かつて当然のものであった若さが徐々に失われる不安、後の世代に追い越され、世の中においていかれてしまう焦り。それらはまた誰もが経験することです。本作品でもまた様々な年齢や立場の人たちの共感を呼ぶことでしょう。	スピード	3
		明瞭さ	3
		米国訛	1
		米国外訛	5
		語彙	3
		専門語	4
		ジョーク	4
		スラング	3
		文法	2

発展学習	ここでは英国独自の文化を伝えるセリフをあげてみます。 (1)　Jude　　：Giles asked Mark to be the godfather.〔0:26〕 (2)　Bridget：I'm now the Mary Magdalene of Middle England.〔1:13〕 (3)　Miranda：Like Sodom and Gomorrah, with tofu.〔0:17〕 これらはキリスト教文化を背景にした言葉です。かつてカトリックとプロテスタントとの紛争で国中が荒れた時代ほどのこだわりはなくなりましたが、それでも宗教は日々の生活に深く根付いているのです。(1) の"godfather"は男性の「名付け親、代父母」で、女性は"godmother"と呼ばれます。友人の子供の洗礼式に立ち会う重要な役割です。(2) の"Mary Magdalene"はキリスト教の聖人の一人で、「罪深い女」のイメージで言及されています。(3) は野外フェスについての Miranda の感想です。"Sodom and Gomorrah"は「悪徳」の罪で神に滅ぼされた都市の名前で、旧約聖書に登場します。ちなみに最後の"tofu"とは健康的な自然食として有名な「豆腐」のことです。環境、自然な生き方を意識した人々の象徴として使われています。 　また女上司の Alice が口にする"NutriBullet"は強力なジューサーで、英国では家電の定番です。"Bargain Hunt" と "The X Factor"はともに人気のあるテレビ番組です。前者は骨董品の鑑定番組。後者はオーディション番組で日本でも有名なポップグループ One Direction のデビューのきっかけになりました。

キャスト	ブリジット・ジョーンズ：レニー・ゼルウィガー　　コリン・ジョーンズ：ジム・ブロードベント マーク・ダーシー　　　：コリン・ファース　　　　パメラ・ジョーンズ：ジェマ・ジョーンズ ジャック・クウォント　：パトリック・デンプシー　アリス　　　　　　：ケイト・オフリン ドクター・ローリングス：エマ・トンプソン　　　　ジュード　　　　　：シャーリー・ヘンダーソン

第7回映画英語アカデミー賞　候補映画

ベストセラー 編集者パーキンズに捧ぐ

あらすじ

　マックス・パーキンズ（以下マックス）は、雑誌の編集者です。ある日、彼のもとに、無名の作家が原稿を売り込みに来ます。作家の名前はトマス・ウルフ（以下トム）。マックスは彼の才能を見いだし、編集に取りかかります。トムは、溢れ出る感情をそのまま原稿にしますが、マックスは、それを容赦なく削除します。しかし、マックスの編集を経て上梓されたトムの著作は、たちまちベストセラーとなります。以来、トムは、次々と原稿を持ち込み、マックスに創作のアイデアを語ります。マックスはトムに対して、きっぱりとした態度で、トムの文章の善し悪しを告げます。時には口論となりますが、二人の友情は深まっていきます。

　一方、トムにはアリーンという愛人がいます。アリーンは既婚者ですが、トムに惚れ込み、関係を続ける女性です。トムが作家として注目を浴び、創作に没頭していく中、彼女は、トムとマックスとの友情に嫉妬していきます。嫉妬の情に駆られたアリーンは、自殺未遂を演じる程になります。同様に、マックスも編集に追われる中で、家族を顧みなくなり、寂しい思いをさせてしまいます。

　トムとマックスは友情を深めますが、同時に口論も激しくなります。トムは作品を出すと、あちこちに旅をします。しかし、あるとき旅先で倒れてしまいます。結核で、結核菌が脳まで脅かしているのでした。死期を悟ったトムは、病床でマックス宛に手紙を書きます。トムが息を引き取った後、マックスの元に手紙が届きます。

映画の背景

　この映画は、ピューリッツァー賞を受賞した作家A・スコット・バーグ原作の『名編集者パーキンズ』（1978）を映画化したもので、実在した編集者マックスウェル・エバーツ・パーキンズ（以下マックス）とベストセラー作家トマス・ウルフの話です。舞台は1920年代末〜1930年代の米国、激動の時代でもありました。第一次世界大戦後、経済成長を遂げたのが1920年代初期。女性参政権も成立しました。映画産業が発展し、チャールズ・チャップリンが活躍したのもこの頃です。人々の価値観が多様化を見せ始めた頃でしょう。

　トムがマックスの元を訪れ、最初のベストセラー『天使よ故郷を見よ』を出版したのが1929年。この年、世界恐慌が起こります。これまでの華やかな発展とは打って変わって、デフレーションが起こり、失業率も上がります。トムはこの処女作から一躍有名となり、次々とベストセラーを生み出しますが、激しい時代の移り変わりの中で、創作を続けることとなります。

　映画の舞台は主に米国南部で、この地域は、著名な作家を多数生み出しました。マックスは、トムだけでなく、F・スコット・フィッツジェラルドや、ヘミングウェイ、ウィリアム・フォークナーの作品の編集も手がけ、彼らの著作もベストセラーへと導きました。彼らはトムの同時代人として、映画でも登場しています。作家たちを取り巻く環境や私生活も同時に描かれています。

映画情報

製 作 年：2016年　　　　　　　　撮影場所：英国、チェコ共和国
製 作 国：英国、米国　　　　　　　言　　語：英語
製作会社：Desert Wolf Productions他　　ジャンル：ドラマ、伝記
配給会社：KADOKAWA・ロングライド（日本）　使用楽曲：*Flow Gently Sweet Afton*

Genius

（執筆）山本　幹樹

発売元:KADOKAWA
DVD価格:3,800円
Blu-ray価格：4,700円
（2018年5月現在、本体価格）

映画の見所

　トムがマックスと口論になりながらも、最終的には彼を信頼して編集を任せるところがまず見所だと思います。また、トムの愛人アリーンは、トムとマックスの関係に嫉妬を覚え、時には身体を張って、トムの意識を自分へ向けようとします。しかし、トムが作家として大成するためには何が必要かを見極め、距離を置こうとする姿勢が見られるところ、もっと強く言えば、突き放す場面も注目すべきところでしょう。

　トムとマックスはいつも親しげかと言うとそうではなく、時には相手を傷つける程の言葉を放つこともあります。トムは溢れ出る才能を作品にすることに、マックスはトムの作品を世に出すためにと、それぞれの想いは深く、それ故にぶつかってしまいます。その結果マックスを傷つけたことを十分気付いているトムが、素直に感謝の気持ちを表すところも見届けてください。

印象的なセリフ

　トムの原稿の編集をようやく終えてほっとしているマックスに、トムがもう一節付け加えたい、と申し出ます。トムの性格を知るマックスは、「一節で済むはずがない」と断ろうとしますが、トムが持ち込んだ追加の原稿は、マックスを讃える献辞でした。

Thomas:　(1)　Shall I read it to you? It goes at the very front.
　　　　　(2)　"This book is dedicated to Maxwell Evarts Perkins.
　　　　　　　A brave and honest man who stuck to the writer of this book through times of bitter hopelessness.
　　　　　　　The author hopes this book will prove worthy of him."

トム：　(1)　聞いてくれ。本の献辞だよ。
　　　　(2)　「この本をマックスウェル・エバーツ・パーキンズに。
　　　　　　勇気と誠実さに満ちた彼は、ひどく絶望に苦しむ著者を何度も励ましてくれた。
　　　　　　その彼に値する作品であることを著者は願う」（字幕引用）

マックスはトムの献辞をじっと聞きます。マックスは、献辞を付け加えることに初めは難色を示しますが、結果的には、トムの望む通りとなります。

公開情報

公　開　日：2016年 6月10日（米国）
　　　　　　2016年10月 7日（日本）
上映時間：104分
年齢制限：G（日本）、PG-13（米国）
音　　声：英語
字　　幕：日本語
受　　賞：(独)ゴールデンカメラ賞最優秀国際女優賞（ニコール・キッドマン）

ベストセラー 編集者パーキンズに捧ぐ

英語の特徴

登場する人々には米国南部の訛り（アクセント）が見られます。南部のアクセントには、特に母音の発音において、三つの特徴があります。一つは、二重母音について。例えば、"time"の母音が[ái]ではなく、[á] のみ発音されます。ですので、「ターム」のように聞こえるかもしれません。二つ目は、一音節の語が、二音節で発音される場合があります。例えば、"man"の"a"の音が長くなるため「マアーン」と聞こえます。三つ目は、"pin"と"pen"の発音が同じになることです。そのため"bitter"と"better"が同じに聞こえることもあります。トムの発話には、そのような特徴が見られます。ただ、南部の特徴として、スピードは速くありません。

トム、アリーン、マックスそれぞれに特有の話し方があり、一文一文がやや長めのところもあります。キャストのジュード・ロウやコリン・ファースは英国人ですが、作品中では、米国南部のアクセントで会話しており、冠詞、接続詞、前置詞、代名詞などは不明瞭で、文全体がかなり聞こえづらく感じるかもしれません。難解ではありますが、特徴に慣れたら、彼らの会話そのものを楽しめるのではないでしょうか。トムの使用する言葉は詩的です。文学作品からの引用やもじりも多く聞かれます。文学作品のどの部分に一致するのか、照らし合わせてみるのも楽しいかもしれません。マックスとトムまたはアリーンとトムとの間で口論がおきますが、スラングや四文字言葉、暴力的な言葉はあまり使われていません。

学習ポイント

「印象的なセリフ」で紹介したトムのセリフの一行目（1）と、字幕を見比べてみましょう。"Shall I…?"は話し手の意志を示す、丁寧な表現です。直訳すると「私が読みましょうか」となりますが、トムは大きな声で、マックスを遮るように言っています。つまり、どうしても相手に聞いてほしい。字幕はその気持ちを表すために「聞いてくれ」という訳になっていると思われます。

次に（2）について。受け身の形である「～される」という表現は、「be動詞＋過去分詞」で表されますね。（2）の下線の箇所がそうです。"dedicate"は「捧げる」という意味で、直訳すれば「この本は、マックスウェル・エバーツ・パーキンズに捧げられる」となります。日本語では通常、「この本を○○に捧げる（捧ぐ）」と書きますが、英語では受動態で書かれます。"be dedicated to"という表現は、単語は難しいですが、決まり文句ですので、知っておいても全く損ではないでしょう。本を出版する際、著者の大切な人に向けて出されることが多く、このフレーズはよく登場します。あなたがもし本を書くとしたら、誰に捧げたいですか。それを考えながら、アレンジしてみましょう。

また、このシーンは、トムが単にもう一節付け加えたいと言うだけでなく、編集者マックスに対して感謝の気持ちを伝えるシーンでもあり、映画の中でも重要な場面であると思います。この表現方法を何かとっておきの場面に使いましょう。

スタッフ

製　　作：ジェームズ・ビアマン他	製作総指揮：ジェームズ・J・バッグリー他
監　　督：マイケル・グランデージ	撮　　影　：ベン・デイヴィス
脚　　本：ジョン・ローガン	音　　楽　：アダム・コーク
原　　作：A・スコット・バーグ	編　　集　：クリス・ディケンズ

薦	○小学生　　○中学生　　○高校生　　●大学生　　●社会人	リスニング難易表	
お薦めの理由	トムとマックスが育む友情に、友情のあり方を考えさせられるかもしれません。トムもマックスも時折激怒しながら口論する程ですが、どちらもトムの作品が成功することを望んでのこと。そのため意思の衝突が起こります。 　また、この作品を見ると、きっと、トムが実際に出した作品を読んでみたくなるのではと思います。映画の中で登場する実在の『天使よ故郷を見よ』や『汝再び故郷に帰れず』などのタイトルを見るだけでも、作家のオリジナリティを感じられませんか。『天使よ故郷を見よ』は2017年に再度、日本語訳が出ています。長編ですが、映画の中での、トムの執筆作業と、マックスの膨大な編集作業を見ると、最後まで読んでみようと思えるかもしれません。さらに、この時代の米国にどんなことが起こっていたか、知りたくなると思いますし、トムと同時代の作家、F・スコット・フィッツジェラルドやヘミングウェイ達の作品にも触れたくなるかもしれません。つまり、文学作品の案内役を務めてくれる映画にもなっていると思います。	スピード	3
		明瞭さ	2
		米国訛	3
		米国外訛	2
		語彙	3
		専門語	3
		ジョーク	3
		スラング	3
		文法	3

発展学習	感謝の気持ちを表す際、どんな言葉や方法が思い浮かびますか。お礼の仕方には、実は様々な表現方法があります。直ぐに思い浮かぶのは"thank"（感謝する）ではないでしょうか。しかし、この語よりも強く気持ちのこもった言葉がたくさんあります。「感謝する」という意味の英語を辞書で引いてみましょう。"appreciate"、"gratitude"、"be grateful"などが出てくると思います。人に助けてもらったり、力を貸してもらったとき、例えば本の執筆など、自分が何か大変なことを成し遂げるために協力を得たとき、上記の英語を使って、感謝の気持ちを表すことがあります。これを謝辞と言います。 　「印象的なセリフ」で紹介したトムの献辞も、感謝の気持ちを表す一つの方法です。大抵の著作物には、ページの最初に、謝辞、献辞、あるいはごく短く"For ...."というように、著作者の大切な人に充てた記述があります。本を手に取る際、謝辞や献辞にも注目してみてください。作家によって謝意の表し方は様々で、そのバリエーションに気付くことができるでしょう。しかも、言葉を巧みに操ることのできる人たちですから、読めば短い文の中に込められた意味をじっくり味わうことができると思います。例えば、トムの献辞の三行目の「絶望」を表す"bitter hopelessness"や、最後の行"The author hopes this book will prove worthy of him."は独特で味わい深いものです。

キャスト	マックス・パーキンズ　　：コリン・ファース トマス・ウルフ　　　　　：ジュード・ロウ アリーン・バーンスタイン：ニコール・キッドマン ルイーズ・パーキンズ　　：ローラ・リニー	F・スコット・フィッツジェラルド：ガイ・ピアース アーネスト・ヘミングウェイ：ドミニク・ウェスト ゼルダ・フィッツジェラルド：バネッサ・カービー ジュリア・ウルフ　　　　　：ジリアン・ハンナ

第7回映画英語アカデミー賞　候補映画

マリアンヌ

あらすじ

　第二次世界大戦中、空軍中佐のマックスはある任務を遂行するためにフランス領モロッコの砂漠に降り立ちました。案内人に送られ町へたどり着くと、そこで共に任務を遂行するマリアンヌと名乗る女性と出会いました。周囲の人間に怪しまれないために、二人は仲の良い夫婦の振りをして過ごしました。最初は仲の良い振りだけでしたが、任務を実行に移すまでに二人は次第にお互いの心の距離を縮めていきました。そして、ドイツ人大使殺害という危険な任務を無事に成功させました。その後二人は英国へ逃亡し、本物の夫婦となりました。そして空襲の最中マリアンヌが娘のアナを出産し、家族三人で幸せな生活を送っていました。ところがある日、マックスの妻が実はマリアンヌになりすましたドイツのスパイであるという疑いがかかりました。軍はマックスの妻がスパイかどうかを確認するために彼女に偽の情報を掴ませ、72時間泳がせ、その情報がドイツに流れるかどうかで彼女の正体を見極めるとマックスに告げました。もし妻がスパイであれば、マックス自らが処刑するようにと命じられました。マックスは渋々ながらもその提案を受け入れたように見せかけ、実際は妻の疑いを晴らすため独自に調査を行いました。その結果、本物のマリアンヌが、かつてピアノを演奏していたというエピソードを掴みました。そこでマックスは妻にピアノを弾くように頼みました。はたして、マックスの妻は本物のマリアンヌなのでしょうか。

映画の背景

　映画の歴史的背景は第二次世界大戦中の時代で、物語が進むと舞台がモロッコから英国に移ります。文化的背景はモロッコや、当時モロッコを統治していたフランス、その他にドイツ、英国、カナダなどの文化が関係してきます。したがって、作品中に英語、ドイツ語、アラビア語、フランス語が使われています。映画にはマックスがマリアンヌからフランス語の発音指導を受けるシーンがありますが、そのシーンはとても自然で、もしかしたら撮影以外の時に、フランス出身のマリオン・コティヤールが実際にブラッド・ピットに発音指導をしたことがあるのではないかと思わせるほどです。映画の事前知識として、軍事用語（例: German tank captain: ドイツの戦車長, Stens = Sten gun: ステンガン（英国の機関銃））を調べておくと良いでしょう。また、外交に関する用語（例: embassy: 大使館）も調べておくと作品に対する理解がより深まるでしょう。ストーリーの基本構造は、初対面の男女の諜報員が重要な任務を遂行するために夫婦役を演じ、その後、本当の夫婦となるが妻にスパイ容疑がかけられ、夫が独自調査を開始して妻にかけられた容疑を晴らすことを試みるというものです。作中の衣装は、『カサブランカ』（*Casablanca*, 1942）や『情熱の航路』（*Now, Voyager*, 1942）という過去の名作から着想を得ているので、注目して見てみると良いでしょう。

映画情報

製 作 費：8,500万ドル
製 作 年：2016年
製 作 国：英国、米国
配給会社：東和ピクチャーズ（日本）

撮影場所：英国、スペイン
言　　語：英語、フランス語、ドイツ語他
ジャンル：アクション、ドラマ、ロマンス、スリラー、戦争

マリアンヌ

Allied

(執筆) 岡島　勇太

発売元：
NBCユニバーサル・エンターテイメント
DVD価格：1,429円
Blu-ray価格：1,886円
(2018年5月現在、本体価格)

映画の見所

　この映画の重要場面のうちの一つは、二人が最初に会った日の車中で会話をするシーンです。マックスはマリアンヌからできるだけ情報を引き出そうとします。このことから、彼が情報を重視しているとわかります。一方、マリアンヌはあまり情報を出さず、感情の方を重視しているとわかります。二人が重視しているものの違いがわかるシーンです。

　次の重要なシーンは、任務の日の朝に二人で日の出を見に行くシーンです。その時の会話で、マックスは戦争が終わったらカナダの Medicine Hat で暮らす未来を語ります。一方、マリアンヌは戦争が終わった後の自分の未来が描けていません。そんな彼女をマックスは自分の心の拠り所となっている場所へ連れて行く決心をしたシーンです。これらのシーンを踏まえると、その後の展開を感情移入して鑑賞することができるでしょう。

印象的なセリフ

Marianne：A husband would offer his wife a cigarette before lighting his own.
　　　　（夫は自分のタバコに火をつける前に妻に勧めるものよ）
このセリフは2回出てきます。最初は任務で夫婦役を演じている時で、2回目は本当に夫婦になった後です。同じセリフでも、マリアンヌが込めている感情の違いを感じ取ってみましょう。〔Chap.2, 9:44〜〕、〔Chap.10, 77:57〜〕

Marianne：I keep the emotions real. That's why it works.
　　　　（私は感情を偽らないの。だから上手くいくの）
このセリフも2回出てきます。マックスにとって1回目のこのセリフは、マリアンヌが感情を重視する天真爛漫な性格であることを表すセリフに聞こえていますが、2回目はマリアンヌが感情を優先して自分を裏切っているのではないかという疑念を生み出すセリフに聞こえています。〔Chap.2, 10:32〜〕、〔Chap.8, 66:54〜〕

Max　　：There is a Medicine Hat in Switzerland or Peru or wherever the hell.
　　　　（メディシン・ハットはスイスやペルーやどこにだってある）
この映画のキーワードである Medicine Hat に関するセリフです。このキーワードは他のセリフにも出てきます。最初はマックスの心の拠り所であるカナダのとある地名を指していましたが、やがて家族三人で幸せに暮らす場所を指す言葉に変わっていきます。〔Chap.13, 104:32〜〕

公開情報

公 開 日：2016年11月23日（米国）
　　　　　2017年 2月10日（日本）
上映時間：125分
年齢制限：PG-12（日本）、R（米国）

音　　声：英語、日本語、スペイン語他
字　　幕：英語、日本語、スペイン語他
ノミネート：第89回アカデミー衣装デザイン賞
オープニングウィークエンド：1,270万1,743ドル（米国）

第7回映画英語アカデミー賞　候補映画

マリアンヌ

<table>
<tr>
<td rowspan="1">英語の特徴</td>
<td>

　会話が占める割合は高く、主人公のマックスの会話スピードも標準的です。発音の明瞭さと聞き取りやすさは、初級者には少し聞き取りにくいかもしれませんが、中級者以上であれば問題は無いでしょう。マックスはカナダ人の設定ですが、特にカナダ英語に寄せているわけではないと思われます。例えば、語彙に関しては大型のソファーの意味でカナダ英語では chesterfield が使われるようですが、セリフには couch が使われていました。また、nope のような米国英語の表現がセリフの中に見られるので、マックスの英語は米国英語に分類されると考えられます。一方、マリアンヌは少しフランス語の影響を受けた米国外発音でセリフを話しています。専門用語は舞台が戦時中なので、軍事用語が所々で出てきます。これがこの映画の英語の特徴と言えるでしょう。セリフの中で特に逸脱した文法違反はありません。Fuck you.、fucking～、shit などのスラングや四文字言葉は話者が怒っている時や、いらだっている時のセリフによく登場します。また、ジョークについてはあまり出てきませんが、以下に例を挙げます。

Marianne: Now we should talk. And laugh.
　　　（ねえ、話しましょう。そして笑いましょう）
Max　　：We're married. Why would we laugh?
　　　（僕たちは結婚したんだ。どうして笑うんだ？）〔Chap. 2, 13:50～〕

</td>
</tr>
<tr>
<td>学習ポイント</td>
<td>

　まずは映画を観賞するにあたり、軍事用語を学習しましょう。例として以下のような単語があります。

　　　例：wing commander: 空軍中佐　　　　corporal: 伍長
　　　　　flight lieutenant：空軍大尉　　　　ARP = air-raid precautions: 防空対策

事前にこれらの単語を学習しておくと、映画に対する理解がより深まります。
　次にセリフの中に出てくる英語の熟語を学習しましょう。以下に例を挙げます。

George：Max, you appear to be walking on air.
　　　（マックス、お前は有頂天になっているように見えるぞ）〔Chap.6, 43:48～〕
　　　walk on air = tread on air: 有頂天になる
Hunter：You can count on me, sir.
　　　（私を頼りにできます、上官殿）〔Chap.9, 76:10～〕
　　　count on = depend on, rely on: （人）を頼りにする
Frank ：I was just saying to Max that he's taken to office life like a duck to water.
　　　（私はちょうどマックスに言っていたんだ、彼はきわめて自然に事務の生活に慣れたってね）〔Chap.10, 82:55～〕
　　　take to（目的語）like a duck to water: きわめて自然に～に慣れる
これらのセリフに使われている熟語を学習し、英語表現の幅を広げましょう。

</td>
</tr>
<tr>
<td>スタッフ</td>
<td>

製　　作：グレアム・キング 他　　　　　製作総指揮：パトリック・マコーミック他
監　　督：ロバート・ゼメキス　　　　　撮　　影　：ドン・バージェス
脚　　本：スティーヴン・ナイト　　　　音　　楽　：アラン・シルヴェストリ
原　　作：スティーヴン・ナイト　　　　編　　集　：ミック・オーズリー他

</td>
</tr>
</table>

薦	○小学生　　○中学生　　○高校生　　●大学生　　●社会人	リスニング難易表	
		スピード	3
		明瞭さ	3
		米国訛	2
		米国外訛	3
		語彙	3
		専門語	3
		ジョーク	2
		スラング	2
		文法	3

お薦めの理由

　戦争をテーマとした映画が好きな英語学習者はこの作品を使って、楽しみながら英語を学べるでしょう。特に銃撃戦のシーンと爆撃のシーンはリアルで迫力があります。また、軍のオフィスや施設内も丁寧に描いているので、普段見ることができない内部の様子を知る参考となるでしょう。時代背景が第二次世界大戦中なので、その時代のモロッコや英国の風景を見ることができます。物語は悲恋ですので、悲しい物語に身を浸したい学習者にお薦めです。

　ブラッド・ピットが主人公の苦悩を巧みに演じているので、ブラッド・ピットのファンの学習者に向いている作品です。監督は『バック・トゥ・ザ・フューチャー』シリーズや『キャスト・アウェイ』でおなじみのロバート・ゼメキス監督なので、この監督の作風が好きな学習者にも向いているでしょう。2017年（第89回）アカデミー賞で衣装デザイン賞にノミネートされたので、作中の衣装に注目して作品を鑑賞してみるのも良いでしょう。作品のテーマや、暴力的なシーンがあることを考慮すると、大学生や社会人の学習者向けです。

発展学習

　事前に外交に関する用語を学習しましょう。例として以下のような単語があります。

　　例：　legation　　：公使館　　　embassy liaison department：大使館の渉外部
　　　　　ambassador：大使　　　　ambassador's liaison　　　：大使の連絡係

　次に第二次世界大戦時の文化を映画のシーンから読み取ってみましょう。モロッコや英国を舞台としているので、その当時のそれぞれの国の服装や建物の様子がわかります。またドイツ大使館で催されるパーティーと英国でマリアンヌが主催するパーティーのシーンがありますので、当時どのようなパーティーをしていたのかを知ることができます。それぞれ、日本のパーティーと違いがあるかどうかなどを意識して鑑賞してみましょう。

　最後に英語で簡単な手紙を書いてみましょう。映画の終盤に手紙のシーンがありますので、以下の表現を参考にし、自分の親しい人に宛てた手紙を書いてみましょう。

表現例: My dearest, darling（相手の名前）.
　　　　I'm writing this on（曜日）in（書いている場所）.
　　　　I am so grateful that（うれしく思ったこと）.
　　　　（相手の名前）, my love, you are my world. I hope（望んでいること）.
　　　　I love you with all my heart.〔Chap. 14, 114:18～〕

キャスト

マックス	：ブラッド・ピット	ブリジット	：リジー・キャプラン
マリアンヌ	：マリオン・コティヤール	ガイ	：マシュー・グード
フランク	：ジャレッド・ハリス	ジョージ	：ダニエル・ベッツ
ホバー	：アウグスト・ディール	ルイーズ	：シャーロット・ホープ

ミス・シェパードをお手本に

あらすじ

1970年ロンドン北西部のカムデン・タウン。劇作家アラン・ベネットは閑静な住宅地に一軒家を手に入れます。ある日、おんぼろのバンがエンストしたという薄汚い老女に声をかけられ、雨のなか車を押してやることになります。この老女こそが、ここ十年来、数か月おきにこの通りをくだり場所を移動しては、路上に停めた車の中で気ままに生活している、誇り高きホームレス淑女ミス・シェパードでした。近隣の住民は、心配して声をかけたり食べ物を差し入れたりしますが、お礼のことばもありません。そしてバンはベネット家の前に停まります。

ベネットの書斎の机は道路に面していて、いやでもこのバンと老女の姿が目に入ってきます。一帯が駐車禁止になり立ち退きを命じられると、ベネットは自宅前のスペースに車を停めてはどうかともちかけます。一時的措置のつもりが、気がつけばそれから15年間。ミス・シェパードはそこに住みついてしまっていました。買い物を手伝ったり、トイレを貸したりしても、偏屈で悪態をつくばかりの彼女を「絞め殺したい思いに駆られ」ることもしばしば。

ミス・シェパードは自分の過去についてはじめは多くを語りませんが、フランス語に堪能で音楽にも造詣が深く、その昔は前途有望なピアニストであったことが判明します。謎に包まれたその人生をベネットは少しずつ解き明かそうとするのでした。

映画の背景

【劇作家と原作】原作は、トニー賞を受賞するなど英国を代表する劇作家アラン・ベネット（Alan Bennett）の戯曲（映画と同タイトル）。作家の実体験にもとづく物語で、ミス・シェパードも実在の人物です。ベネットは彼女の死後、英国で代表的な書評誌 *London Review of Books* に回想録 "The Lady in the Van" を発表します（1989年）。その後単行本としても出版されましたが、邦訳はありません。

【舞台化】ベネットが脚本を手がけ1999年に戯曲化、ロンドンで上演されました。舞台でもマギー・スミスが主演し、当時演出を務めたのも今回の映画監督です。同じチームで2009年にはBBCのラジオドラマも製作されています。

【二人のベネット】ベネット氏が二人登場するのに驚くかもしれません。映画中でも説明されますが、作家とは二重人格であり、物を書く自己と日常生活をする自己が存在することを示すものです（"The writer is double. There is the self who does the writing and there is the self who does the living."）舞台では二人の俳優が演じましたが、映画ではCGが駆使され一人二役になっています。

【マギー・スミス】いわずと知れた英国のベテラン大女優。映画『ハリー・ポッター』シリーズから英国の人気TVドラマ『ダウントン・アビー』まで出演作は多数。

【日本での上演】2001年、黒柳徹子主演で『ポンコツ車のレディ』というタイトルで舞台化され、大ヒットを記録しました。

映画情報

製 作 費：600万ドル　　　　　　撮影場所：ロンドン
製 作 年：2015年　　　　　　　　言　　語：英語、フランス語
製 作 国：英国　　　　　　　　　ジャンル：伝記、コメディ、ドラマ
配給会社：ハーク（日本）　　　　使用楽曲：ショパン、ピアノ協奏曲第1番作品11

The Lady in the Van

(執筆) 長岡　亜生

発売元：ハーク
DVD価格:3,800円
（2018年5月現在、本体価格）

映画の見所

ヴィクトリア朝の古い建物が並び、文化人が多く暮らすロンドンのカムデン・タウンが舞台です。実話にもとづく作品で、劇作家が実際暮らしたグロスター・クレセント通りの住宅で撮影がおこなわれました。ラストに原作者本人もちらっと出てくるというサービスもありますのでお見逃しなく。

なんといってもマギー・スミスの演技は見応え十分です。いつも機嫌が悪くかわいげのない老女ですが、神に熱烈な祈りを捧げていたと思えば、うれしそうに車にペンキを塗ったり、ひとりパフェを食べたり。また過去が明らかになるにつれ、豊かな感情をたたえた表情をみせるようにもなるのです。

主人公の過去にも関連して、ショパンなどクラシック音楽にあふれた作品です。心にしみるピアノ演奏をじっくりお楽しみください。

印象的なセリフ

路上駐車を注意される Miss Shepherd（S）を見かねて、Bennett（B）は親切にも自宅前のスペースを提供しようと申し出ます。〔Chap. 4, 38:17〕

S： Put the van in your drive? That never occurred to me. I don't know. I don't know. It might not be convenient.（お宅の前に車を置くと？　思いつかなかったよ。どうだろう。不都合もあるだろうから）

*drive: 道路から玄関に通じる敷地内の私有道路（driveway）

B： No, I've thought it over. Believe me, Miss Shepherd, it's all right. Just till you sort yourself out.（よく考えてのことだから大丈夫。落ち着くまででいい）

S： Well, not convenient for you! Convenient for me. You're not doing me a favour, you know....（あんたじゃなくこっちの都合だよ。頼んでるわけじゃないし）

そう言いつつも、後日厚かましく車を入れてくるミス・シェパード。

B： Have you put on the handbrake?（サイドブレーキは引いた？）

S： I am about to do so.（今そうしようと思ってたところだよ）

B： Whereupon she applies the handbrake with such determination that, like Excalibur, it can never afterwards be released.

今後を予見するかのように、Excalibur（アーサー王の名剣）よろしく「二度と動かせなくなるほど力強く」サイドブレーキが引かれるのです。

公開情報

公　開　日：2015年12月4日（米国）
　　　　　　2016年12月10日（日本）
上映時間：104分
年齢制限：G（日本）、PG-13（米国）
音　　声：英語、日本語
字　　幕：日本語
受　　賞：イブニングスタンダード英国映画賞
ノミネート：ゴールデン・グローブ賞他

第7回映画英語アカデミー賞　候補映画

ミス・シェパードをお手本に

<table>
<tr>
<td rowspan="1">英語の特徴</td>
<td>

【英国発音】さまざまな英国英語が味わえます。主要登場人物の発音は明瞭ですが、口論やけんかになったりする場面も多く、話すスピードも速くなるため、英国英語に慣れていない人には聞きとりにくく感じることもありそうです。

　独特な英国発音の一例をあげます。"London" "touch" "young" などの〈ア〉の音が〈ウ〉に近い音に、"I can't" は〈アイ・カーント〉のような発音になります。とくに日本人にはあまりなじみのない特徴的なものとしては、"I'll call again when my schedule permits." というセリフにある "schedule" の発音です。〈スケジュール〉ではなく〈シェジュール〉のように発音されます。またミス・シェパードが口癖のように頻繁に使う "possibly" の発音も注意して聞いてみましょう。

【語彙・表現】ミス・シェパードがカトリック教徒であることから、キリスト教関連の用語もよく出てきますが、その他専門用語はありません。英国独特の表現に加えて、英国の人物名、スーパー、商品名などの固有名詞も登場しています。

　あからさまな卑語や四文字言葉はありませんが、ののしり表現も英国風です。たとえば "sodding beggars / key" のように用いられる "sodding" は「いまいましい」という意味で英国特有の表現です。

【場面】交通事故のシーンがありますが、それ以外には残酷な場面、暴力的、性的な場面はほとんどなく、教室での提示にもなんら問題はありません。

</td>
</tr>
<tr>
<td>学習ポイント</td>
<td>

車や道路、運転にまつわる語彙、表現が頻出します。教会の前で Miss Shepherd (S) と Bennett (B) が出会う場面をみてみましょう。〔Chap. 1, 6:15〕

S ： ...I need a push for the van. It's conked out. The battery, possibly. I put some water in. Hasn't done the trick.（あのバンを押しておくれ。動かなくて。バッテリーかと思って水を入れたんだけど。うまくいかなかった）

B ： Well, was it distilled water?（蒸留水でしたか）

S ： It was holy water, so it doesn't matter if it's distilled or not. 'Course, the oil is another possibility.（聖水だよ。蒸留しなくても純粋だろ。問題はオイルかも）

B ： That's not holy, too?（それも聖油なんてことはないですよね）

S ： Holy oil? Well, in a van, it would be far too expensive. Now. I want, I want pushing around the corner....（聖油を車に使うなんてぜいたくな。そこの角を曲がるから押しておくれ）

車を押すベネットは運転席のミス・シェパードに声をかけます。

B ： Are you wanting to go far?（遠くまで行くんですか）

S ： Possibly. I'm in two minds... I'm turning left! ... I need the other end.（かもね。決めてないけど。左に曲がるよ。つきあたりまで行きたいんだ）

宗教関連の用語が日常会話で多用されますが、本人は大真面目なのです。

</td>
</tr>
<tr>
<td>スタッフ</td>
<td>

製　　作：ケヴィン・ローダー他　　　　　製作総指揮：クリスティーン・ランガン他
監　　督：ニコラス・ハイトナー　　　　　撮　　影：アンドリュー・ダン
脚本・原作：アラン・ベネット　　　　　　美　　術：ジョン・ビアード
　　　　　（The Lady in the Van）　　　　編　　集：タリク・アンウォー

</td>
</tr>
</table>

166

薦	○小学生　　○中学生　　●高校生　　●大学生　　●社会人	リスニング難易表	
お薦めの理由	ロンドンの落ち着いた住宅地の雰囲気に浸り、英国的な天候を存分に味わいながら、英国英語の発音、語彙、表現、さらに独特のウィットやユーモアたっぷりの会話を堪能できます。ひねくれたロジック、皮肉な物言い、相手をやりこめる話術には、思わず感心してしまうほどです。 　戯曲をそのまま映画化した作品で、俳優から製作陣まで英国演劇界の実力派揃いですが、とくにミス・シェパードを演じ、当たり役と大絶賛された名女優マギー・スミスの演技にしびれます。舞台を観ているような不思議な感覚にもとらわれます。 　くすっと笑えるところもある一方で、奇妙な人間関係と人生の悲哀が描かれ、とくに後半は、高齢化社会において人間の幸せとは何か考えさせられる作品です。英国の社会福祉制度や社会福祉士（social worker）の働き、高齢者介護施設（day centre）のようすも垣間見ることができます。地域住民らの態度にも注目し、これが日本だったらどうだろうかと考えながら観てみてください。	スピード	3
		明瞭さ	4
		米国訛	1
		米国外訛	5
		語　彙	2
		専門語	2
		ジョーク	4
		スラング	2
		文　法	2

| 発展学習 | 車上生活者の主人公をめぐって、衛生や健康に関する表現も頻出します。
①トイレ問題・清潔さ〔Chap. 1, 14:10, 4:06〕
　S： Can I use your lavatory?（トイレを借りるよ）
　B： No! Uh... the flush is on the blink.（困ります！　流れが悪いんだ）
　　*lavatory: 主に英国で用いられる toilet の婉曲語、形式ばった言い方
　B： In future, I would prefer if you didn't use my lavatory. There are lavatories at the bottom of the High Street. Use those.（今後はうちのトイレは使わないでいただきたいんです。公衆便所を使ってください）*非常に丁寧な依頼文
　S： They smell. And I'm by nature a very clean person... I have a testimonial for a clean room, awarded me some years ago. And... my aunt, herself spotless, said I was the cleanest of all my mother's children, particularly in the unseen places.（あそこは臭いんだよ。生まれつききれい好きでね……伯母にはきょうだいの中で私がいちばん清潔だと言われていたの。見えない部分はとくにね）*笑うに笑えないセリフ
②ミス・シェパードの決まり文句
　"I'm in dire need of assistance. I'm a sick woman. Dying, possibly."（私は病気なんだよ。たぶん死期も近い）*人に頼み事をして断られたとき、市場でなれなれしく声をかけられたときなど、都合が悪くなると何かにつけて口走るセリフです。 |

第7回映画英語アカデミー賞　候補映画

ヤング・アダルト・ニューヨーク

<table>
<tr>
<td>あ ら す じ</td>
<td>　舞台はニューヨーク。ドキュメンタリー映画監督の夫・ジョシュと、映画プロデューサーの妻・コーネリアは40代のDINKS。中年にさしかかっても、大人の自覚が足りない夫婦です。ジョシュは才能があるのに、この8年、取り組んでいる作品を完成させられずにいます。若い頃は、コーネリアの父で映画界の名監督・レズリーのもとで腕を鳴らしましたが、義父の助けを敬遠し始めて以降は鳴かず飛ばず。一方コーネリアは、仕事面は順調ですが、プライベートでは二度の流産を経験し、それが心の傷になっています。ある日、ジョシュが講師を務める大学の生涯教育クラスに、ドキュメンタリー映画監督を目指すジェイミーと、その妻・ダービーが潜り込んでいました。まだ20代のジェイミーはジョシュの過去の作品を大絶賛。ジョシュは、夢を追いかけ自由に生きる彼らのクリエイティブなライフスタイルに感動し、そこから2組の夫婦の交流が始まります。自分を持ち上げてくれるジェイミーに次第に翻弄されるジョシュ。ついにジョシュ夫婦はジェイミーの映画に協力することになりますが、その映画が話題を呼び、ジェイミーはジョシュを尻目にたやすく成功への階段を駆け上がっていきます。一方ジョシュはジェイミーの製作手法に、徐々に疑問を抱き始めます。くすぶる中年と、結果を出していく若者。本作は、大人になれない中年世代を滑稽かつ痛々しく描く、見る者を悲しくも愛おしい気持ちにさせるコメディ作品です。</td>
</tr>
<tr>
<td>映 画 の 背 景</td>
<td>　本作の冒頭には、物語を象徴する二つの作品が引用されています。一つは、イプセン作の『棟梁ソルネス』、もう一つは、民間伝承の寓話『三匹の子豚』です。『棟梁ソルネス』は、19世紀に活躍した近代劇作家の父・イプセンが書いた戯曲です。建築で成功をしたソルネスが「近頃若者が怖くて彼らに心の扉を閉ざしているんだ」と悩みを打ち明け、それに対してヒルデという女が「心を開けば、彼らは危害を与えず入ってくるわよ」と助言をする箇所が引用されています。このソルネスのセリフは、主人公のジョシュの心情を映し出しているようでもあり、同時にバームバック監督自身の心の声なのかもしれません。ジョシュは監督と同年代で映画監督という設定。ジョシュの心情説明に使われているこの引用は、監督本人を代弁しているとも考えられそうです。
　一方、『三匹の子豚』の話は、このすぐ後に出てきます。親元を離れた三匹の子豚のうち、藁とシダで家を建てた二匹は狼に食べられてしまいますが、頑丈なレンガで家を建てた一匹は狼の巧みな誘いに惑わされることなく生き残ります。それぞれの豚が、本作の登場人物を象徴的に表しているものと考えられますが、本人に悪気はないけれど、人を食い物にして生き残っていくジェイミーが狼だとしたら、狼の餌食となる二匹と、狼の魔の手から生き延びる一匹はいったい誰の象徴なのでしょうか。そんなことを考えながら鑑賞するのも面白いと思います。</td>
</tr>
<tr>
<td>映 画 情 報</td>
<td>製 作 費：1,000万ドル
製 作 年：2014年
製 作 国：米国
配給会社：キノフィルムズ/木下グループ(日本)　　　撮影場所：米国、ニューヨーク
言　　語：英語
ジャンル：コメディ
使用楽曲：*Falling* (Haim)他</td>
</tr>
</table>

168

While We're Young

(執筆) 水野　資子

発売元：
キノフィルムズ／木下グループ
DVD価格：3,800円
Blu-ray価格：4,700円
（2018年5月現在、本体価格）

映画の見所

　本作の見所は、20代夫婦のライフスタイルに刺激され迷走する、40代夫婦の滑稽さにあります。ジョシュはおだてられ舞い上がり、簡単にジェイミーの手中に落ちていきます。ジェイミーの言葉遣いやファッション、ライフスタイルを必死に真似しますが、そのどれもが不自然で、老いが逆に際立ちます。コーネリアも、自由で人懐っこい性格のダービーに徐々に惹かれていきます。ダービーに勧められて始めたヒップホップダンスを練習する姿は珍妙の極みです。

　ジョシュとコーネリアの会話シーンにも注目です。中年夫婦に向けられる社会的期待の重圧に苛まれる二人は、まるで映し鏡のように、互いの不器用さを投影します。ありのままをさらけ出し、受け入れ、手を取り合って成長していく姿に、夫婦のあるべき姿をもう一度考えさせられる、大人カップル必見の作品です。

印象的なセリフ

　対照的に描かれる二組の夫婦ですが、共通点はどちらのカップルも妻の方が精神的に熟しているところです。それがわかるセリフをいくつか紹介します。

(1) ダービーが、自分の両親も自分たち夫婦も母子のようだと嘆くシーン
　　Darby　:I like how you give Josh a hard time. I don't think I give him a hard time.
　　　　　　It reminds me of my mom.
　　Cornelia:How was she with your dad?
　　Darby　:No, with my 'brother.' She'd yell at him, but iron all his weird racing
　　　　　　T-shirts. I mother Jamie.

(2) ダービーがジョシュに夫の愚痴を言うシーン
　　"Jamie's in love with Jamie."
　　"You know how no one will ever pick up just a male hitchhiker, but if it's a couple,
　　you might pull over. Well, I'm the girl so you'll pull over and pick up Jamie."

(3) ジェイミーについてコーネリアが客観的な評価をするシーン
　　"I think he's an asshole, but the movie's pretty good."

(4) ジェイミーの制作手法に激昂する夫ジョシュをなだめるコーネリア
　　"It doesn't matter that it was faked because the movie isn't about Afghanistan
　　or Kent, or anyone. It's all about Jamie."

公開情報

公　開　日：2015年3月27日（米国）
　　　　　　2016年7月22日（日本）
上映時間：97分
年齢制限：G（日本）、R（米国）
音　　声：英語
字　　幕：日本語
受　　賞：ナショナル・ボード・オブ・レビュー（米国）
ノミネート：ELLE CINEMA AWARDS 2016

第7回映画英語アカデミー賞　候補映画

ヤング・アダルト・ニューヨーク

<table>
<tr><td rowspan="1">英語の特徴</td><td>

　米国のニューヨークを舞台とする本作品の英語は、多くの日本人にとっては馴染みのある米国英語となっています。劇中で詳しくは描かれていませんが、登場人物は、おそらく一般的な中等、あるいは高等教育をしっかり受けてきており、日常会話のスピードは少し速めですが、下品な言葉遣いは、限られたわずかな場面を除いて、あまり見当たりません。

　語彙や文法は、英検2級レベル程度で、難解なものはありませんし、ストーリーそのものも、いたって単純明快です。日常会話でよく使われるイディオムが頻出しますので、慣用表現の習得には、とても適した教材でしょう。中にはprotegeという日本人英語学習者にとってあまり聞きなれない、フランス語を語源とする表現も出てきますが、前後の話の流れから「監督に目をかけてもらっている若手助監督」くらいのニュアンスで類推することが十分可能です。

　暴力や性描写はありませんが、一部に、幻覚剤を使った怪しい儀式を執り行うオカルト集団のシーンが含まれています。英語の特徴だけを考えれば、大学生にも対応しうる作品ではあると思いますが、教材として作品を見る時、このストーリーの面白みが理解できるかどうかということが、言語を習得する上でとても重要な要素となりますから、そういった面から考慮すれば、本作の英語は、20代半ばからそれ以上の社会人向き言語と言えるでしょう。

</td></tr>
<tr><td>学習ポイント</td><td>

　ジェイミーから『世渡り術』を学びましょう。彼のセリフ中で最もよく使われる単語を3つ紹介しますので、その部分に注目して鑑賞してみてください。若手社会人の皆さんは、ジェイミーから教わることが意外と多いのではないでしょうか。

(1)"Beautiful"：ジェイミーが人を褒める時に多用する重要語です。相手を賞賛する時はとても具体的で、その際、相手が自分のことについて気持ちよく話せるような質問をしています。聞かれた方は、自慢話をした時のような後味の悪さは残らず、逆に良い助言をすることができたと思えるようです。

Jamie：Hey, beautiful class!（中略）I'm a fan. I really loved your film Power Elite. It's everything I aspire to.（中略）You know what was great was that scene with the dogs. How did you stage that?

Josh　：Those dogs were just there and, I said, "Hey, shoot those dogs." And we did.

Jamie：Beautiful.

(2)"Joshy" "Yoshy"：ジェイミーがつけたジョシュの愛称です。自分だけが使う愛称で、特別な関係性を築くことができるようですね。

(3) "Jeez Louise"：「驚いたな」を意味する古い表現ですが、ノスタルジックな響きがゆえに、"Oh my god" や "Jesus" よりも品があり、それがまた年上の人間の好感を呼ぶのでしょう。

</td></tr>
<tr><td>スタッフ</td><td>

製　　作：ノア・バームバック他　　　　音　　楽　：ジェームス・マーフィー

監　　督：ノア・バームバック　　　　　編　　集　：ジェニファー・レイム

脚　　本：ノア・バームバック　　　　　美　　術　：アダム・ストックハウゼン

撮　　影：サム・レヴィ　　　　　　　　衣装デザイン：アン・ロス

</td></tr>
</table>

170

ヤング・アダルト・ニューヨーク

薦	○小学生　　○中学生　　○高校生　　○大学生　　●社会人	リスニング難易表	
お薦めの理由	少子化、晩婚化が進む今日、30代半ばを過ぎて子供のいない夫婦は珍しくありませんが、彼らが "生きにくさ" を感じるのは、どこの社会でもよくあること。そんな中年夫婦のリアルな苦悩ともがきを描いた本作は、特にアラフォー世代を経験した大人の学習者にお薦めです。コメディ映画にジャンル分けされていますが、見る人によっては、中年の悪あがきが余りにも痛々しいと感じるかもしれません。しかし一方で、カップル単位での人生の歩み方に、一考の余地があったことに気づかせてくれる、ミドルエイジにとっては痛み甲斐のある作品でもあります。 　また本作は、仕事に生きる中年社会人にもお薦めです。冒頭、19世紀の劇作家・イプセンの『棟梁ソルネス』からの引用があり、老いと若者の台頭を恐れる建築家ソルネスに、本作の主人公・ジョシュの本音を語らせています。いつの世にもどんな社会にも、そんな未熟な大人が当たり前に存在していることに、図らずも慰められ、勇気を与えられる人はきっと多いでしょう。	スピード	4
		明瞭さ	3
		米国訛	5
		米国外訛	1
		語　彙	3
		専門語	2
		ジョーク	1
		スラング	3
		文　法	2

発展学習	物語の後半部分では、ジェイミーが実はちょっと鼻につくイヤな奴だったということに、周りの人間が気づき始めるのですが、それでも彼は成功していきます。一体彼の「成功の秘訣」とはどこにあるのでしょうか。そのヒントは、物語後半、祝賀会への準備をするコーネリアと父・レズリーの会話の中にあるようです。 Leslie　　：You know. Looking back on my career, I wonder, how did I accomplish so much? If I'm honest with myself, it sometimes took being a selfish prick at the expense of you and your mother. Of course, I don't say that. I say talent, work, and luck. Your husband doesn't realize what it takes. He still believes the speeches. Cornelia：You know, when I first started dating him, he reminded me so much of you. Leslie　　：He wants what I have, but he's not merciless enough to get it. 　この部分を自分なりの解釈で翻訳してみましょう。そして学習の締めくくりとして、成功するために必要な要素は何なのかを「学習ポイント」で押さえた箇所も含めて、自分の言葉でまとめてみてください。 　このように学習の最後には必ずアウトプットを行ってください。"記憶" にとどめるには、文章を書いて "記録" にとどめるというアウトプット活動が効果絶大ですが、まずは友人と感想を語り合うだけでも学習効果は上がります。

キャスト	ジョシュ　　：ベン・スティラー	レズリー　　：チャールズ・グローディン
	コーネリア　：ナオミ・ワッツ	フレッチャー　：アダム・ホロヴィッツ
	ジェイミー　：アダム・ドライバー	マリーナ　　：マリア・ディッツィア
	ダービー　　：アマンダ・サイフリッド	ケント　　　：ブラディ・コーベット

第7回映画英語アカデミー賞　候補映画

ローグ・ワン/スター・ウォーズ・ストーリー

あらすじ	宇宙を支配している銀河帝国には、強力で宇宙要塞でもある「デス・スター」と呼ばれる最終兵器がありました。この映画は、物語の時系列的には『スター・ウォーズ エピソード４/新たなる希望』の直前の時代に当たり、同作の冒頭でも述べられた銀河帝国軍の初代デス・スターの設計図を強奪する任務を遂行した反乱同盟軍の活躍が、描かれている作品となっています。つまり、映画『ローグ・ワン/スター・ウォーズ・ストーリー』は、壮大なスター・ウォーズシリーズの本編ストーリーを補完するスピンオフ映画の作品です。 　このデス・スターの設計図を、銀河帝国に対抗する反乱軍の「ローグ・ワン」という組織が盗み出そうとしていました。ジン・アーソは、この名もなき戦士たちによる極秘チーム「ローグ・ワン」に新しく加わった女性戦士でした。戦闘スキルを持った彼女は裏社会に精通し、個性的な仲間たちと共に不可能なミッションに立ち向かうのでした。ジンには、幼い頃に遠く離れてしまった父親がいました。その父親こそ有名な科学者ゲイレン・アーソであり、なんとその父がデス・スターに関する重大な鍵を握っていたのでした。映画『エピソード４』の冒頭で、レイア姫がR2-D2に託したデス・スターの設計図はいかに入手されたのでしょうか？圧倒的なスケールのアクションと友情を超えたチームの絆によって、宇宙の命運はローグ・ワンに託されます。
映画の背景	本作品は、前述したようにスター・ウォーズの本編ストーリーを補完するスピンオフ映画となっています。つまり、映画『ローグ・ワン/スター・ウォーズ・ストーリー』は「アンソロジー・フィルム（Anthology films）」というスピンオフ映画群の第１作目でもあり、このアンソロジー・シリーズは2018年６月に第２作目、2020年に第３作目が公開される予定になっています。ちなみに、2018年公開の第２作目はハン・ソロの若き姿を描いた映画になっています。 　この映画を理解するために、これまでのスター・ウォーズシリーズの時系列がどの順になっているかを以下に示します：①『スター・ウォーズ エピソード１/ファントム・メナス』(1999)、②『スター・ウォーズ エピソード２/クローンの攻撃』(2002)、③『スター・ウォーズ エピソード３/シスの復讐』(2005)、④スピンオフ映画『ローグ・ワン/スター・ウォーズ・ストーリー』(2016)、⑤『スター・ウォーズ エピソード４/新たなる希望』(1977)、⑥『スター・ウォーズ エピソード５/帝国の逆襲』(1980)、⑦『スター・ウォーズ エピソード６/ジェダイの帰還』(1983)、⑧『スター・ウォーズ エピソード７/フォースの覚醒』(2015)、⑨『スター・ウォーズ エピソード８/最後のジェダイ』(2017)、⑩『スター・ウォーズ エピソード９』(2019)。このような壮大なスター・ウォーズシリーズの中で本作品の位置づけを捉えるとより分かりやすくなります。
映画情報	製作費：２億ドル　　　　　　　　配給会社：Walt Disney Studios Motion Pictures 製作年：2016年　　　　　　　　　撮影場所：モルディブ、アイスランド、ヨルダン他 製作国：米国　　　　　　　　　　言　　語：英語 製作会社：ルーカスフィルム他　　ジャンル：SF、アクション、アドベンチャー

172

Rogue One: A Star Wars Story

(執筆) 寶壺　貴之

映画の見所

映画『ローグ・ワン』は、スター・ウォーズ第1作目『スター・ウォーズ エピソード4/新たなる希望』(1977)より少し前のストーリーを描く物語です。つまり、時系列上ではスター・ウォーズの初代三部作シリーズに繋がる過去のものということになります。ギャレス・エドワーズ監督によれば、映画のタイトルの『ローグ・ワン』には3つの異なる意味があるそうです。

「1つ目は劇中で戦闘中に個人または集団を指す軍隊での「コールサイン」としての意味で、2つ目は実写映画本編から逸脱する「アンソロジー・シリーズ」の第1作品目である本作自体が「Rogue（反乱者）」だという意味で、3つ目は主人公のジン・アーソをはじめとした「ローグ・ワン」を構成する戦士たちも「Rogue（反乱者）」と呼べる者たちであるという意味である」この異なる意味を考えることも見所です。

発売元：ウォルト・ディズニー・ジャパン
MovieNEX価格：4,200円
（2018年5月現在、本体価格）

印象的なセリフ

(1) 俳優が話すセリフではありませんが、映画の冒頭で出てくるスター・ウォーズシリーズでは欠かせない表現です。
A long time ago in a galaxy far, far away...（遠い昔、遥かかなたの銀河系で…）

(2) 敵が迫って来た時に、ソウがライラに言う場面です。
You know what to do.（やれることをやれ）

(3) 父親のゲイレン・アーソが娘のジンに述べる場面です。
Remember. Whatever I do, I do it to protect you.
（覚えておきなさい。私がすることはすべておまえを守るためだ）

(4) 母親のライラがジンにこう言います。
Trust the Force.（フォースの力を信じて）

(5) K-2SOがジンに初めて会った時に述べる場面です。
Congratulations. You are being rescued.（おめでとう。助けに来ました）

(6) チアルート・イムウェがジンに説明する場面です。
The Force moves darkly near a creature that's about to kill.
（殺意を抱く者は、闇のフォースを纏うんだ）

(7) ジン・アーソがローグ・ワンの皆に言う場面です。有名な表現です。
May the Force be with us.（フォースと共にあらんことを）

公開情報

公 開 日：2016年12月16日（米国）
　　　　　2016年12月16日（日本）
上映時間：134分
年齢制限：G（日本）、PG-13（米国）
音　声：英語
字　幕：日本語
ノミネート：第89回アカデミー視覚効果賞、音響賞

第7回映画英語アカデミー賞　候補映画

ローグ・ワン/スター・ウォーズ・ストーリー

英語の特徴	主人公のジン・アーソを中心に、登場人物の会話のスピードは適度であり、発音も明瞭で比較的聞き取りやすい英語表現が多いです。英語の特徴として、以下の4点が挙げられます。第一に、冒頭の帝国軍のクレニック長官とゲイレン・アーソの会話、Krennic: You're a hard man to find, Galen. But farming. Really? Man of your talents? Galen: It's a peaceful life. Krennic: It's lonely, I imagine.からも分かるように映像から視覚的に分かるような場面では、比較的日常的な短い英語表現が使用されています。第二に、スター・ウォーズ作品ならではの機械や戦闘や宇宙に関するような場面では第一の特徴と正反対に難解な専門的な英語で表現されているという特徴があります。例えば反乱同盟軍司令部での場面で "Possession of unsanctioned weapons. Forgery of Imperial documents. Aggravated assault. Escape from custody. Resisting arrest."（銃器の不法所持、帝国公文書の偽造、加重暴行、脱走、逮捕への抵抗）とほんの数秒の場面でも専門的な用語が使用されています。第三に、他のシリーズではC-3POがそうだったように、『ローグ・ワン』では、K-2SOが "Please do not resist."（抵抗しないで）と機械的な英語を話しますが、もう一方で機械なのに人間的にあたたかく話す場面もあるのが特徴です。未来のA.I.のあり方の参考にもなります。第四に、"May the force be with us." に代表されるように、人間の生き方につながる英語表現が多くあるという特徴もあります。
学習ポイント	第一に、映画のセリフから日常会話の表現を学習することができます。前述した帝国軍のクレニック長官とゲイレン・アーソの会話は以下のように続きます。 Galen: Since Lyra died, yes.　Krennic: Oh, my condolences. Search the house. Galen: What is it you want? Krennic: The work has stalled. I need you to come back. 　　この会話の中でも、My condolences.（お悔み申し上げます）や、What is it you want? やI need you to come back.等、日常英会話の表現が学習できます。 　　第二に、場面によっては機械や専門的な英語表現を学習できます。 K-2SO: I'm K-2SO. I'm a reprogrammed imperial droid.　　　Jyn: I remember you. K-2SO: I see the Council is sending you with us to Jedha.　　Jyn: Apparently so. K-2SO: That is a bad idea. I think so, and so does Cassian. 　　　　　What do I know? My specialty is just strategic analysis. 　　上記のジンとK-2SOの会話の中で、reprogrammed imperial droid（再生された帝国軍のドロイド）、the Counsil（評議会）、specialty（専門）、strategic analysis（戦略分析）のような専門的な英語表現が学習できます。もう一方で、"That is a bad idea. I think so, and so does Cassian."は一見、分析しているように思えますが、K-2SOがぽろっと話したことによって、ジンが状況を考察することにつながった点を考えると、人間味を感じる表現だと興味深く学習できます。
スタッフ	製　　作：キャスリーン・ケネディ他　　　製作総指揮：ジョン・ノール他 監　　督：ギャレス・エドワーズ　　　　撮　　影　：グレイグ・フレイザー 脚　　本：クリス・ワイツ他　　　　　　音　　楽　：マイケル・ジアッキーノ 原　　作：ジョージ・ルーカス　　　　　編　　集　：ジャベス・オルセン

174

薦	○小学生　　○中学生　　○高校生　　●大学生　　●社会人	リスニング難易表	
お薦めの理由	お薦めしたい理由を3点挙げます。第一に、たとえ本編ストーリーを見ていなくてもアクションのスケールに圧倒されて、K-2SOを代表とするドロイドの活躍や反乱者たちの絆の深さに感動して楽しむことができます。不可能と思われるミッションを成功させるためのローグ・ワンのチームワークに触れて見る者を魅了します。さらに、ダースベイダーの登場はオールドファンにとっては最高です。 　第二に、スター・ウォーズシリーズと言えば、ルークとダースベイダーを代表とする家族や親子関係がテーマになりますが、本作でも主人公のジン・アーソと父親のゲイレン・アーソの関係に着目して見ていただきたいです。幼い頃に、母親と死別して父親とも生き別れたジンがどのように父親に再会するのかがポイントになります。 　第三に、ローグ・ワンの戦士たちの生き方に注目して見てほしいです。無謀とも思われるミッションを成功するために彼らのチームワークと共に自己犠牲の精神はなぜか日本の武士道精神を思わせる点もお薦めできます。	スピード	3
		明瞭さ	3
		米国訛	3
		米国外訛	4
		語彙	3
		専門語	4
		ジョーク	3
		スラング	3
		文法	3

発展学習	第一に、スピンオフ映画であるので、本編には必ずあるオープニング・クロールは存在しません。しかし、映画『ローグ・ワン』のパンフレットには"It is a period of civil war. Rebel spaceships, striking from a hidden base, have won their victory against the evil Galactic Empire."から始まる映画『スター・ウォーズ エピソード4／新たなる希望』のオープニング・クロールが掲載されています。このオープニング・クロールを、リーディングや書き取りの学習に利用することができます。実は、全文を読めばここに書かれた出来事をさらに詳細に発展させたのが映画『ローグ・ワン』であることの認識につながり学習が深まります。 　第二に、ジン・アーソと父のゲイレン・アーソの親子関係にフォーカスをおいて学習できます。冒頭で生き分かれる前に、娘に、"Remember. Whatever I do, I do it to protect you."と言った意味を考えて、後半部分での渦中での再会の場面を、学習者同士でグループディスカッション等を通して考察することができます。 　第三に、特にジェダイの持つ能力に近い技量のある特徴的なチアルート・イムウェをトピックにして、彼が常に口にしている"The Force is with me. And I am the Force."というセリフや彼の生き方から学習者が自分の生活を再考するのに参考になります。仲間を想う態度や行動は、時に禅的な武士道的な精神を窺わせるもので、彼の生き方に日本人的な共通点を見出すことも発展学習としてできます。

キャスト	ジン・アーソ　　　：フェリシティ・ジョーンズ オーソン・クレニック：ベン・メンデルソーン ゲイレン・アーソ　：マッツ・ミケルセン ベイズ・マルバス　：チアン・ウェン	キャシアン・アンドー：ディエゴ・ルナ チアルート・イムウェ：ドニー・イェン K-2SO　　　　　　：アラン・テュディック ボーディー・ルック　：リズ・アーメッド

第7回映画英語アカデミー賞　候補映画

ワンダーウーマン

<table>
<tr>
<td>あ
ら
す
じ</td>
<td>

外界から閉ざされた美しいセミッシラ（Themyscira）島は、女だけの部族、アマゾネスの島でした。女王ヒッポリタを母に、最強の戦士アンティオペ将軍を叔母にもつダイアナは、幼少の頃から武芸を好んで修練に励んでいました。

ダイアナが美しく成長したある日、突然空から戦闘機が墜落し、ダイアナは一人の米国人パイロットを救出します。彼の名はスティーブ・トレバー。彼は英国軍で働くスパイで、ドイツ軍から毒ガスに関する機密情報を盗んで逃走中だったのです。そこへ彼を追ってきたドイツ軍が現れ、アマゾネスたちは勇敢に戦い、アンティオペ将軍をはじめ、多くの犠牲を払いながらもドイツ軍を撃退したのでした。

ダイアナは、トレバーからドイツの総監ルーデンドルフが、化学者のマル博士と組んで、さらに強力な毒ガスを開発していることを知ります。そうなれば、子供を含め、多くの民間人の犠牲者が出ること、そしてルーデンドルフは軍神アレスに操られているとダイアナは確信します。アレスと戦うことはアマゾネスの使命と考えている彼女は、ゴッドキラーと呼ばれている剣と盾等の武器を携えて、トレバーと共に人間の世界へと小船で向かいます。

膠着状態の続く前線で、圧倒的なパワーで敵を蹴散らすダイアナに、人々は希望の光を見出し、ダイアナはルーデンドルフとの決戦に挑むのでした。

</td>
</tr>
<tr>
<td>映
画
の
背
景</td>
<td>

○ 舞台は第一次世界大戦末期（1918年）のヨーロッパ！

　この時代は女性の参政権がないのはもちろんのこと、社会は男尊女卑の時代でした。そんな中で、女性が前面に立って戦争を止めにいくという点に着目してみましょう。

○ 大量殺戮兵器の登場！

　第一次世界大戦で忘れてならないのは、戦争で初めて飛行機、戦車、潜水艦が登場し、この映画でも登場する毒ガスの大量殺戮兵器が生まれたことです。これによって、多くの民間人もその犠牲となり、多くの悲惨な出来事が生まれることになるのです。

○ もう一つの時代背景のギリシャ神話！

　女だけの部族のアマゾネス、全知全能の神ゼウス、そのゼウスの妻である女王ヘラと、その子である戦いの神アレス。基礎的な事柄は知っておきましょう。

○ ルーデンドルフは実在の人物！

　ワンダーウーマンことダイアナが、アレスの化身と思っていたルーデンドルフは、第一次世界大戦で実在したエーリヒ・ルーデンドルフ（1865-1937）がモデルとなっています。彼はヒンデンブルクを補佐し、後にヒトラーとも一時手を組み、亡くなったときにはナチスにより国葬扱いされたそうです。

</td>
</tr>
<tr>
<td>映
画
情
報</td>
<td>

製 作 費：1億4,900万ドル　　　　撮影場所：イタリア、フランス、英国等
製 作 年：2017年　　　　　　　　言　　語：英語、ドイツ語、フランス語等
製 作 国：米国、中国　　　　　　　ジャンル：アクション、アドベンチャー、
配給会社：Warner Bros.　　　　　　　　　　　ファンタジー、Sci-Fi、戦争

</td>
</tr>
</table>

Wonder Woman

（執筆）松葉　明

映画の見所

○ 美しいワンダーウーマン！
　ダイアナを演じるガル・ガドットは2004年のミス・イスラエルです。彼女は、18歳から2年間の兵役生活があり、今は2児の母親でもある本物のワンダーウーマンといえます。因みに、日本には最近アクションシーンを頻繁に演じている綾瀬はるかさんがいます。偶然にも、二人は同い年です。

○ ワンダーウーマンの武器に注目！
　機関銃の弾をも跳ね返すブレスレットは、腕を交差することによって強烈な放射線を出すことができます。また、縛られると真実を話さなければならなくなるという「ヘスティアの縄（The Lasso of Hestia）」や、最強の戦士のみが持ちうるゴッドキラーの剣と盾。これを駆使して活躍する彼女のハイライトが〔Chap.7, 74:13〜〕で出てきます。

発売元：
ワーナー・ブラザース ホームエンターテイメント
DVD価格：1,429円
Blu-ray価格：2,381円
（2018年5月現在、本体価格）

印象的なセリフ

○ Diana： That I'm willing to fight for those who cannot fight for themselves.
　　　　（私は戦えない人たちのために戦う）　　　〔Chap.4, 37:16〜〕
　母に向かって言う、ダイアナの決意の強さがわかるセリフです。

○ Diana： It's wonderful. You should be very proud.
　　　　（素晴らしいわ。誇りに思うべきよ）　　　〔Chap.6, 66:02〜〕
　初めてアイスクリームを食べたダイアナが、その美味しさに驚いて売り子に向かってこう言います。この場面はアニメにも出てきます。

○ Diana： No. But it's what I'm going to do.
　　　　（いいえ。それでも私は助けに行くわ）　　〔Chap.7, 74:13〜〕
　膠着状態の続く前線の塹壕内で、前進することを拒むトレバーに対してダイアナが毅然として言います。これはトレバーの "We can't save everyone in this war. This is not what we came here to do."（この戦争で皆を救うことはできない。ここに来たのはそのためじゃないんだ）を受けてのセリフです。

○ Trevor： I can save today. You can save the world.
　　　　（僕は今日を救う。君は世界を救え）　　　〔Chap.11, 123:39〜〕
　毒ガスが撒き散らされるのを阻止すべく、死を覚悟したトレバーがダイアナに向かって言います。そして彼は最後に "I love you." と言って去っていきます。

公開情報

公　開　日：2017年6月 2日（米国）
　　　　　　2017年8月25日（日本）
上映時間：141分
年齢制限：G（日本）、PG-13（米国）
音　　声：英語、日本語
字　　幕：日本語、英語
受　　賞：ゴールデン・トレーラー・アワード予告編
　　　　　「What She Is」ベスト・オブ・ショー賞他2部門

第7回映画英語アカデミー賞　候補映画

ワンダーウーマン

<table>
<tr>
<td rowspan="1">英語の特徴</td>
<td>

○ 主人公ダイアナ役のガル・ガドットはイスラエル人、トレバー役のクリス・パインは米国のテキサス出身です。その他の主な役柄の人たちは、英国、フランス、スペイン、イタリア、デンマーク等の出身ですが、訛りは気になりません。また、汚い言葉もほとんどありません。

○ 純粋な心の持ち主のダイアナのセリフには、思わず笑わされるものが随所に出てきます。特にトレバーの秘書エッタとのやりとりに注目してください。「発展学習」にその一部を紹介してあります。

○ 意外にも、この映画のセリフには、中・高の英語の授業で習うような文が多く出てきます。「学習ポイント」の欄を参考にしてください。

○ ダイアナがトレバーに向かって、"We speak hundreds of languages."（私たちは何百もの言語を話すの）〔Chap.3, 31:25〕と言います。実際、彼女はあまり馴染みのない言語のトルコ語（Ottoman）とシュメール語（Sumerian）を瞬時に見分け〔Chap.6, 57:15〜〕、スペイン語、中国語、古代ギリシャ語、そしてフランス語でも受け答え〔Chap.6, 61:34〜〕します。さらに彼女は、酋長とその部族の言葉も理解〔Chap.7, 69:33〜〕できます。

　何百種類もの言語を話せるようになることは不可能ですが、英語だけに留まらず、それ以外の言語にも興味・関心をもつことは大切です。

</td>
</tr>
<tr>
<td>学習ポイント</td>
<td>

教科書に出てくるような例文を確認しましょう。

○ Hippolyta： Be careful in the world of men, Diana. They do not deserve you. You have been my greatest love. Today, you are my greatest sorrow.

（人間の世界には気をつけるのよ、ダイアナ。彼らはあなたにふさわしくない。あなたはずっと愛しかった。今日は最も哀しいわ）

〔Chap.4, 37:56〜〕

　この中には「be動詞の命令文」、「現在完了形」、そして「形容詞の最上級」が出てきます。それに加えて、動詞 'deserve'（〜に値する、価値がある）の使い方に注目してください。中学校では馴染みのない語ですが、本作品では〔Chap.10, 106:50〜〕をはじめ、所々で使われています。

○ Menalippe： Should you have told her?

（彼女〔ダイアナ〕に教えるべきだったのでは？）

Hippolyta： The more she knows, the sooner he will find her.

（知れば知るほど、奴〔アレス〕が迫ってくる）〔Chap.4, 38:59〜〕

　高校1年で習う仮定法過去完了と、比較級の例文です。ダイアナの母ヒッポリタは、〔Chap.2, 11:57〜〕でも "The stronger she gets, the sooner he will find her." と言っていました。

</td>
</tr>
<tr>
<td>スタッフ</td>
<td>

製　　作：チャールズ・ローブン他　　　製作総指揮：スティーブン・ジョーンズ他
監　　督：パティ・ジェンキンス　　　　撮　　影：マシュー・ジャンセン
脚　　本：アラン・ハインバーグ　　　　音　　楽：ルパート・グレグソン＝ウィリアムズ
原　　作：ジェイソン・フュークス他　　編　　集：マーティン・ウォルシュ

</td>
</tr>
</table>

ワンダーウーマン

薦	○小学生　●中学生　●高校生　●大学生　●社会人	リスニング難易表	
お薦めの理由	○ 楽しみながら歴史が学べます！ 　　今から100年以上も前の第一次世界大戦の戦場では、兵士たちの仕事は塹壕づくりから始まりました。また、大量殺戮の近代兵器が使用されるようになったのも、この戦争からです。本作にももちろん登場しています。 　　第一次世界大戦をさらに詳しく知りたい人には、チャップリンの『担へ銃』(1918) をはじめ、『西部戦線異状なし』(1930)、『ジョニーは戦場へ行った』(1971)、『戦場のアリア』(2005)、『戦火の馬』(2011) がお薦めです。 ○ 楽しみながら英語が学べます！ 　　アクションシーンはもちろんお薦めですが、意外にもセリフの多くが中学校や高等学校の英語の授業に出てきそうな例文のようなものとなっています。「学習ポイント」の欄に数例挙げてあります。 　　また、英語の学習に欠かせないユーモアを含むセリフも、ダイアナとエッタの会話にはよく出ています。この下の「発展学習」の欄を参考にしてください。	スピード	2
		明瞭さ	3
		米国訛	3
		米国外訛	2
		語　彙	2
		専門語	2
		ジョーク	2
		スラング	2
		文　法	2

発展学習	ダイアナが初めて人間の世界にやってくるChap. 5 は、面白いセリフが満載！ ○ 赤ちゃんを初めて見たダイアナは…。　　　　　　〔Chap.5, 48:12〜〕 Diana ：Awww, a baby!　　　　　　　（あー、赤ちゃんだわ！） Trevor：That one's not made out of clay.　（あの子は粘土からできていないよ） 　　このセリフは、〔Chap.4, 42:32〕のところで "My mother sculpted me from clay and I was brought to life by Zeus."（母が私を粘土から作り、そしてゼウスに命をもらった）とダイアナが言ったことを受けてのセリフです。 ○ ダイアナがトレバーの秘書とご対面。　　　　　　〔Chap.5, 48:51〜〕 Etta 　：I'm introducing myself. It's Etta Candy. I'm Steve Trevor's secretary. 　　　　（自分で自己紹介をするわ。エッタ・キャンディです。トレバーの秘書の） Diana ：What is a secretary?　　　　（秘書って何です？） Etta 　：Oh, well, I do everything. I go where he tells me to go, I do what he tells me to do. 　　　　（あぁ、えっと、何でもするわ。言われたことを何でも） Diana ：Well, where I'm from that's called slavery. 　　　　（あぁ、私のところではそれって奴隷って呼ばれているわ） Etta 　：I really like her.　　　　　（彼女とは本当に気が合いそうだわ） 　　最後のエッタのセリフが本来の意味ではなく、皮肉なのはわかりますよね。

キャスト	ダイアナ／ワンダーウーマン：ガル・ガドット スティーブ・トレバー：クリス・パイン アンティオペ将軍　：ロビン・ライト ルーデンドルフ総監：ダニー・ヒューストン	パトリック卿　：デイビッド・シューリス ヒッポリタ女王　：コニー・ニールセン マル博士　：エレナ・アナヤ チャーリー　：ユエン・ブレムナー

2017年に日本で発売開始された主な
映画DVD一覧表

2017年に日本で発売開始された主な映画DVD一覧表（邦題50音順）

邦題	原題	あらすじ
アイ・イン・ザ・スカイ 世界一安全な戦場	EYE IN THE SKY	ナイロビ上空を飛ぶ【空からの目】を使い、英国軍のパウエル大佐は、英米合同軍事作戦をロンドンから指揮している。テロリストたちの自爆テロ計画をつきとめ、ネバダ州の米軍基地にいるドローン・パイロットに攻撃指令を出すが、殺傷圏内に幼い少女がいることがわかる。
雨の日は会えない、晴れた日は君を想う	DEMOLITION	富も地位も手に入れたウォールストリートのエリート銀行員デイヴィスは、突然、交通事故で美しい妻を失ってしまう。しかし一滴の涙も出ず、哀しみにさえ無感覚になっている自分に気づく。自分の心を取り戻そうともがく、一人の男の悲しくも可笑しい再生の物語。
アラビアの女王 愛と宿命の日々	QUEEN OF THE DESERT	20世紀初頭、ひとりの女性が英国からアラビアへの地へ向かった。彼女は英国鉄鋼王の娘、ガートルード・ベル。自由な旅人であり、考古学者であり、諜報員となったベルは、やがて"イラク建国の母"と称されるほどにアラビアの地に根付き、情熱を注いでいくのだった。
ある天文学者の恋文	CORRESPONDENCE	著名な天文学者エドと彼の教え子エイミーは、皆には秘密の恋を謳歌していた。しかし、そんなエイミーの元に突然届いたエドの訃報。現実を受け入れられないエイミーだが、彼女の元にはその後もエドからの優しさとユーモアに溢れた手紙やメール、贈り物が届き続ける…。
アングリーバード	THE ANGRY BIRDS MOVIE	バードたちが平和に暮らす島バードアイランド。怒りんぼうのレッドは仲間となじめず、村の外でひとり暮らしていた。そんないつもの日常が一転、謎のピッグたちが大きな船に乗って島にやってきて、大事なタマゴが盗まれる大事件が！笑いあり涙ありの感動アドベンチャー！
インフェルノ	INFERNO	R・ラングドン教授に突き付けられた挑戦状、それは米国の大富豪ゾブリストが、人口増加問題の過激な解決策として生み出したウィルス。伝染病を利用した人口淘汰を目論むゾブリストが、詩人ダンテの「神曲」＜地獄篇＞（インフェルノ）に隠した暗号（コード）とは？
栄光のランナー：1936ベルリン	RACE	貧しい家庭に生まれながらもジェシー・オーエンスは、中学時代から陸上選手として類い稀な才能を発揮していた。家族の期待を一身に背負ってオハイオ州立大学に進学。そこでコーチのスナイダーと出会い、オリンピックで金メダルを獲得すべく日々練習に励んでいたが…。
エブリバディ・ウォンツ・サム！！世界はボクらの手の中に	EVERYBODY WANTS SOME!!	野球推薦で入学することになった新入生のジェイクは、野球部の寮に入り、先輩たちから、ある歓迎を受ける。高校時代エースだったジェイクに対する洗礼だった。野球はもちろん、女の子、パーティー…あらゆることに全力で打ち込み、新たな世界を体験していくが…？！

（英語ベースの映画に限る。DVD等の発売会社と本体価格は2018年5月現在のものです）

スタッフ	キャスト	その他	DVD等
製作：ジェド・ドハティ他 監督：ギャヴィン・フッド 脚本：ガイ・ヒバート	キャサリン・パウエル大佐：ヘレン・ミレン ベンソン中将：アラン・リックマン スティーヴン：アーロン・ポール	配給:Bleecker Street Media 上映時間:102分 製作年:2015年 製作国:英	ハピネット DVD価格：3,900円 Blu-ray価格：4,800円
製作：ジャン＝マルク・ヴァレ 監督：ジャン＝マルク・ヴァレ 脚本：ブライアン・サイプ	デイヴィス・ミッチェル：ジェイク・ギレンホール カレン・モレノ：ナオミ・ワッツ フィル・イーストマン：クリス・クーパー	配給:Fox Searchlight Pictures 上映時間:101分 製作年:2015年 製作国:米	カルチュア・パブリッシャーズ DVD価格：3,800円 Blu-ray価格：4,700円
製作：マイケル・ベナローヤ他 監督：ヴェルナー・ヘルツォーク 脚本：ヴェルナー・ヘルツォーク	ガートルード・ベル：ニコール・キッドマン ヘンリー・カドガン：ジェームズ・フランコ リチャード・ダウティ＝ワイリー： ダミアン・ルイス	配給:IFC Films 上映時間:128分 製作年:2014年 製作国:米・モロッコ	ギャガ DVD価格：3,800円
製作：イザベラ・コクッツァ他 監督：ジュゼッペ・トルナトーレ 脚本：ジュゼッペ・トルナトーレ	エドワード・フィーラム教授： ジェレミー・アイアンズ エイミー・ライアン：オルガ・キュリレンコ ヴィクトリア：ショーナ・マクドナルド	配給:ギャガ（日本） 上映時間:122分 製作年:2016年 製作国:伊	ギャガ DVD価格：3,800円 Blu-ray価格：4,800円
製作：ジョン・コーエン他 監督：ファーガル・ライリー他 脚本：ジョン・ヴィッティ	レッド：ジェイソン・サダイキス チャック：ジョシュ・ギャッド ボム：ダニー・マクブライド	配給:Columbia Pictures 上映時間:97分 製作年:2016年 製作国:米・フィンランド	ソニー・ピクチャーズ エンタテインメント DVD価格：1,280円 Blu-ray価格：1,800円
製作：ブライアン・グレイザー他 監督：ロン・ハワード 脚本：デヴィッド・コープ	ロバート・ラングドン：トム・ハンクス シエナ・ブルックス：フェリシティ・ジョーンズ ハリー・シムズ：イルファン・カーン	配給:Columbia Pictures 上映時間:121分 製作年:2016年 製作国:米	ソニー・ピクチャーズ エンタテインメント DVD価格：1,280円 Blu-ray価格：1,800円
製作：リュック・ダヤン 監督：スティーヴン・ホプキンス 脚本：ジョー・シュラップネル他	ジェシー・オーエンス：ステファン・ジェイムス ラリー・スナイダー：ジェイソン・サダイキス アベリー・ブランデージ：ジェレミー・アイアンズ	配給:Focus Features 上映時間:134分 製作年:2016年 製作国:加・独・仏	TCエンタテインメント DVD価格：3,800円
製作：リチャード・リンクレイター 監督：リチャード・リンクレイター 脚本：リチャード・リンクレイター	ジェイク：ブレイク・ジェナー ビバリー：ゾーイ・ドゥイッチ フィネンガン：グレン・パウエル	配給:Paramount Pictures 上映時間:117分 製作年:2016年 製作国:米	カルチュア・パブリッシャーズ DVD価格：3,800円 Blu-ray価格：4,700円

2017年に日本で発売開始された主な映画DVD一覧表（邦題50音順）

邦題	原題	あらすじ
王様のための ホログラム	A HOLOGRAM FOR THE KING	エリート人生から転落した主人公アランに与えられたミッション、それは砂漠で王様に最先端の映像装置「3Dホログラム」を売ること。神秘の国サウジアラビアで彼を待ち受けるハプニングとは？！トム・ハンクスが鬼才トム・ティクヴァと再タッグを組んだ話題作！
カーズ クロスロード	CARS 3	天才レーサーで最強のチャンピオン、ライトニング・マックィーン。しかし、ベテランの彼を待ち受けていたのは、ハイテクを使った次世代レーサー、ジャクソン・ストーム。そして、ストームとのバトルで焦ったマックィーンは、レースで大事故を起こしてしまう…。
ガーディアンズ・オブ・ ギャラクシー： リミックス	GUARDIANS OF THE GALAXY VOL. 2	ノリで結成された銀河一の"落ちこぼれ"チーム＜ガーディアンズ・オブ・ギャラクシー＞。些細なことから、"黄金の惑星"の艦隊から総攻撃を受けることに。間一髪、彼らを救ったのは"ピーターの父親"と名乗る謎の男と、触れただけで感情を読み取れる男だった。
ガール・オン・ザ・ トレイン	THE GIRL ON THE TRAIN	レイチェルがいつも見かける「理想の夫婦」。しかしその妻は不倫していた。現場を目撃したレイチェルは気になって夫婦の様子を見に行くが、気づけば自室で大けがをして倒れていた。その上、「妻」が死体で発見される。どうやら「空白の時間」に原因があるようだが…。
怪盗グルーの ミニオン大脱走	DESPICABLE ME 3	「怪盗グルー」シリーズの第3弾。晴れて結婚したグルーとルーシーの前に、新たな敵バルタザール・ブラットが現れる。子役として人気を博した過去の栄光にすがるバルタザールは、様々なガジェットを駆使して犯罪を繰り返し、グルーを反悪党同盟から追い出してしまう。
カフェ・ソサエティ	CAFE SOCIETY	ウディ・アレン監督が1930年代ハリウッド黄金時代を背景に、きらびやかな社交界（カフェ・ソサエティ）に身を置くことになった青年の恋や人生を描いたロマンティックコメディ。NY生まれの青年ボビーは、業界の有力者である叔父フィルを頼ってハリウッドにやってくる。
奇蹟がくれた数式	THE MAN WHO KNEW INFINITY	1914年、英国。ケンブリッジ大学の数学者ハーディは、遠くインドから届いた一通の手紙に夢中になる。そこには驚くべき"発見"が記されていた。ハーディは差出人の事務員ラマヌジャンを大学に招聘し、奇蹟の証明に取り組む。二人が起こした奇跡と友情を描いた感動の実話。
疑惑のチャンピオン	THE PROGRAM	25歳で重度のガンに冒されながらもカムバックを果たし、自転車レースの最高峰「ツール・ド・フランス」で前人未到の7連覇を達成したアームストロング。しかし、この絶対王者には常にドーピングという"黒い噂"がつきまとっていた。彼の栄光と転落を描いた実録ドラマ。

（英語ベースの映画に限る。DVD等の発売会社と本体価格は2018年5月現在のものです）

スタッフ	キャスト	その他	DVD等
製作：ウーヴェ・ショット他 監督：トム・ティクヴァ 脚本：トム・ティクヴァ	アラン・クレイ：トム・ハンクス ユセフ：アレクサンダー・ブラック ザーラ・ハキム：サリタ・チョウドリー	配給：Lionsgate 上映時間：98分 製作年：2016年 製作国：米	ポニーキャニオン DVD価格：3,800円 Blu-ray価格：4,700円
製作：ケヴィン・レハー 監督：ブライアン・フィー 脚本：キール・マレー他	ライトニング・マックィーン：オーウェン・ウィルソン クルーズ・ラミレス：クリステラ・アロンツォ スモーキー：クリス・クーパー	配給：Walt Disney Studios Motion Pictures 上映時間：102分 製作年：2017年 製作国：米	ウォルト・ディズニー・ジャパン MovieNEX価格：4,000円
製作：ケヴィン・ファイギ 監督：ジェームズ・ガン 脚本：ジェームズ・ガン	ピーター・クイル／スター・ロード： 　　　　　　　　　　クリス・プラット ガモーラ：ゾーイ・サルダナ ドラックス：デイヴ・バウティスタ	配給：Walt Disney Studios Motion Pictures 上映時間：136分 製作年：2017年 製作国：米・ニュージーランド・加	ウォルト・ディズニー・ジャパン MovieNEX価格：4,000円
製作：マーク・プラット他 監督：テイト・テイラー 脚本：エリン・クレシダ・ウィルソン	レイチェル：エミリー・ブラント アナ：レベッカ・ファーガソン トム：ジャスティン・セロー	配給：Reliance Entertainment 上映時間：112分 製作年：2016年 製作国：米	NBCユニバーサル・エンターテイメント DVD価格：1,429円 Blu-ray価格：1,886円
製作：クリス・メレダンドリ他 監督：ピエール・コフィン他 脚本：シンコ・ポール他	グルー：スティーヴ・カレル バルタザール・ブラット：トレイ・パーカー ルーシー：クリステン・ウィグ	配給：Universal Pictures 上映時間：90分 製作年：2017年 製作国：米	NBCユニバーサル・エンターテイメント DVD価格：1,429円 Blu-ray価格：1,886円
製作：レッティ・アロンソン 監督：ウディ・アレン 脚本：ウディ・アレン	ボビー：ジェシー・アイゼンバーグ ヴォニー：クリステン・スチュワート ヴェロニカ：ブレイク・ライヴリー	配給：Lionsgate 上映時間：96分 製作年：2016年 製作国：米	KADOKAWA DVD価格：3,800円 Blu-ray価格：4,700円
製作：ジョー・トーマス他 監督：マシュー・ブラウン 脚本：マシュー・ブラウン	ラマヌジャン：デヴ・パテル G・H・ハーディ：ジェレミー・アイアンズ ジャナキ：デヴィカ・ビセ	配給：IFC Films 上映時間：108分 製作年：2016年 製作国：英	KADOKAWA DVD価格：3,800円 Blu-ray価格：4,700円
製作：ティム・ビーヴァン 監督：スティーヴン・フリアーズ 脚本：ジョン・ホッジ	ランス・アームストロング：ベン・フォスター デイヴィッド・ウォルシュ：クリス・オダウド ミケーレ・フェラーリ：ギョーム・カネ	配給：Momentum Pictures 上映時間：103分 製作年：2015年 製作国：英	松竹／ロングライド DVD価格：3,800円 Blu-ray価格：4,700円

2017年に日本で発売開始された主な映画DVD一覧表（邦題50音順）

邦題	原題	あらすじ
キングコング 髑髏島の巨神	KONG: SKULL ISLAND	未知の生命体の存在を確認しようと、学者やカメラマン、軍人からなる調査隊が「髑髏島」にやって来る。そこに突如現れた島の巨大なる"守護神"キングコング。島を破壊したことで、人間たちは"彼"を怒らせてしまう。やがて明らかになる、島の驚くべき秘密とは!?
グランド・イリュージョン －見破られたトリック－	NOW YOU SEE ME 2	ヒーローにして犯罪者、正義の犯罪集団フォー・ホースメン。新たなミッションは巨大IT企業の個人情報売買の暴露。しかし、天才エンジニア、ウォルターに阻止されてしまう。その裏には、ホースメンを利用して世界を大混乱に陥れる陰謀があった。果たして勝負の行方は?!
グレートウォール	THE GREAT WALL	金や名声のため、強力な武器を求めて世界を旅する男、ウィリアムはたどり着いた万里の長城で、巨大な地響きとともに圧倒的な数で迫りくる謎の生物に遭遇する。それは、人間の欲深さを罰するために60年に一度現れる伝説の怪物で、万里の長城が築かれた最大の要因だった。
コウノトリ大作戦！	STORKS	コウノトリが赤ちゃんを運んでくる…なんていうのは昔の話。時は流れ、現代のコウノトリが届けるのは様々な商品で、赤ちゃんの配達は禁止されている。ところがある日、コウノトリ宅配便社に古びた「赤ちゃん申込書」が届き、手違いで可愛い赤ちゃんが誕生してしまう…。
高慢と偏見とゾンビ	PRIDE AND PREJUDICE AND ZOMBIES	「高慢と偏見」＋ゾンビという大胆な発想でベストセラーとなったセス・グレアム＝スミスの同名小説を映画化。感染するとゾンビ化するウィルスが蔓延する18世紀の英国。ベネット家の五人姉妹は、裕福な男性との結婚を夢見ながらカンフーでゾンビと戦う毎日を送っていた。
ゴースト・イン・ザ・シェル	GHOST IN THE SHELL	士郎正宗原作の人気アニメがハリウッドに登場！未来の世界、人々はテクノロジーによって強化されている。少佐は世界で唯一の、脳を除いて全身サイボーグ。死の淵から生還し、サイバー犯罪を取り締まっている。危険な任務の操作を進めるうちに彼女は衝撃的な事実を知る。
コロニア	COLONIA	フライトでチリを訪れたドイツのC.A.レナは、現地の政情を調査するために滞在していた恋人と束の間の逢瀬を楽しんでいた。しかし、突如チリ軍部によるクーデターが発生し、恋人は反体制勢力として捕われてしまう。レナは彼が監禁されている施設を突き止めるが…。
コンカッション	CONCUSSION	ナイジェリアから米国に夢を抱いてやってきたベネット・オマルは、検死官も務める真面目で誠実な医師。2002年、彼はアメリカン・フットボールのNFLを引退した花形選手マイク・ウェブスターの解剖に携わり、頭部への激しいタックルが原因である脳の病気を発見する。

186

（英語ベースの映画に限る。DVD等の発売会社と本体価格は2018年5月現在のものです）

スタッフ	キャスト	その他	DVD等
製作：トーマス・タル他 監督：ジョーダン・ボート＝ロバーツ 脚本：ダン・ギルロイ他	コンラッド：トム・ヒドルストン パッカード：サミュエル・L・ジャクソン ウィーバー：ブリー・ラーソン	配給：Warner Bros. 上映時間：118分 製作年：2017年 製作国：中・豪・加・米	ワーナー・ブラザース ホームエンターテイメント DVD価格：1,429円 Blu-ray価格：2,381円
製作：アレックス・カーツマン他 監督：ジョン・M・チュウ 脚本：エド・ソロモン	ディラン・ローズ：マーク・ラファロ サディアス・ブラッドリー：モーガン・フリーマン J・ダニエル・アトラス： ジェシー・アイゼンバーグ	配給：Lionsgate 上映時間：130分 製作年：2016年 製作国：米・仏	KADOKAWA/ソニー・ピクチャーズ エンタテインメント DVD価格：1,280円 Blu-ray価格：1,800円
製作：トーマス・タル他 監督：チャン・イーモウ 脚本：カルロ・バーナード他	ウィリアム・ガリン：マット・デイモン バラード：ウィレム・デフォー ワン軍師：アンディ・ラウ	配給：Universal Pictures 上映時間：103分 製作年：2016年 製作国：米・中・豪・加	NBCユニバーサル・エンターテイメント DVD価格：1,429円 Blu-ray価格：1,886円
製作：ニコラス・ストーラー他 監督：ニコラス・ストーラー他 脚本：ニコラス・ストーラー	ジュニア：アンディ・サムバーグ チューリップ：ケイティ・クラウン ネイト：アントン・スタークマン	配給：Warner Bros. 上映時間：86分 製作年：2016年 製作国：米	ワーナー・ブラザース ホームエンターテイメント DVD価格：1,429円 Blu-ray価格：2,381円
製作：マーク・バタン他 監督：バー・スティアーズ 脚本：バー・スティアーズ	エリザベス・ベネット：リリー・ジェームズ ミスター・ビングリー：ダグラス・ブース ミスター・ダーシー：サム・ライリー	配給：Screen Gems 上映時間：108分 製作年：2016年 製作国：米・英	ギャガ DVD価格：1,143円 Blu-ray価格：2,000円
製作：アヴィ・アラッド他 監督：ルパート・サンダース 脚本：ジェイミー・モス他	少佐：スカーレット・ヨハンソン 荒巻：ビートたけし バトー：ピルー・アスベック	配給：Paramount Pictures 上映時間：107分 製作年：2017年 製作国：米・インド・中・日・香 港・英・ニュージーランド・加・豪	NBCユニバーサル・エンターテイメント DVD価格：1,429円 Blu-ray価格：1,886円
製作：ベンジャミン・ハーマン 監督：フロリアン・ガレンベルガー 脚本：トルステン・ヴェンツェル他	レナ：エマ・ワトソン ダニエル：ダニエル・ブリュール パウル・シェーファー：ミカエル・ニクヴィスト	配給：Screen Media Films 上映時間：110分 製作年：2015年 製作国：独・仏・ルクセンブルク・英	松竹 DVD価格：3,300円 Blu-ray価格：3,800円
製作：リドリー・スコット他 監督：ピーター・ランデズマン 脚本：ピーター・ランデズマン	ベネット・オマル医師：ウィル・スミス ジュリアン・ベイルス医師： アレック・ボールドウィン シリル・ウェクト医師：アルバート・ブルックス	配給：Columbia Pictures 上映時間：122分 製作年：2015年 製作国：米	ソニー・ピクチャーズ エンタテインメント DVD価格：1,280円 Blu-ray価格：1,800円

2017年に日本で発売開始された主な映画DVD一覧表（邦題50音順）

邦題	原題	あらすじ
ザ・コンサルタント	THE ACCOUNTANT	天才的頭脳を持ち、人間より数学に愛着を覚えるウルフは、フリーの会計コンサルタントとして、世界中の犯罪組織を顧客としている。米国財務省の犯罪捜査課にマークされる中、彼は数百万ドル規模の不正な会計処理が見つかったロボット開発会社の監査を引き受けてしまう。
シークレット・オブ・モンスター	THE CHILDHOOD OF A LEADER	1918年。ヴェルサイユ条約締結を目的にフランスに送り込まれた米政府高官。彼には、神への深い信仰心をもつ妻と、まるで少女のように美しい息子がいた。そして次第に息子の性格は恐ろしいほど歪み始める――。独裁者の少年時代を描いた異色のミステリーに世界が驚愕する！
ジーサンズ はじめての強盗	GOING IN STYLE	ウィリー、ジョー、アルの三人は慎ましくも幸せな老後を送っていた。ところがある日、長年勤めていた会社の合併によって、年金を止められてしまう。なんとしてでも今までの穏やかで幸せな生活を取り戻すべく、三人は銀行のお金を奪おうと、大胆で危険な賭けに出るが…。
ジェイソン・ボーン	JASON BOURNE	ジェイソン・ボーンが消息を絶ってから何年もの歳月が経ったある日、元同僚であるニッキーはボーンを見つけ、彼にある事実を告げる。それはCIAが世界中の情報を監視し、技術開発やテロ活動を裏で操作することを目的とした極秘プログラムが始動したというものだった。
ジェーン	JANE GOT A GUN	米国西部で夫と娘とともに穏やかに暮らしていたジェーン。しかしある日、夫が撃たれたことでその平穏は奪われてしまう。相手は悪名高きビショップ一家。地の果てまで追い続け、すべてを奪い去る彼から愛する家族を守るため、ジェーンは銃を手に立ち上がる…。本格西部劇！
シチズンフォー／スノーデンの暴露	CITIZENFOUR	2013年6月、ある内部告発で全世界に衝撃が走った。スノーデン事件、それは米国の二大情報機関CIA、NSAに属した若者が、国家による一般市民の通信データ収集の実態を証拠となる内部資料とともに暴露したうえ、自ら実名で名乗り出るという、かつて類を見ない大事件だった。
ジャッキー／ファーストレディ 最後の使命	JACKIE	1963年11月22日、ジョン・F・ケネディ大統領は、テキサス州ダラスでのパレードの最中に銃殺される。目の前で愛する夫を暗殺されたファーストレディのジャッキーは、怒りと衝撃に震えていたが、彼女に悲しんでいる時間はなかった。世紀のファーストレディの真実の物語。
ジャック・リーチャー NEVER GO BACK	JACK REACHER: NEVER GO BACK	ターナー少佐は身に覚えのない反逆罪で逮捕されるが、リーチャーはターナーと謎の協力者の助けを借りて、秘密を守るためならどんな手段も辞さない強大な組織を壊滅させるため、すべてを懸けて立ち向かう。L・チャイルドのベストセラーを映画化したアクション満載の作品。

（英語ベースの映画に限る。DVD等の発売会社と本体価格は2018年5月現在のものです）

スタッフ	キャスト	その他	DVD等
製作：マーク・ウィリアムズ他 監督：ギャビン・オコナー 脚本：ビル・ドゥビューク	クリスチャン・ウルフ：ベン・アフレック デイナ・カミングス：アナ・ケンドリック レイモンド・キング：J・K・シモンズ	配給：Warner Bros. 上映時間：128分 製作年：2016年 製作国：米	ワーナー・ブラザース ホームエンターテイメント DVD価格：1,429円 Blu-ray価格：2,381円
製作：クリス・コーエン 監督：ブラディ・コーベット 脚本：ブラッド・コーベット他	母親：ベレニス・ベジョ 父親：リアム・カニンガム プレスコット：トム・スウィート	配給：IFC Films 上映時間：116分 製作年：2015年 製作国：英・仏・ハンガリー	ポニーキャニオン DVD価格：3,800円 Blu-ray価格：4,700円
製作：ドナルド・デ・ライン 監督：ザック・ブラフ 脚本：セオドア・メルフィ	ウィリー・デイビス：モーガン・フリーマン ジョー・ハーディング：マイケル・ケイン アルバート・ガーナー：アラン・アーキン	配給：Warner Bros. 上映時間：96分 製作年：2017年 製作国：米	ワーナー・ブラザース ホームエンターテイメント DVD価格：1,429円 Blu-ray価格：2,381円
製作：ポール・グリーングラス他 監督：ポール・グリーングラス 脚本：ポール・グリーングラス他	ジェイソン・ボーン：マット・デイモン ヘザー・リー：アリシア・ヴィキャンデル ロバート・デューイ：トミー・リー・ジョーンズ	配給：Universal Pictures 上映時間：123分 製作年：2016年 製作国：米・中	NBCユニバーサル・エンターテイメント DVD価格：1,429円 Blu-ray価格：1,886円
製作：スコット・スタインドルフ他 監督：ギャヴィン・オコナー 脚本：ブライアン・ダッフィールド他	ジェーン・ハモンド：ナタリー・ポートマン ダン・フロスト：ジョエル・エドガートン ジョン・ビショップ：ユアン・マクレガー	配給：The Weinstein Company 上映時間：98分 製作年：2016年 製作国：米	ポニーキャニオン DVD価格：3,800円 Blu-ray価格：4,700円
製作：ローラ・ポイトラス 監督：ローラ・ポイトラス	エドワード・スノーデン ローラ・ポイトラス グレン・グリーンウォルド	配給：RADiUS-TWC 上映時間：114分 製作年：2014年 製作国：米・独 第87回アカデミー長編ドキュメンタリー 映画賞受賞	ギャガ DVD価格：3,800円
製作：ダーレン・アロノフスキー 監督：パブロ・ラライン 脚本：ノア・オッペンハイム	ジャクリーン・ケネディ：ナタリー・ポートマン ロバート・F・ケネディ：ピーター・サースガード ナンシー・タッカーマン：グレタ・ガーウィグ	配給：Fox Searchlight Pictures 上映時間：99分 製作年：2016年 製作国：米・チリ・仏 第89回アカデミー主演女優賞他 2部門ノミネート	キノフィルムズ／木下グループ DVD価格：3,800円 Blu-ray価格：4,800円
製作：トム・クルーズ他 監督：エドワード・ズウィック 脚本：エドワード・ズウィック他	ジャック・リーチャー：トム・クルーズ スーザン・ターナー少佐：コビー・スマルダーズ サマンサ：ダニカ・ヤロシュ	配給：Paramount Pictures 上映時間：118分 製作年：2016年 製作国：米・中	NBCユニバーサル・エンターテイメント DVD価格：1,429円 Blu-ray価格：1,886円

2017年に日本で発売開始された主な映画DVD一覧表（邦題50音順）

邦題	原題	あらすじ
シング	SING	粋なコアラのバスター・ムーンが所有する劇場の現状は、客足が遠のき借金の返済も滞り、今や差し押さえの危機に瀕していた。そんな状態でもあくまで楽天的なバスターは、劇場にかつての栄光を取り戻すため世界最高の歌唱コンテストを開催するという最後の賭けに出る。
シング・ストリート 未来へのうた	SING STREET	14歳のコナーの楽しみは、ロンドンの音楽ビデオをテレビで見ること。ある日、街で見かけた少女ラフィーナに心を奪われたコナーは、自分のバンドのPVに出演しないかと彼女を誘ってしまう。慌ててバンドを結成し、音楽シーンを驚かせるPVを作るべく猛特訓を開始するが…。
スウィート17 モンスター	THE EDGE OF SEVENTEEN	ネイディーンは17歳。恋に恋する妄想だけがいつも空まわりして、教師や、母親を困らせてばかり。たったひとりの親友クリスタだけが、自分のすべてだと思っていたのに、何をしてもかなわないとコンプレックスを抱いていた天敵の兄と親友クリスタが恋に落ちてしまう。
スター・トレック BEYOND	STAR TREK BEYOND	救出ミッションを受け、宇宙の最果てへ向かったUSSエンタープライズは惑星連邦に復讐を誓う冷酷な反乱者クラールの急襲を受ける。カークやスポックらクルーたちは危険に満ちた未知なる惑星に不時着し、離れ離れになってしまう。スリル満点のアドベンチャー超大作！
素敵な遺産相続	WILD OATS	オスカー女優のシャーリー・マクレーンとジェシカ・ラングが共演。夫に先立たれた女性エヴァ（マクレーン）が、思いがけず手に入った高額の遺産を元手に親友マディ（ラング）とバカンスに出かけ、人生の再スタートを図ろうとする姿を描いたハートフルコメディ。
スノーデン	SNOWDEN	2013年6月、英ガーディアン紙のスクープが世界を震撼させた。米国家安全保障局の職員スノーデンが、米政府による膨大な個人情報監視の事実を暴露したのだ。ごく普通の29歳の若者だった彼はなぜ輝かしいキャリア、恋人との幸せな人生を捨ててまで告発を決意したのか。
スパイダーマン ホームカミング	SPIDER-MAN: HOMECOMING	3度目の映画化となる新たな「スパイダーマン」。ベルリンでのアベンジャーズ同士の戦いに参加した後NYに戻ったスパイダーマンこと15歳の高校生ピーター・パーカーは、トニー・スタークにもらった特製スーツを駆使し、放課後の部活のノリで街を救う活動に勤しんでいた。
スプリット	SPLIT	パーティー帰り、車に乗った三人の女子高生。見知らぬ男が乗り込んできて、三人は眠らされ拉致監禁される。目を覚ますとそこは密室…彼女たちはその後、信じがたい事実を知る。―なんと彼には23もの人格が宿っていたのだ！そして、さらに恐るべき24番目の人格が誕生する。

（英語ベースの映画に限る。DVD等の発売会社と本体価格は2018年5月現在のものです）

スタッフ	キャスト	その他	DVD等
製作：クリス・メレダンドリ他 監督：ガース・ジェニングス 脚本：ガース・ジェニングス	バスター・ムーン：マシュー・マコノヒー アッシュ：スカーレット・ヨハンソン ジョニー：タロン・エガートン	配給：Universal Pictures 上映時間：108分 製作年：2016年 製作国：米・日	NBCユニバーサル・エンタテイメント DVD価格：1,429円 Blu-ray価格：1,886円
製作：アンソニー・ブレグマン他 監督：ジョン・カーニー 脚本：ジョン・カーニー	コナー：フェルディア・ウォルシュ＝ピーロ ラフィーナ：ルーシー・ボイントン ブレンダン：ジャック・レイナー	配給：The Weinstein Company 上映時間：106分 製作年：2015年 製作国：アイルランド・英・米	ギャガ DVD価格：1,143円 Blu-ray価格：2,000円
製作：ジェームズ・L・ブルックス他 監督：ケリー・フレモン・クレイグ 脚本：ケリー・フレモン・クレイグ	ネイディーン：ヘイリー・スタインフェルド ミスター・ブルーナー（先生）： 　　　　　　ウディ・ハレルソン モナ（母）：キーラ・セジウィック	配給：STX Entertainment 上映時間：105分 製作年：2016年 製作国：米・中	ソニー・ピクチャーズ エンタテイメント DVD価格：1,280円 Blu-ray価格：1,800円
製作：J・J・エイブラムス他 監督：ジャスティン・リン 脚本：サイモン・ペッグ	ジェームズ・T・カーク：クリス・パイン スポック：ザッカリー・クイント ウフーラ：ゾーイ・サルダナ	配給：Paramount Pictures 上映時間：122分 製作年：2016年 製作国：米・中 第89回アカデミーメイクアップ＆ヘアスタイリング賞ノミネート	NBCユニバーサル・エンタテイメント DVD価格：1,429円 Blu-ray価格：1,886円
製作：ブライス・フランク他 監督：アンディ・テナント 脚本：クラウディア・マイヤース他	エヴァ：シャーリー・マクレーン マディ：ジェシカ・ラング クリスタル：デミ・ムーア	配給：The Weinstein Company 上映時間：92分 製作年：2016年 製作国：米・独	ファインフィルムズ DVD価格：3,900円
製作：モリッツ・ボーマン 監督：オリバー・ストーン 脚本：キーラン・フィッツジェラルド他	エドワード・スノーデン： 　　ジョセフ・ゴードン＝レヴィット リンゼイ・ミルズ：シャイリーン・ウッドリー ローラ・ポイトラス：メリッサ・レオ	配給：Open Road Films (II) 上映時間：183分 製作年：2016年 製作国：米・独・仏	ショウゲート DVD価格：3,800円 Blu-ray価格：4,700円
製作：ケヴィン・ファイギ他 監督：ジョン・ワッツ 脚本：ジョナサン・ゴールドスタイン他	ピーター・パーカー：トム・ホランド エイドリアン・トゥームス：マイケル・キートン ハッピー・ホーガン：ジョン・ファヴロー	配給：Columbia Pictures 上映時間：133分 製作年：2017年 製作国：米	ソニー・ピクチャーズ エンタテイメント DVD&Blu-ray価格：4,743円
製作：M・ナイト・シャマラン他 監督：M・ナイト・シャマラン 脚本：M・ナイト・シャマラン	ケビン：ジェームズ・マカヴォイ ケイシー：アナ・テイラー＝ジョイ クレア：ヘイリー・ルー・リチャードソン	配給：Universal Pictures 上映時間：117分 製作-年：2016年 製作国：米・日	NBCユニバーサル・エンタテイメント DVD価格：1,429円 Blu-ray価格：1,886円

2017年に日本で発売開始された主な映画DVD一覧表（邦題50音順）

邦題	原題	あらすじ
素晴らしきかな、人生	COLLATERAL BEAUTY	NYの広告代理店で成功を収めていたハワード。しかし彼は最愛の娘を失い、深い喪失感に見舞われ、やる気を失っていた。同僚たちもハワードと会社を心配している。そんなある日、人生ドン底のハワードの前に三人の奇妙な舞台俳優が突然現れ、ハワードに変化をもたらす。
世界一キライなあなたに	ME BEFORE YOU	ルイーザは、事故で車いす生活を余儀なくされ、裕福だが皮肉屋になってしまったウィルの介護人兼話し相手になる。ルイーザの献身的な姿はウィルの心を溶かし、やがて互いが最愛の存在になるが、ある日ルイーザは知ってしまう。彼が決めた「生きる」時間があとわずかだということを…。
ソング・オブ・ザ・シー　海のうた	SONG OF THE SEA	海ではアザラシ、陸では人間の姿になる妖精の母親と、人間の父親との間に生まれたベンとシアーシャの兄妹。妹が生まれた日に母親が姿を消してしまったことから、ベンは妹に優しくできない。アイルランドの神話を基にしたアカデミー長編アニメ映画賞ノミネート作品！
ダイバージェントFINAL	THE DIVERGENT SERIES: ALLEGIANT	SFアクションシリーズの第3作。人類を「無欲」「平和」「高潔」「勇敢」「博学」の5つの派閥に分類・管理する社会体制が崩壊し、新たな支配者の勢力が拡大していたシカゴからの脱出を試みるトリスは、自身にまつわる驚くべき真実と巨大組織の陰謀に直面する。
ダーティ・グランパ	DIRTY GRANDPA	結婚を目前に控えた真面目な弁護士のジェイソンは、祖母の訃報を受けて葬儀に駆けつける。そこで彼は消沈した祖父ディックから強引に誘われ、祖母の思い出の地であるフロリダへの傷心旅行にお供することに。ロバート・デ・ニーロとザック・エフロン共演のコメディ！
誰のせいでもない	EVERY THING WILL BE FINE	雪深いカナダ、モントリオール郊外。作家のトマスは恋人との関係がうまくいかず、執筆もスランプに陥っていた。ある日、雪道でトマスは飛び出してきた幼い少年を避けきれずに轢いてしまう。誰のせいでもない事故だったが、それから12年後運命は大きく変わっていく。
ダンケルク	DUNKIRK	史上最大の救出作戦と言われる「ダイナモ作戦」が展開された、第二次世界大戦のダンケルクの戦いを描く。ポーランドを侵攻し、勢力を広げたドイツ軍は、戦車や航空機といった新兵器を用いた電撃的な戦いで英仏連合軍をフランス北部のダンケルクへと追い詰めていく。
沈黙 −サイレンス−	SILENCE	江戸初期、幕府による激しいキリシタン弾圧下の日本。高名な宣教師の棄教を聞き、その弟子ロドリゴらは長崎へと潜入する。彼らは弾圧を逃れた"隠れキリシタン"と呼ばれる日本人らと出会うが、裏切りにより、遂にロドリゴらも囚われの身となり棄教を迫られる。

（英語ベースの映画に限る。DVD等の発売会社と本体価格は2018年5月現在のものです）

スタッフ	キャスト	その他	DVD等
製作：バード・ドロス他 監督：デヴィッド・フランケル 脚本：アラン・ローブ	ハワード：ウィル・スミス ホイット：エドワード・ノートン エイミー：キーラ・ナイトレイ	配給：Warner Bros. 上映時間：97分 製作年：2016年 製作国：米	ワーナー・ブラザース ホームエンターテイメント DVD価格：1,429円 Blu-ray価格：2,381円
製作：カレン・ローゼンフェルト他 監督：テア・シャーロック 脚本：ジョジョ・モイーズ	ルイーザ：エミリア・クラーク ウィル：サム・フランクリン カミーラ：ジャネット・マクティア	配給：Warner Bros. 上映時間：110分 製作年：2016年 製作国：米・英	ワーナー・ブラザース ホームエンターテイメント DVD価格：1,429円 Blu-ray価格：2,381円
製作：トム・ムーア他 監督：トム・ムーア 脚本：ウィル・コリンズ	ベン：デヴィッド・ロウル コナー：ブレンダン・グリーソン ブロナー：フィオヌラ・フラナガン	配給：Gkids 上映時間：93分 製作年：2014年 製作国：アイルランド・ルクセンブルク他 第87回アカデミー長編アニメ映画賞ノミネート	ミッドシップ DVD価格：3,800円 Blu-ray価格：4,700円
製作：ダグラス・ウィック他 監督：ロベルト・シュウェンケ 脚本：ノア・オッペンハイム他	トリス：シャイリーン・ウッドリー フォー：テオ・ジェームズ ジョアンナ：オクタヴィア・スペンサー	配給：Summit Entertainment 上映時間：120分 製作年：2016年 製作国：米	KADOKAWA DVD価格：3,800円 Blu-ray価格：4,700円
製作：バリー・ジョセフソン他 監督：ダン・メイザー 脚本：ジョン・M・フィリップス	ディック：ロバート・デ・ニーロ ジェイソン：ザック・エフロン レノーラ：ゾーイ・ドゥイッチ	配給：Lionsgate 上映時間：102分 製作年：2016年 製作国：米	松竹 DVD価格：3,300円 Blu-ray価格：3,800円
製作：ジャン＝ピエロ・リンゲル 監督：ヴィム・ヴェンダース 脚本：ビョルン・オラフ・ヨハンセン	トマス：ジェームズ・フランコ サラ：レイチェル・マクアダムス ケイト：シャルロット・ゲンズブール	配給：IFC Films 上映時間：118分 製作年：2015年 製作国：独・加・仏・スウェーデン・ノルウェー	トランスフォーマー DVD価格：3,800円
製作：クリストファー・ノーラン 監督：クリストファー・ノーラン 脚本：クリストファー・ノーラン	トミー：フィオン・ホワイトヘッド アレックス：ハリー・スタイルズ 謎の英国兵：キリアン・マーフィー	配給：Warner Bros. 上映時間：106分 製作年：2017年 製作国：米・英・仏・蘭	ワーナー・ブラザース ホームエンターテイメント DVD＆Blu-ray価格：4,990円
製作：マーティン・スコセッシ他 監督：マーティン・スコセッシ 脚本：マーティン・スコセッシ他	セバスチャン・ロドリゴ 神父： 　　　アンドリュー・ガーフィールド フランシス・ガルペ 神父：アダム・ドライバー 通辞：浅野忠信	配給：Paramount Pictures 上映時間：161分 製作年：2016年 製作国：米・台湾・墨 第89回アカデミー撮影賞ノミネート	KADOKAWA／ソニー・ピクチャーズ エンタテインメント DVD価格：3,800円 Blu-ray価格：4,743円

2017年に日本で発売開始された主な映画DVD一覧表（邦題50音順）

邦題	原題	あらすじ
T2 トレインスポッティング	T2 TRAINSPOTTING	スコットランド、エディンバラ。大金を持ち逃げし20年ぶりにこの地に戻ってきたレントン。売春、ゆすりを稼業とするシック・ボーイ。家族に愛想を尽かされ、孤独に絶望しているスパッド。服役中のベグビー。荒んだ人生を疾走する彼らの再会、そして彼らが選ぶ未来とは。
ティファニー ニューヨーク五番街 の秘密	CRAZY ABOUT TIFFANY'S	創業180年を迎える世界一有名なジュエリーブランド、ティファニー。伝説のジュエリーや、ティファニーブルーの逸話、その魅力に魅せられた女優やセレブ、映画監督など、膨大なインタビューと共に、米国の宝石店が世界的なジュエラーになるまでを描いたドキュメンタリー。
手紙は憶えている	REMEMBER	70年前、家族を殺したナチスを探せ。妻の死すらも覚えていられないほど物忘れがひどくなった老齢のゼヴに届いた一通の手紙。彼はアウシュビッツの生存者だったのだ。手紙を手掛かりに、ゼヴの復讐が始まる。しかし彼を待ち受けていたのは人生を覆すほどの衝撃だった。
20センチュリー・ ウーマン	20TH CENTURY WOMEN	1979年のサンタバーバラを舞台に、15歳の少年ジェイミーとシングルマザーのドロシア、そして彼らを取り巻く人々の特別な夏。思春期の息子の教育に悩むドロシアは、ルームシェアで暮らす写真家アビーと、息子の幼なじみに、ジェイミーを助けてやってほしいと頼む。
TOMORROW パーマネントライフを 探して	DEMAIN	「人類は絶滅する恐れがある、それも決して遠くない未来に」2012年、21人の科学者たちが権威ある学術雑誌ネイチャーに、私たちが今のライフスタイルを続ければ、人類は滅亡するという論文を発表し世界に衝撃が走った。解決策を求めて世界を旅する驚きのドキュメンタリー。
ドクター・ストレンジ	DOCTOR STRANGE	突然の事故で神の手を失った天才外科医ドクター・ストレンジ。彼を蘇らせたのは…魔術。厳しい修行により魔術を習得した彼は、世界を滅亡から救うため"闇の魔術"との戦いに巻き込まれていく。だが、医者である彼に、敵の命を奪うことはできるのか？アクション超大作！
トランボ ハリウッドに最も 嫌われた男	TRUMBO	第二次大戦後、赤狩りが猛威を振るう米国。理不尽な弾圧はハリウッドにも及び、人気脚本家トランボは議会での証言を拒んだという理由で投獄されてしまう。キャリアを絶たれた彼は、友人に密かに託した『ローマの休日』をはじめ、次々と偽名でオスカーを勝ち取っていく。
トランスフォーマー 最後の騎士王	TRANSFORMERS: THE LAST KNIGHT	SFアクションシリーズの5作目。トランスフォーマーの起源であり「創造主」と呼ばれる異星人が計画した惑星サイバトロンの再生と地球侵略を阻止すべく旅立ったオプティマス・プライムは、創造主に捕えられて洗脳されてしまい、人類を滅ぼすべく地球に舞い戻ってくる。

（英語ベースの映画に限る。DVD等の発売会社と本体価格は2018年5月現在のものです）

スタッフ	キャスト	その他	DVD等
製作：アンドリュー・マクドナルド 他 監督：ダニー・ボイル 脚本：ジョン・ホッジ	レントン：ユアン・マクレガー スパッド：ユエン・ブレムナー サイモン（シック・ボーイ）： 　　　　ジョニー・リー・ミラー	配給：Sony Pictures Releasing 上映時間：117分 製作年：2017年 製作国：英	ソニー・ピクチャーズ エンタテインメント DVD価格：1,280円 Blu-ray価格：1,800円
製作：ジャスティン・ベイア 監督：マシュー・ミーレー 脚本：マシュー・ミーレー	バズ・ラーマン レイチェル・ゾー ジェシカ・ビール	配給：Gravitas Ventures 上映時間：87分 製作年：2016年 製作国：米	ファインフィルムズ DVD価格：3,900円
製作：ロバート・ラントス他 監督：アトム・エゴヤン 脚本：ベンジャミン・オーガスト	ゼヴ・グットマン：クリストファー・プラマー マックス・ザッカー：マーティン・ランドー チャールズ・グットマン：ヘンリー・ツェニー	配給：A24 上映時間：95分 製作年：2015年 製作国：加・独・南ア・墨	アスミック・エース DVD価格：3,800円 Blu-ray価格：4,700円
製作：ミーガン・エリソン他 監督：マイク・ミルズ 脚本：マイク・ミルズ	ドロシア：アネット・ベニング ジェイミー：ルーカス・ジェイド・ズマン ジュリー：エル・ファニング	配給：A24 上映時間：119分 製作年：2016年 製作国：米 第89回アカデミー脚本賞ノミネート	バップ DVD価格：3,800円
製作：ブリュノ・レヴィ 監督：シリル・ディオン他 脚本：シリル・ディオン	メラニー・ロラン シリル・ディオン ロブ・ホプキンス	配給：Under The Milky Way 上映時間：120分 製作年：2015年 製作国：仏	ミッドシップ DVD価格：4,800円
製作：ケヴィン・ファイギ 監督：スコット・デリクソン 脚本：ジョン・スペイツ他	ドクター・スティーヴン・ストレンジ： 　　　　ベネディクト・カンバーバッチ モルド：キウェテル・イジョフォー ニコデマス・ウエスト：マイケル・スタールバーグ	配給：Walt Disney Studios Motion Pictures 上映時間：115分 製作年：2016年 製作国：米 第89回アカデミー視覚効果賞ノミネート	ウォルト・ディズニー・ジャパン MovieNEX価格：4,000円
製作：マイケル・ロンドン他 監督：ジェイ・ローチ 脚本：ジョン・マクナマラ	ダルトン・トランボ：ブライアン・クランストン クレオ・トランボ：ダイアン・レイン ヘッダ・ホッパー：ヘレン・ミレン	配給：Bleecker Street Media 上映時間：124分 製作年：2015年 製作国：米 第88回アカデミー主演男優賞ノミネート	TCエンタテインメント DVD価格：3,800円 Blu-ray価格：4,700円
製作：ドン・マーフィ他 監督：マイケル・ベイ 脚本：アート・マーカム他	ケイド・イェーガー：マーク・ウォールバーグ バートン卿：アンソニー・ホプキンス レノックス：ジョシュ・デュアメル	配給：Paramount Pictures 上映時間：155分 製作年：2017年 製作国：米・中・加	NBCユニバーサル・エンターテイメント DVD価格：1,429円 Blu-ray価格：1,886円

2017年に日本で発売開始された主な映画DVD一覧表（邦題50音順）

邦題	原題	あらすじ
ナイスガイズ！	THE NICE GUYS	シングルファーザーで酒浸りの私立探偵マーチは、腕力で揉め事を解決する示談屋ヒーリーに強引に相棒にされ、失踪した少女の捜索を開始する。凸凹コンビが捜査を進めていくにつれ、簡単なはずだった仕事は、やがて国家を揺るがす巨大な陰謀に巻き込まれていく。
ニュースの真相	TRUTH	米国で実際に起こった、ある報道が広げた波紋の一部始終を描いた実録ドラマ。ブッシュ大統領が再選を目指していた2004年、米国最大のネットワークを誇る放送局CBSのプロデューサー、メイプスは、局の看板番組で、ブッシュの軍歴詐欺疑惑というスクープを報道するが…。
ニュートン・ナイト自由の旗をかかげた男	FREE STATE OF JONES	黒人と白人の対立が激化する南北戦争の真っただ中、白人と黒人を率いて真の自由を求めて戦った男がいた。1864年、彼はミシシッピ州ジョーンズ郡に、肌の色、貧富の差、宗教や思想に関係なく、誰もが平等な〈自由州〉の設立を宣言した。米国史が封印してきた驚愕の実話。
ネオン・デーモン	THE NEON DEMON	誰もが目を奪われる特別な美しさに恵まれた16歳のジェシーは、トップモデルになる夢を叶えるため田舎町からロスへとやってくる。追い抜かされたライバルたちは嫉妬に駆られ、彼女を引きずりおろそうと躍起になる。やがて彼女自身も自らのダークサイドに目覚めていく。
バーニング・オーシャン	DEEPWATER HORIZON	2010年4月20日。電気技師マイクは、メキシコ湾沖の石油掘削施設「ディープウォーター・ホライゾン」に単身赴いたが、ずさんな管理体制で工事が進められた結果、大量の原油が噴出し施設は大爆発の炎に包まれる。脱出可能なタイムリミットが迫る中、残された126人の運命は。
パイレーツ・オブ・カリビアン最後の海賊	PIRATES OF THE CARIBBEAN: DEAD MEN TELL NO TALES	ジョニー・デップ主演、大ヒットシリーズの第5弾。孤高の海賊ジャック・スパロウと、ジャックへの復讐に燃える「海の死神」サラザールの因縁の対決を軸に、かつてジャックと冒険したウィル・ターナーとその息子ヘンリー、ジャックの宿敵バルボッサらの運命が交錯する。
ハクソー・リッジ	HACKSAW RIDGE	第二次世界大戦の沖縄戦で75人の命を救った米軍衛生兵デズモンド・ドスの実話を映画化した戦争ドラマ。人を殺してはならないという宗教的信念を持つデズモンドは、軍隊でもその意志を貫こうとして上官や同僚たちから疎まれ、ついには軍法会議にかけられることに。
パシフィック・ウォー	USS INDIANAPOLIS: MEN OF COURAGE	太平洋戦争末期、「最終兵器」輸送任務を与えられ、日本軍と熾烈な戦いを繰り広げた米国海軍の軍艦インディアナポリス号。部下のため、そして祖国のために戦い続けた艦長を待ち受ける過酷な運命とは。歴史に刻まれた真実を基に描かれる、衝撃の戦争アクション超大作！

（英語ベースの映画に限る。DVD等の発売会社と本体価格は2018年5月現在のものです）

スタッフ	キャスト	その他	DVD等
製作：ジョエル・シルヴァー 監督：シェーン・ブラック 脚本：シェーン・ブラック	ホランド・マーチ：ライアン・ゴズリング ジャクソン・ヒーリー：ラッセル・クロウ ホリー・マーチ：アンガーリー・ライス	配給：Warner Bros. 上映時間：116分 製作年：2016年 製作国：米	クロックワークス DVD価格：3,800円 Blu-ray価格：4,700円
製作：ジェームズ・ヴァンダービルト他 監督：ジェームズ・ヴァンダービルト 脚本：ジェームズ・ヴァンダービルト	メアリー・メイプス：ケイト・ブランシェット ダン・ラザー：ロバート・レッドフォード マイク・スミス：トファー・グレイス	配給：Sony Pictures Classics 上映時間：125分 製作年：2015年 製作国：豪・米	キノフィルムズ／木下グループ DVD価格：3,800円 Blu-ray価格：4,700円
製作：ゲイリー・ロス 監督：ゲイリー・ロス 脚本：ゲイリー・ロス	ニュートン・ナイト：マシュー・マコノヒー レイチェル：ググ・ンバータ=ロー モーゼス：マハーシャラ・アリ	配給：STX Entertainment 上映時間：140分 製作年：2016年 製作国：米	キノフィルムズ／木下グループ DVD価格：3,800円
製作：レネ・ボーゲル他 監督：ニコラス・ウィンディング・レフン 脚本：ニコラス・ウィンディング・レフン他	ジェシー：エル・ファニング ハンク：キアヌ・リーヴス ディーン：カール・グルスマン	配給：Broad Green Pictures 上映時間：118分 製作年：2016年 製作国：仏・デンマーク・スウェーデン	ギャガ DVD価格：3,800円 Blu-ray価格：4,800円
製作：ロレンツォ・ディ・ボナヴェンチュラ他 監督：ピーター・バーグ 脚本：マシュー・マイケル・カーナハン他	マイク・ウィリアムズ：マーク・ウォールバーグ ジミー・ハレル：カート・ラッセル ヴィドリン：ジョン・マルコヴィッチ	配給：Summit Entertainment 上映時間：107分 製作年：2016年 製作国：米第89回アカデミー視覚効果賞他1部門ノミネート	KADOKAWA／ソニー・ピクチャーズ エンタテインメント DVD価格：3,800円 Blu-ray価格：4,743円
製作：ジェリー・ブラッカイマー 監督：ヨアヒム・ローニング他 脚本：ジェフ・ナサンソン	ジャック・スパロウ：ジョニー・デップ カリーナ・スミス：カヤ・スコデラリオ ヘンリー・ターナー：ブレントン・スウェイツ	配給：Walt Disney Studios Motion Pictures 上映時間：129分 製作年：2017年 製作国：米	ウォルト・ディズニー・ジャパン MovieNex価格：4,200円
製作：ビル・メカニック 監督：メル・ギブソン 脚本：ロバート・シェンカン他	デズモンド・ドス：アンドリュー・ガーフィールド クローヴァー大尉：サム・ワーシントン ドロシー・シュッテ：テリーサ・パーマー	配給：Lionsgate 上映時間：139分 製作年：2016年 製作国：米・豪 第89回アカデミー編集賞他1部門受賞他4部門ノミネート	キノフィルムズ／木下グループ DVD価格：3,800円 Blu-ray価格：4,800円
製作：マイケル・メンデルソーン 監督：マリオ・ヴァン・ピーブルズ 脚本：キャム・キャノン	チャールズ・B・マクベイ3世：ニコラス・ケイジ マクウォーター：トム・サイズモア エイドリアン・マークス：トーマス・ジェーン	配給：Saban Films 上映時間：130分 製作年：2016年 製作国：米	ワーナー・ブラザース ホームエンターテイメント DVD価格：1,429円 Blu-ray価格：2,381円

2017年に日本で発売開始された主な映画DVD一覧表（邦題50音順）

邦題	原題	あらすじ
はじまりは ヒップホップ	HIP HOP-ERATION	人口8千人の島、ニュージーランドのワイヘキ。のどかな島で誕生したのは平均年齢83歳の"世界最高齢ダンスグループ"。そんな彼らがラスベガスで行われる世界最大のヒップホップダンス選手権に挑戦!笑って、泣いて心躍る!世界を笑顔で包んだ最高のドキュメンタリー!
はじまりへの旅	CAPTAIN FANTASTIC	ベンと六人の子供たちは、現代社会に触れることなく米北西部の森深くで暮らしていた。父仕込みの訓練と教育で子供たちは文武両道に秀でていた。しかしある日入院していた母が亡くなり、一家は葬儀のため、そして母の最後のある"願い"をかなえるため旅に出る。
パッセンジャー	PASSENGERS	20XX年、新たなる居住地を目指し、豪華宇宙船アヴァロン号が地球を後にした。目的の惑星到着まで120年。冬眠装置で眠る乗客の中でなぜか90年も早く目覚めてしまった二人の男女はなんとか生きる術を見つけようとするが、予期せぬ出来事が運命を狂わせていく…。
バッド・バディ! 私とカレの暗殺デート	MR. RIGHT	ダメ男とばかりと付き合い、失恋を繰り返すマーサ。ある日突然、彼女の前に理想の男フランシスが現れ、急速にひかれ合うが、彼は人殺しが許せず依頼人を殺す変わったヒットマンだった。フランシスと行動を共にしていく中、マーサは最強の殺し屋として目覚めていく。
ハドソン川の奇跡	SULLY	2009年1月15日、極寒のニューヨーク上空で、サリー機長が搭乗する航空機を突如襲った全エンジン停止事故。絶望的な状況の中、サリーは飛行不能となった機体をハドソン川へ無事に不時着させ乗員乗客の命を救う。ところが一躍英雄となった彼に、思わぬ疑惑がかけられ…。
パトリオット・デイ	PATRIOTS DAY	2013年に発生したボストンマラソン爆弾テロ事件の裏側を映画化。捜査関係者や犯人、被害者の市民など事件に関わった多くの人々の動きをたどりながら、事件発生からわずか102時間で犯人逮捕に至った顛末を、映画オリジナルのキャラクターである刑事の視点から描く。
ハンズ・オブ・ラヴ 手のひらの勇気	FREEHELD	恋におちたローレルとステイシー、年齢も取り巻く環境も違う二人の女性は、手探りで関係を築き、一緒に暮らし始める。幸せな日々が始まった矢先、ローレルは病に冒されてしまう。ステイシーに遺族年金を遺そうとするが、法的に同性同士にそれは認められていなかった…。
BFG: ビッグ・フレンドリー・ ジャイアント	THE BFG	ロンドンの児童養護施設で暮らす女の子ソフィーは、ある夜中、巨大な何者かにさらわれてしまう。連れて来られたのは何もかもが巨大な「巨人の国」。彼女を連れてきた心やさしい巨人BFGと、ソフィーは次第に心を通わせていくが…。奇跡のファンタジー・アドベンチャー!

（英語ベースの映画に限る。DVD等の発売会社と本体価格は2018年5月現在のものです）

スタッフ	キャスト	その他	DVD等
製作：ポーラ・ジョーンズ 監督：ブリン・エヴァンス 脚本：ブリン・エヴァンス	メイニー・トンプソン テリー・ウールモア＝グッドウィン カーラ・キット・ネルソン	配給:Pony Canyon（日本） 上映時間:94分 製作年:2014年 製作国:ニュージーランド・米	ポニーキャニオン DVD価格:3,800円
製作：リネット・H・テイラー他 監督：マット・ロス 脚本：マット・ロス	ベン：ヴィゴ・モーテンセン ボウドヴァン：ジョージ・マッケイ キーラー：サマンサ・アイラー	配給:Bleecker Street Media 上映時間:119分 製作年:2016年 製作国:米 第89回アカデミー主演男優賞ノミネート	松竹 DVD価格:3,800円
製作：ニール・H・モリッツ他 監督：モルテン・ティルドゥム 脚本：ジョン・スペイツ	オーロラ：ジェニファー・ローレンス ジム：クリス・プラット アーサー：マイケル・シーン	配給:Columbia Pictures 上映時間:116分 製作年:2016年 製作国:米 第89回アカデミー作曲賞、美術賞 ノミネート	ソニー・ピクチャーズ エンタテインメント DVD価格:1,280円 Blu-ray価格:1,800円
製作：マックス・ランディス 監督：パコ・カベサス 脚本：マックス・ランディス	マーサ：アナ・ケンドリック フランシス：サム・ロックウェル ホッパー：ティム・ロス	配給:Focus World 上映時間:95分 製作年:2015年 製作国:米	ハピネット DVD価格:3,900円 Blu-ray価格:4,800円
製作：クリント・イーストウッド他 監督：クリント・イーストウッド 脚本：トッド・コマーニキ	チェズリー・"サリー"・サレンバーガー： 　　　　　　トム・ハンクス ジェフ・スカイルズ：アーロン・エッカート ローリー・サレンバーガー：ローラ・リニー	配給:Warner Bros. 上映時間:96分 製作年:2015-16年 製作国:米 第89回アカデミー音響編集賞ノミネート	ワーナー・ブラザース・ホームエンタテイメント DVD価格:1,429円 Blu-ray価格:2,381円
製作：スコット・ステューバー 監督：ピーター・バーグ 脚本：ピーター・バーグ	トミー：マーク・ウォールバーグ リック：ケヴィン・ベーコン エド：ジョン・グッドマン	配給:Lionsgate 上映時間:133分 製作年:2016年 製作国:米	キノフィルムズ／木下グループ DVD価格:3,800円 Blu-ray価格:4,743円
製作：マイケル・シャンバーグ他 監督：ピーター・ソレット 脚本：ロン・ナイスワーナー	ローレル・ヘスター：ジュリアン・ムーア ステイシー・アンドレ：エレン・ペイジ デーン・ウェルズ：マイケル・シャノン	配給:Lionsgate 上映時間:103分 製作年:2015年 製作国:米	松竹 DVD価格:3,800円
製作：スティーヴン・スピルバーグ他 監督：スティーヴン・スピルバーグ 脚本：メリッサ・マシソン	BFG：マーク・ライランス ソフィー：ルビー・バーンヒル 女王：ペネロープ・ウィルトン	配給:Walt Disney Studios Motion Pictures 上映時間:118分 製作年:2016年 製作国:米・インド	ウォルト・ディズニー・ジャパン DVD価格:1,429円 Blu-ray価格:3,800円

2017年に日本で発売開始された主な映画DVD一覧表（邦題50音順）

邦題	原題	あらすじ
ピートと秘密の友達	PETE'S DRAGON	迷子の少年ピートは、深い森に隠れ住む不思議な生き物エリオットと二人きりで暮らしていた。森の中の生活は、毎日がわくわくする冒険の連続。この友情はずっと続くと思っていた。人間たちに見つかるまでは…ドラゴンと少年の永遠の絆を描いた感動のファンタジー。
光をくれた人	THE LIGHT BETWEEN OCEANS	第一次世界大戦後のオーストラリア。帰還兵トムは、明るく美しい妻イザベルと幸せな日々を送りはじめる。やがてイザベルはトムの子を身ごもるが、立て続けに流産と死産に見舞われてしまう。そんな矢先、男性の死体と生後間もない赤ん坊を乗せたボートが島に流れ着く。
ヒッチコック/トリュフォー	HITCHCOCK/TRUFFAUT	1962年の春、トリュフォーは、敬愛する監督ヒッチコックに長い手紙を送った。時代の寵児であった若き映画監督による尊敬に満ちたその手紙は、ヒッチコックの心を動かし、映画史に残るインタビューが実現した。さらに現代の巨匠たちによるヒッチコック映画解説も収録。
美女と野獣	BEAUTY AND THE BEAST	魔女によって野獣の姿に変えられてしまった美しい王子。呪いを解く鍵は、魔法の薔薇の花びらがすべて散る前に誰かを心から愛し、そして愛されること―。心に孤独を抱えながらも、自分の輝きを信じて生きる、聡明で美しい女性、ベルが彼の運命を次第に変えていく。
ファンタスティック・ビーストと魔法使いの旅	FANTASTIC BEASTS AND WHERE TO FIND THEM	魔法使いのニュートは、優秀だけどおっちょこちょい、そして魔法動物をこよなく愛する変わり者。世界中を旅しては魔法動物を研究し、不思議なトランクの中に保護している。ところがトランクの中から魔法動物たちは逃げ出してしまい、ニューヨーク中を巻き込む大騒動に！
フラワーショウ！	DARE TO BE WILD	アイルランドの田舎で育ったメアリーには「自分のデザインした庭で世界を変えたい！」という夢がある。コネもお金も経験もない彼女は、世界中が注目する「チェルシー・フラワーショーで金メダルを獲る」ことをひらめく。実話に基づくサクセスエンターテインメント！
フリー・ファイヤー	FREE FIRE	スコセッシ製作総指揮の下、豪華キャストが集結したクライムアクション。70年代、ボストン。銃取引のため、寂れた倉庫に2組のギャングがやって来る。しかし交渉はこじれ、口論の末に壮絶な銃撃戦が幕を開け、クセ者揃いの悪党たちが罵声を放ちながら銃を撃ちまくる。
ブリジット・ジョーンズの日記 ダメな私の最後のモテ期	BRIDGET JONES'S BABY	TVプロデューサーとして成功したブリジットは、今43歳。ダニエルは事故死し、マークは別の女性と結婚していた。そんな中、ハンサムでリッチ、性格もナイスな実業家ジャックと出会い急接近する。一方でマークとも再会を果たし…。大ヒットラブコメ映画待望の最新作！

（英語ベースの映画に限る。DVD等の発売会社と本体価格は2018年5月現在のものです）

スタッフ	キャスト	その他	DVD等
製作：ジム・ウィテカー 監督：デヴィッド・ロウリー 脚本：デヴィッド・ロウリー他	ピート：オークス・フェグリー エリオット（声）：ジョン・カーサー グレース：ブライス・ダラス・ハワード	配給：Walt Disney Studios Motion Pictures 上映時間：103分 製作年：2016年 製作国：米	ウォルト・ディズニー・ジャパン DVD価格：1,429円 Blu-ray価格：3,800円
製作：デヴィッド・ハイマン他 監督：デレク・シアンフランス 脚本：デレク・シアンフランス	トム：マイケル・ファスベンダー イザベル：アリシア・ヴィキャンデル ハナ：レイチェル・ワイズ	配給：Walt Disney Studios Motion Pictures 上映時間：133分 製作年：2016年 製作国：米・英・ニュージーランド	KADOKAWA DVD価格：3,800円 Blu-ray価格：4,700円
製作：チャールズ・S・コーエン他 監督：ケント・ジョーンズ 脚本：ケント・ジョーンズ他	マーティン・スコセッシ ウェス・アンダーソン デビッド・フィンチャー	配給：Cohen Media Group 上映時間：80分 製作年：2015年 製作国：米・仏	ギャガ DVD価格：4,800円
製作：デビッド・ホバーマン他 監督：ビル・コンドン 脚本：ステファン・チボスキー他	ベル：エマ・ワトソン 野獣：ダン・スティーヴンス ガストン：ルーク・エヴァンス	配給：Walt Disney Studios Motion Pictures 上映時間：130分 製作年：2017年 製作国：米 第90回アカデミー衣裳デザイン賞・美術賞ノミネート	ウォルト・ディズニー・ジャパン MovieNEX価格：4,000円
製作：デイビッド・ヘイマン 監督：デイビッド・イェーツ 脚本：J・K・ローリング	ニュート：エディ・レッドメイン ティナ：キャサリン・ウォーターストン クイニー：アリソン・スドル	配給：Warner Bros. 上映時間：133分 製作年：2016年 製作国：米・英 第89回アカデミー衣裳デザイン賞受賞	ワーナー・ブラザース・ホームエンターテイメント DVD価格：2,990円 Blu-ray価格：2,381円
製作：ロバート・ウォルポール 監督：ヴィヴィアン・デ・コルシィ 脚本：ヴィヴィアン・デ・コルシィ	メアリー・レイノルズ：エマ・グリーンウェル クリスティ：トム・ヒューズ シャーロット：クリスティン・マルツァーノ	配給：The Klockworx（日本） 上映時間：100分 製作年：2014年 製作国：アイルランド	『フラワーショウ！』上映委員会 DVD価格：3,800円
製作：アンドリュー・スターク 監督：ベン・ウィートリー 脚本：ベン・ウィートリー他	ジャスティン：ブリー・ラーソン オード：アーミー・ハマー クリス：キリアン・マーフィ	配給：A24 上映時間：90分 製作年：2016年 製作国：英・仏	ポニーキャニオン DVD価格：3,800円 Blu-ray価格：4,700円
製作：ティム・ビーヴァン他 監督：シャロン・マグワイア 脚本：ヘレン・フィールディング他	ブリジット・ジョーンズ：レニー・ゼルウィガー マーク・ダーシー：コリン・ファース ジャック：パトリック・デンプシー	配給：Miramax 上映時間：123分 製作年：2016年 製作国：英・米・仏	NBCユニバーサル・エンターテイメント DVD価格：1,429円 Blu-ray価格：1,886円

2017年に日本で発売開始された主な映画DVD一覧表（邦題50音順）

邦題	原題	あらすじ
ベストセラー 編集者パーキンズに 捧ぐ	GENIUS	ある日、編集者パーキンズの元に無名の作家トマス・ウルフの原稿が持ち込まれる。彼の才能を見抜いたパーキンズは、感情のままに、際限なく文章を生み出すウルフを支え、ウルフの処女作をベストセラーに導く。名作の舞台裏でひしめく友情、闘いを描く感動の実話。
僕と世界の方程式	X+Y	他人とのコミュニケーションが苦手で、数字と図形だけが友達だった天才少年ネイサンが数学オリンピック金メダルを目指す中で見つけた、メダルよりも素敵な人生の宝物…。周囲に心を閉ざしてしまった少年が数学の才能で自らの道を拓いていく姿を描いた心温まる人生賛歌。
ぼくと魔法の言葉たち	LIFE, ANIMATED	自閉症により2歳の時に突然言葉を失った少年が、ディズニー映画を通じて徐々に言葉を取り戻していく姿を追ったドキュメンタリー。ある日、父は息子が発するモゴモゴとした意味不明の言葉の正体が、彼が毎日擦り切れるほど見ていた映画のセリフであることに気づき…。
マイ・ベスト・フレンド	MISS YOU ALREADY	幼い頃からの大親友で、互いのすべてを知っているミリーとジェス。ある時、ミリーに乳がんが見つかり、同じころ不妊治療を続けてきたジェスの妊娠が発覚する。お互い気持ちを分かち合いたいのに、相手を思うが故に言葉にできないことが増えていく二人の友情の行方は…。
マギーズ・プラン －幸せのあとしまつ－	MAGGIE'S PLAN	NYの大学で働くマギーは、小説家を目指す新進気鋭の文化人類学者のジョンと出会い、恋に落ちる。ジョンは既婚者で妻ジョーゼットは教授として働き、家庭を顧みない。そんな妻に疲れ果てたジョンは離婚を決意し、自分の小説を好きだと言ってくれるマギーと再婚するが…。
マグニフィセント・ セブン	THE MAGNIFICENT SEVEN	冷酷非道な悪漢ボーグに支配された町で、彼に家族を殺されたエマは、賞金稼ぎのサムをはじめとした「ワケありのアウトロー七人」を雇って復讐を依頼する。圧倒的な人数と武器を誇る敵を前に一歩も怯むことなく、それぞれの愛用の武器を手に命がけの戦いに挑んでいく。
マザーズ・デイ	MOTHER'S DAY	シングルマザーのサンディは、元夫が若いモデルと再婚したと知りライバル心むきだし！友人のジェシーは内緒の国際結婚＆出産が両親にバレて大パニック！女社長ミランダの元には若い頃手放してしまった娘が孫を連れて会いに来た！とびきりHAPPYなそれぞれの「母の日」とは。
マダム・フローレンス！ 夢見るふたり	FLORENCE FOSTER JENKINS	歌手として喝采を浴びることを夢見るマダムと彼女の夢に巻き込まれた男たち。絶世のオンチがなぜ、カーネギーホールを満員にし、現代もなお人々を魅了し続けるのか…。メリル・ストリープがマダム・フローレンスの「なぜか心を打たれる不思議な歌声」を見事に再現！

（英語ベースの映画に限る。DVD等の発売会社と本体価格は2018年5月現在のものです）

スタッフ	キャスト	その他	DVD等
製作：ジェームズ・ビアマン他 監督：マイケル・グランデージ 脚本：ジョン・ローガン	マックス・パーキンズ：コリン・ファース トマス・ウルフ：ジュード・ロウ アリーン・バーンスタイン：ニコール・キッドマン	配給:Lionsgate 上映時間:104分 製作年:2016年 製作国:英・米	KADOKAWA DVD価格：3,800円 Blu-ray価格：4,700円
製作：デヴィッド・M・トンプソン 監督：モーガン・マシューズ 脚本：ジェームズ・グラハム	ネイサン：エイサ・バターフィールド ジュリー：サリー・ホーキンス マーティン：レイフ・スポール	配給:Samuel Goldwyn Films 上映時間:111分 製作年:2014年 製作国:英	ミッドシップ DVD価格：3,800円
製作：ジュリー・ゴールドマン 監督：ロジャー・ロス・ウィリアムズ	オーウェン・サスカインド ロン・サスカインド コーネリア・サスカインド	配給:The Orchard 上映時間:91分 製作年:2016年 製作国:米 第89回長編ドキュメンタリー賞ノミネート	トランスフォーマー DVD価格:¥3,800
製作：クリストファー・サイモン 監督：キャサリン・ハードウィック 脚本：モーウェナ・バンクス	ミリー：トニ・コレット ジェス：ドリュー・バリモア キット：ドミニク・クーパー	配給:Lionsgate 上映時間:113分 製作年:2015年 製作国:英	ショウゲート DVD価格：3,800円 Blu-ray価格：4,700円
製作：レイチェル・ホロヴィッツ他 監督：レベッカ・ミラー 脚本：レベッカ・ミラー	マギー：グレタ・ガーウィグ ジョン：イーサン・ホーク ジョーゼット：ジュリアン・ムーア	配給:Sony Pictures Classics 上映時間:99分 製作年:2015年 製作国:米	松竹 DVD価格：3,800円
製作：ロジャー・バーンバウム他 監督：アントワーン・フークア 脚本：ニック・ピゾラット他	サム・チザム：デンゼル・ワシントン ジョシュ・ファラデー：クリス・プラット グッドナイト・ロビショー：イーサン・ホーク	配給:Columbia Pictures 上映時間:132分 製作年:2015年 製作国:米	ソニー・ピクチャーズ エンタテインメント DVD価格：1,280円 Blu-ray価格：1,800円
製作：マイク・カーツ 監督：ゲイリー・マーシャル 脚本：ゲイリー・マーシャル	ミランダ：ジュリア・ロバーツ サンディ：ジェニファー・アニストン ジェシー：ケイト・ハドソン	配給:Open Road Films (II) 上映時間:118分 製作年:2016年 製作国:米	ツイン DVD価格：3,800円 Blu-ray価格：4,743円
製作：マイケル・クーン 監督：スティーヴン・フリアーズ 脚本：ニコラス・マーティン	フローレンス・フォスター・ジェンキンス：メリル・ストリープ シンクレア・ベイフィールド：ヒュー・グラント コズメ・マクムーン：サイモン・ヘルバーグ	配給:Paramount Pictures 上映時間:111分 製作年:2016年 製作国:英 第89回アカデミー主演女優賞他1部門ノミネート	ギャガ DVD価格：1,143円 Blu-ray価格：2,000円

2017年に日本で発売開始された主な映画DVD一覧表（邦題50音順）

邦題	原題	あらすじ
マックス・スティール	MAX STEEL	16歳の少年マックスはある日、手からコントロール不能なエネルギーが放射される不思議な体験をする。その後出会った空飛ぶ地球外生命体スティールと一体化することにより、超人的なパワーを発揮できることを発見。戸惑いながらもヒーローとしての運命を受け入れるが…。
ザ・マミー 呪われた砂漠の王女	THE MUMMY	古代エジプトの王女アマネットは次期女王になる約束を裏切られた怒りから闇に堕ち、生きたまま石棺に封印されてしまう。それから2000年後、中東の戦闘地帯で石棺が発見されるが、輸送途中でトラブルが発生。輸送機はロンドン郊外に墜落し、石棺が行方不明になってしまう。
マリアンヌ	ALLIED	諜報員のマックス・ヴァタン（ブラッド・ピット）は、彼の妻（マリオン・コティヤール）が敵国のスパイである可能性があると告げられる。妻の無実を証明し、家族を守るために残された時間はたったの72時間。壮絶な時間との戦いを描いたスパイ・サスペンスの傑作。
マンチェスター・バイ・ザ・シー	MANCHESTER BY THE SEA	ボストン郊外で便利屋として生計を立てるリーは、兄ジョーの訃報を受けて故郷のマンチェスター・バイ・ザ・シーに戻る。遺言でジョーの16歳の息子パトリックの後見人を任されるが、故郷の町に留まることはリーにとって忘れられない過去の悲劇と向き合うことでもあった。
ミス・シェパードをお手本に	THE LADY IN THE VAN	ミス・シェパードは路上に停めたオンボロの黄色い車で自由気ままに暮らす誇り高き淑女だ。ある日、違法駐車で退去を命じられ困っていた彼女に、劇作家アラン・ベネットは、親切心から自宅の駐車スペースを提供する―それから15年。彼女はなおもそこに居座っていた。
ミス・ペレグリンと奇妙なこどもたち	MISS PEREGRINE'S HOME FOR PECULIAR CHILDREN	周囲になじめず孤独な日々を送る少年ジェイク。彼の唯一の理解者であった大好きな祖父が謎の死を遂げた。祖父の遺言に従って小さな島を訪れたジェイクは、森の奥で古めかしい屋敷を発見する。そこには美しくも厳格なミス・ペレグリンと奇妙なこどもたちが住んでいた。
ミュータント・ニンジャ・タートルズ影（シャドウズ）	TEENAGE MUTANT NINJA TURTLES: Out of the Shadows	ピザをこよなく愛する人気者タートルズが帰ってきた！ミケランジェロ、ドナテロ、レオナルド、ラファエロが"最初から最後まで楽しい"ノンストップ・アクションアドベンチャーで大活躍。タートルズは仲間と共に最強の敵、あの悪名高いクランゲと対決することになる。
ムーンライト	MOONLIGHT	内気な性格で、学校では"オカマ"と呼ばれ、いじめっ子たちから標的にされるシャロン。彼にとって、同級生のケヴィンだけが幼い頃から唯一の友達だった。何も変わらない日常の中、ある日の夜、月明かりが輝く浜辺で、シャロンとケヴィンは初めてお互いの心に触れる。

（英語ベースの映画に限る。DVD等の発売会社と本体価格は2018年5月現在のものです）

スタッフ	キャスト	その他	DVD等
製作：ビル・オダウド 他 監督：スチュワート・ヘンドラー 脚本：クリストファー・ヨスト	マックス：ベン・ウィンチェル モリー：マリア・ベロ ソフィア：アナ・ビジャファーニェ	配給:Open Road Films (II) 上映時間:92分 製作年:2016年 製作国:米・英	ソニー・ピクチャーズ エンタテインメント DVD価格：3,800円 Blu-ray価格：4,743円
製作：アレックス・カーツマン 他 監督：アレックス・カーツマン 脚本：デヴィッド・コープ 他	ニック・モートン：トム・クルーズ ヘンリー・ジキル/エディ・ハイド： 　　　　　　　ラッセル・クロウ ジェニー・ハルジー：アナベル・ウォーリス	配給:Universal Pictures 上映時間:110分 製作年:2017年 製作国:米・日・中	NBCユニバーサル・エンターテイメント DVD価格：1,429円 Blu-ray価格：1,886円
製作：グレアム・キング 他 監督：ロバート・ゼメキス 脚本：スティーヴン・ナイト	マックス：ブラッド・ピット マリアンヌ：マリオン・コティヤール フランク：ジャレッド・ハリス	配給:Paramount Pictures 上映時間:125分 製作年:2016年 製作国:英・米 第89回アカデミー衣装デザイン賞ノミネート	NBCユニバーサル・エンターテイメント DVD価格：1,429円 Blu-ray価格：1,886円
製作：マット・デイモン 他 監督：ケネス・ロナーガン 脚本：ケネス・ロナーガン	リー・チャンドラー：ケイシー・アフレック ランディ・チャンドラー：ミシェル・ウィリアムズ ジョー・チャンドラー：カイル・チャンドラー	配給:Roadside Attractions 上映時間:137分 製作年:2016年 製作国:米 第89回アカデミー主演男優賞他1部門受賞4部門ノミネート	NBCユニバーサル・エンターテイメント DVD価格：1,429円 Blu-ray価格：1,886円
製作：ケヴィン・ローダー 他 監督：ニコラス・ハイトナー 脚本：アラン・ベネット	ミス・シェパード：マギー・スミス アラン・ベネット：アレックス・ジェニングス ウィリアムズ夫人：フランシス・デ・ラ・トゥーア	配給:Sony Pictures Classics 上映時間:104分 製作年:2015年 製作国:英	ハーク DVD価格：3,800円
製作：ピーター・チャーニン 他 監督：ティム・バートン 脚本：ジェーン・ゴールドマン	ミス・ペレグリン：エヴァ・グリーン ジェイク：エイサ・バターフィールド バロン：サミュエル・L・ジャクソン	配給:Twentieth Century Fox Film Corporation 上映時間:126分 製作年:2016年 製作国:英・ベルギー・米	20世紀フォックス ホーム エンターテイメント ジャパン DVD価格：1,905円 Blu-ray価格：1,905円
製作：マイケル・ベイ 他 監督：デイヴ・グリーン 脚本：ジョシュ・アッペルバウム 他	エイプリル・オニール：ミーガン・フォックス ヴァーン・フェンウィック：ウィル・アーネット レベッカ・ヴィンセント：ローラ・リニー	配給:Paramount Pictures 上映時間:112分 製作年:2016年 製作国:米、香港、中国、加	NBCユニバーサル・エンターテイメント DVD価格：1,429円 Blu-ray価格：1,886円
製作：アデル・ロマンスキー 他 監督：バリー・ジェンキンス 脚本：バリー・ジェンキンス	ブラック：トレバンテ・ローズ シャロン：アッシュトン・サンダース リトル：アレックス・ヒバート	配給:A24 上映時間:111分 製作年:2016年 製作国:米 第89回アカデミー作品賞他3部門受賞	カルチュア・パブリッシャーズ DVD価格：3,800円 Blu-ray価格：4,700円

2017年に日本で発売開始された主な映画DVD一覧表（邦題50音順）

邦題	原題	あらすじ
胸騒ぎのシチリア	A BIGGER SPLASH	声帯手術を受けた直後で声を出せないロック歌手のマリアンは、年下の恋人ポールとシチリアの孤島でバカンスを過ごしていた。そこへ元彼のハリーが、彼の娘を名乗る少女を連れてやってくる。誠実だが少し退屈なポールと、奔放で刺激的なハリーの間で揺れるマリアンは…。
メッセージ	ARRIVAL	突如地球に飛来した巨大な宇宙船。言語学者のルイーズは、物理学者イアンとともに、"彼ら"が人類に何を伝えようとしているのかを探っていく。そして、その言語の謎が解けたとき、彼らが地球にやってきた驚くべき真相と、人類に向けたラストメッセージが明らかになる。
メットガラ ドレスをまとった 美術館	THE FIRST MONDAY IN MAY	NYメトロポリタン美術館で毎年5月に開催され、"ファッション界のアカデミー賞"とも称される世界でもっとも華やかなファッション・イベント"メットガラ"。本作は2015年のメットガラと、企画展の舞台裏を、イベントの仕掛け人に密着して描き出すドキュメンタリー。
メン・イン・キャット	NINE LIVES	仕事一筋の社長トムは、家族や社員を犠牲に毎日働いていた。ある日、娘の誕生日のために、怪しげなペットショップで猫を購入するが、その帰り道、会社乗っ取りを企てる社員の罠で、ビルから猫と一緒に転落してしまう。そして目覚めた時にはなんと猫の姿になっていた！？
モアナと伝説の海	MOANA	盗まれた女神の＜心＞を取り戻し、世界に平和をもたらすという、少女モアナに課されたあまりにも大きな使命…悩み傷つきながらも世界を救う冒険に挑む中、モアナは"伝説の英雄マウイ"と出会い、共に様々な苦難を乗り越え自分の進むべき道を勇敢に切り拓いて行く。
ヤング・アダルト・ ニューヨーク	WHILE WE'RE YOUNG	ジョシュとコーネリアは、ミドルエイジの夫婦。8年も新作を完成できずにいる映画監督のジョシュは、人生にも夫婦にも何かが欠けてしまったと感じていた。そんな時ジェイミーとダービーという20代のカップルと出会ったことで2人はエネルギーを取り戻していくが…。
夜に生きる	LIVE BY NIGHT	舞台は禁酒法時代のボストン。野心と度胸さえあれば権力と金を手に入れられる狂騒の時代に厳格な家庭に育ったジョーは、警官幹部である父に反発し、やがてギャングの世界に入りこんでいく。激動の時代を生き抜こうとするギャングたちの生きざまを描いた犯罪ドラマ。
ＬＩＯＮ／ライオン ～25年目のただいま～	LION	オーストラリアで幸せに暮らす青年サルー。インドで生まれた彼は、5歳の時に迷子になり、以来、家族と生き別れたままになっていた。成人し、自分が幸せな生活を送れば送るほど募る、インドの家族への想い。サルーは遂にインドの家族と再会することを決意する。

(英語ベースの映画に限る。DVD等の発売会社と本体価格は2018年5月現在のものです)

スタッフ	キャスト	その他	DVD等
製作:ルカ・グァダニーノ 監督:ルカ・グァダニーノ 脚本:デヴィッド・カイガニック	ハリー:レイフ・ファインズ ペン:ダコタ・ジョンソン マリアン:ティルダ・スウィントン	配給:Fox Searchlight Pictures 上映時間:125分 製作年:2015年 製作国:伊・仏	キノフィルムズ/木下グループ DVD価格:3,900円 Blu-ray価格:4,800円
製作:ショーン・レヴィ他 監督:ドゥニ・ヴィルヌーヴ 脚本:エリック・ハイセラー	ルイーズ・バンクス:エイミー・アダムス イアン・ドネリー:ジェレミー・レナー ウェバー大佐:フォレスト・ウィテカー	配給:Paramount Pictures 上映時間:116分 製作年:2016年 製作国:米 第89回アカデミー音響編集賞受賞他7部門ノミネート	ソニー・ピクチャーズ エンタテインメント DVD価格:3,800円 Blu-ray価格:4,743円
製作:ファビオラ・ベラカサ・ベックマン他 監督:アンドリュー・ロッシ	アナ・ウィンター アンドリュー・ボルトン ウォン・カーウァイ	配給:Magnolia Pictures 上映時間:91分 製作年:2016年 製作国:米	ニューセレクト DVD価格:4,000円
製作:リサ・エルジー 監督:バリー・ゾネンフェルド 脚本:グウィン・ルーリー他	トム:ケヴィン・スペイシー ララ:ジェニファー・ガーナー パーキンス:クリストファー・ウォーケン	配給:EuropaCorp USA 上映時間:87分 製作年:2016年 製作国:仏・中・加	カルチュア・パブリッシャーズ DVD価格:3,800円 Blu-ray価格:4,700円
製作:オスナット・シューラー 監督:ジョン・マスカー他 脚本:ジャレド・ブッシュ	モアナ:アウリィ・カルバーリョ マウイ:ドウェイン・ジョンソン トゥイ（父）:テムエラ・モリソン	配給:Walt Disney Studios Motion Pictures 上映時間:107分 製作年:2016年 製作国:米 第89回アカデミー歌曲賞他1部門ノミネート	ウォルト・ディズニー・ジャパン MovieNEX価格:4,000円
製作:ノア・バームバック他 監督:ノア・バームバック 脚本:ノア・バームバック	ジョシュ:ベン・スティラー コーネリア:ナオミ・ワッツ ジェイミー:アダム・ドライバー	配給:A24 上映時間:97分 製作年:2014年 製作国:米	キノフィルムズ/木下グループ DVD価格:3,800円 Blu-ray価格:4,700円
製作:ベン・アフレック 監督:ベン・アフレック 脚本:ベン・アフレック	ジョー・コフリン:ベン・アフレック ロレッタ・フィギス:エル・ファニング トマス・コフリン:ブレンダン・グリーソン	配給:Warner Bros. 上映時間:129分 製作年:2016年 製作国:米	ワーナー・ブラザース ホームエンターテイメント DVD価格:1,429円 Blu-ray価格:2,381円
製作:イアン・カニング他 監督:ガース・デイヴィス 脚本:ルーク・デイヴィス	サルー・ブライアリー:デヴ・パテル 幼少期のサルー:サニー・パワール ルーシー:ルーニー・マーラ	配給:The Weinstein Company 上映時間:119分 製作年:2016年 製作国:豪・米・英 第89回アカデミー作品賞他5部門ノミネート	ギャガ DVD価格:3,800円 Blu-ray価格:4,800円

2017年に日本で発売開始された主な映画DVD一覧表（邦題50音順）

邦題	原題	あらすじ
ラ・ラ・ランド	LA LA LAND	夢を叶えたい人々が集まる街、ロサンゼルス。映画スタジオのカフェで働くミアは女優を目指していたが、何度オーディションを受けても落ちてばかり。ある日、ミアは場末の店で、あるピアニストの演奏に魅せられる。やがて二人は恋におち、互いの夢を応援し合うが…。
ライフ	LIFE	火星で採取された地球外生命体の細胞を極秘調査するため、世界各国から6人の宇宙飛行士が国際宇宙ステーションに集結した。世紀の大発見に立ち会った彼らは、神秘的な地球外生命体の生態に驚愕するが、その細胞は次第に進化と成長を遂げ、高い知能を誇るようになる。
リトル・ボーイ 小さなボクと戦争	LITTLE BOY	第二次世界大戦下、米国の小さな町。8歳の少年ペッパーは町の誰よりも背が低く、「リトル・ボーイ」とからかわれていた。ある日、父親が出兵することとなり、絶望するペッパーだったが、何とかして戦場から父親を呼び戻そうと奮闘を始める。少年の思いは父へ届くのか。
リベンジ・リスト	I AM WRATH	悪党よ、お前の罪は、お前の死でしか償えない。目の前で強盗に妻を殺害された失業中の中年男。容疑者は捕まるが、裏社会と通じる悪徳警官によって釈放され、事件は闇に葬られる。理不尽な社会と、妻を守れなかった己の無力さへの怒りが、捨てたはずの過去を呼び覚ます。
リメインダー 失われし記憶の破片	REMAINDER	事故により、意識不明となった男。ほとんどの記憶を無くし、瀕死の重傷を負った彼に残されたのは多額の保険金と、わずかに頭に残ったイメージだけ。頭に残ったイメージを手掛かりに、男は自分の存在を確かめるため再現ドラマを制作していくが、事態は思わぬ方向へ進む。
レッド・ダイヤモンド	PRECIOUS CARGO	凄腕の泥棒ジャックのもとに突然現れた、元相棒であり恋人のカレン。マフィアのボス、エディの依頼をしくじり追われている彼女は、エディの信頼を取り戻すため、ある仕事を手伝うよう頼みに来たのだった。裏切りが当たり前の悪党たちの世界で、最後に笑うのは誰だ？！
ロイヤル・ナイト 英国王女の秘密の外出	A ROYAL NIGHT OUT	6年間続いた戦争が終わり国を挙げてのお祝いの夜。エリザベス女王と妹のマーガレットは生まれて初めてお忍びでバッキンガム宮殿をあとにする。付き添いが目を離した隙に、バスに飛び乗ったマーガレットを追いかけて街にでたエリザベス。人生を変える夜が幕を開ける―。
LOGAN／ローガン	LOGAN	すでにミュータントの大半が死滅した2029年。長年の激闘で心身共に疲弊しきったローガンはもはや不死身ではなくなっていた。ある日、彼はガブリエラという女性から、ローラという謎の少女をノースダコタまで送り届けてほしいと依頼され、まもなくガブリエラは殺害される。

（英語ベースの映画に限る。DVD等の発売会社と本体価格は2018年5月現在のものです）

スタッフ	キャスト	その他	DVD等
製作：フレッド・バーガー他 監督：デイミアン・チャゼル 脚本：デイミアン・チャゼル	セバスチャン：ライアン・ゴズリング ミア：エマ・ストーン トレイシー：キャリー・ヘルナンデス	配給：Lionsgate 上映時間：128分 製作年：2016年 製作国：米・香港 第89回アカデミー主演女優賞他 5部門受賞、全13部門ノミネート	ギャガ DVD価格：3,800円 Blu-ray価格：4,700円
製作：デヴィッド・エリソン他 監督：ダニエル・エスピノーサ 脚本：レット・リース他	デビッド・ジョーダン： 　　　ジェイク・ギレンホール ミランダ・ノース：レベッカ・ファーガソン ローリー・アダムス：ライアン・レイノルズ	配給：Columbia Pictures 上映時間：104分 製作年：2017年 製作国：米	ソニー・ピクチャーズ エンタテインメント DVD価格：3,800円 Blu-ray価格：4,743円
製作：アレハンドロ・モンテヴェルデ他 監督：アレハンドロ・モンテヴェルデ 脚本：アレハンドロ・モンテヴェルデ他	ペッパー：ジェイコブ・サルヴァーティ ロンドン：デヴィッド・ヘンリー ハシモト：ケイリー＝ヒロユキ・タガワ	配給：Open Road Films (II) 上映時間：106分 製作年：2014年 製作国：墨・米	日活 DVD価格：3,900円
製作：マイケル・メンデルソーン 監督：チャック・ラッセル 脚本：ポール・スローン	スタンリー・ヒル：ジョン・トラボルタ デニス：クリストファー・メローニ アビー：アマンダ・シュル	配給：Saban Films 上映時間：91分 製作年：2016年 製作国：米	ギャガ DVD価格：3,800円 Blu-ray価格：4,800円
製作：ナターシャ・ダック 監督：オマー・ファスト 脚本：オマー・ファスト	トム：トム・スターリッジ グレッグ：エド・スペリアス キャサリン：クシュ・ジャンボ	配給：Aya Pro（日本） 上映時間：103分 製作年：2015年 製作国：英・独	彩プロ DVD価格：3,800円
製作：ランドール・エメット 監督：マックス・アダムズ 脚本：マックス・アダムズ	エディ：ブルース・ウィリス ジャック：マーク＝ポール・ゴスラー カレン：クレア・フォーラニ	配給：Lionsgate Premiere 上映時間：90分 製作年：2016年 製作国：加	ワーナー・ブラザース ホームエンターテイメント DVD価格：1,429円 Blu-ray価格：2,381円
製作：ロバート・バーンスタイン他 監督：ジュリアン・ジャロルド 脚本：トレヴァー・デ・シルヴァ他	エリザベス王女：サラ・ガドン マーガレット王女：ベル・パウリー 王妃エリザベス：エミリー・ワトソン	配給：Atlas Distribution 上映時間：97分 製作年：2015年 製作国：英	ギャガ DVD価格：1,143円 Blu-ray価格：2,000円
製作：ハッチ・パーカー他 監督：ジェームズ・マンゴールド 脚本：スコット・フランク他	ローガン：ヒュー・ジャックマン チャールズ：パトリック・スチュワート サンダー・ライス博士： 　　　リチャード・E・グラント	配給：Twentieth Century Fox Film Corporation 上映時間：137分 製作年：2017年 製作国：米・加・豪	20世紀フォックス ホーム エンターテイメント ジャパン DVD価格：1,905円 Blu-ray価格：1,905円

2017年に日本で発売開始された主な映画DVD一覧表（邦題50音順）

邦題	原題	あらすじ
ローグ・ワン／スター・ウォーズ・ストーリー	ROGUE ONE: A STAR WARS STORY	『エピソード4』の直前を描く、もう一つの物語が誕生。銀河を脅かす、帝国軍の究極兵器 デス・スター 。その設計図を奪うため、名もなき戦士による反乱軍の極秘チーム＜ローグ・ワン＞に加わった女戦士ジンは、個性的な仲間とともに不可能なミッションに立ち向かう！
ロスト・エモーション	EQUALS	世界戦争により破壊された近未来。人類は平和的に生き残るため、遺伝子操作により感情を持たない人間の共同体「イコールズ」を作った。感情を持つ者は「欠陥者」として安楽死に処される環境で、感情が芽生えたサイラスは、同僚のニアもまた「欠陥者」であることを知る。
ワイルド・スピード ICE BREAK	THE FATE OF THE FURIOUS	長い逃亡生活と、史上最悪の敵との激しい戦いを終え、ドミニクら固い絆で結ばれた"ファミリー"は束の間の日常を味わっていた。しかし、誰よりもファミリーを大切にしてきたドミニクのまさかの裏切りによって、ホブスは投獄され、ファミリーは崩壊の危機に直面する。
わたしは、ダニエル・ブレイク	I, DANIEL BLAKE	大工として働く59歳のダニエルは、心臓の病を患い医者から仕事を止められるが、複雑な制度が立ち塞がり国からは援助を受けることができない。シングルマザーのケイティ一家と、貧困に苦しみながらも、助け合って生きようとするダニエルを厳しい現実が追い詰める。
われらが背きし者	OUR KIND OF TRAITOR	モロッコでの休暇中、英国人の大学教授ペリーとその妻は、偶然知り合ったロシア・マフィアのディマから、組織の資金洗浄の情報が入ったメモリースティックをMI6に渡してほしいと懇願される。仕方なく引き受ける二人は、世界を股に掛けた危険な亡命劇に巻き込まれていく。
ワンダーウーマン	WONDER WOMAN	女しかいない島で、一族最強の者しか持てないと言われる剣に憧れ、強くなるための修行に励むダイアナは、その中で自身の秘められた能力に気付く。ある日、島に不時着したパイロットのスティーブとの出会いで、初めて男という存在を目にした彼女の運命は一転する。

（英語ベースの映画に限る。DVD等の発売会社と本体価格は2018年5月現在のものです）

スタッフ	キャスト	その他	DVD等
製作：キャスリーン・ケネディ他 監督：ギャレス・エドワーズ 脚本：クリス・ワイツ他	ジン・アーソ：フェリシティ・ジョーンズ オーソン・クレニック：ベン・メンデルソーン ゲイレン・アーソ：マッツ・ミケルセン	配給:Walt Disney Studios Motion Pictures 上映時間:134分 製作年:2016年 製作国:米 第89回アカデミー視覚効果賞、 音響賞ノミネート	ウォルト・ディズニー・ジャパン MovieNEX価格:4,200円
製作：マイケル・シェイファー他 監督：ドレイク・ドレマス 脚本：ネイサン・パーカー	サイラス：ニコラス・ホルト ニア：クリステン・スチュワート ジョナス：ガイ・ピアース	配給:A24 上映時間:102分 製作年:2015年 製作国:米	ツイン DVD価格:3,800円
製作：ニール・H・モリッツ他 監督：F・ゲイリー・グレイ 脚本：クリス・モーガン	ドミニク：ヴィン・ディーゼル レティ：ミシェル・ロドリゲス サイファー：シャーリーズ・セロン	配給:Universal Pictures 上映時間:136分 製作年:2017年 製作国:米・日・中	NBCユニバーサル・エンターテイメント DVD価格:1,429円 Blu-ray価格:1,886円
製作：レベッカ・オブライエン 監督：ケン・ローチ 脚本：ポール・ラヴァティ	ダニエル：デイヴ・ジョーンズ ケイティ：ヘイリー・スクワイアーズ ディラン：ディラン・フィリップ・マキアナン	配給:Sundance Selects 上映時間:100分 製作年:2016年 製作国:英・仏・ベルギー	バップ DVD価格:3,800円 Blu-ray価格:4,800円
製作：ゲイル・イーガン他 監督：スザンナ・ホワイト 脚本：ホセイン・アミニ	ペリー：ユアン・マクレガー ディマ：ステラン・スカルスガルド ヘクター：ダミアン・ルイス	配給:Roadside Attractions 上映時間:107分 製作年:2016年 製作国:英・仏	ハピネット DVD価格:3,900円 Blu-ray価格:4,800円
製作：チャールズ・ローブン他 監督：パティ・ジェンキンス 脚本：アラン・ハインバーグ	ダイアナ／ワンダーウーマン：ガル・ガドット スティーブ・トレバー：クリス・パイン アンティオペ将軍：ロビン・ライト	配給:Warner Bros. 上映時間:141分 製作年:2017年 製作国:米・中	ワーナー・ブラザース ホームエンターテイメント DVD価格:1,429円 Blu-ray価格:2,381円

会則

第1章 総 則

第1条 本学会を映画英語アカデミー学会（The Academy of Movie English、略称TAME）と称する。

第2条 本学会は、映画の持つ教育研究上の多様な可能性に着目し、英語Educationと新作映画メディアEntertainmentが融合したNew-Edutainmentを研究し、様々な啓蒙普及活動を展開するなどして、我が国の英語学習と教育をより豊かにすることを目的とする。

第3条 本学会は教育界を中心に、映画業界・DVD業界・DVDレンタル業界・IT業界・放送業界・出版業界・雑誌業界、その他各種産業界（法人、団体、個人）出身者が対等平等の立場で参画する産学協同の学会である。

第4条 映画英語アカデミー賞の細則は別に定める。

第5条 本学会の事務局を名古屋市・出版社スクリーンプレイ社に置く。

第2章 事 業

第6条 本学会は第2条の目的を達成するため、以下の事業を行なう。

①毎年、新作映画メディアの「映画英語アカデミー賞」を決定する。

②学会誌「映画英語アカデミー賞」を発行する。

③ポスターやチラシ、新聞雑誌広告など、多様な広報活動を行う。

④映画メディア会社の協力を得て、各種映画鑑賞と学習会を開催する。

⑤新作映画メディアの紹介、ワークシート作成およびその閲覧をする。

⑥大会（総会）、講演会および研究会の開催または後援をする。

⑦第2条の目的に添うその他の事業。

第3章 会 員

第7条 本学会には会則を承認する英語教師の他、誰でも入会できる。

第8条 会員は会費を納めなければならない。既納の会費及び諸経費はいかなる理由があっても返還しない。

第9条 会員は一般会員、賛助会員および名誉会員とする。

①会員は本学会の会則を承認する個人とする。会員は学会誌を無料で受け取ることができる。ただし、その年度の会費納入が確認された会員に限る。

②賛助会員は本学会の会則を承認する企業等とし、1名の代表者を登録し、1名分の会員と同等の資格を有するものとする。

③名誉会員は本学会の活動に特別に寄与した個人とし、理事会の推薦に基づき、会長が任命する。

第10条 会費は年額（税抜）で会員3,000円、賛助会員20,000円、名誉会員は免除とする。

第11条 会員登録は所定の方法により入会を申し込んだ個人または企業等とする。

第12条　会員資格の発生は本学会の本部または支部がこれを受理した日とする。

第13条　会員資格の消滅は以下の通りとする。

①会員・賛助会員・名誉会員は本人（または代表者）により退会の意思が通達され、本学会の本部または支部がこれを受理した日とする。

②新入会員は、会員資格発生日より2ヶ月以内に初年度会費納入が確認されなかった場合、入会取り消しとする。

③会費の未納入が3年目年度に入った日に除籍とする。除籍会員の再入会は過去未納会費全額を納入しなければならない。

第14条　本学会の会則に著しく違反する行為があった時は、理事会の3分の2以上の同意をもって当会員を除名することができる。

第15条　学会誌を書店等購入で（または登録コード紹介で）、映画英語アカデミー賞の趣旨に賛同され、所定の期間と方法で応募し、事務局審査の上、登録した個人を「臨時会員」とし、次回一回限りの投票権が与えられることがある。

第4章　役　員

第16条　本学会は以下の役員を置く。

①会長　　　　1名
②副会長　　　若干名
③専務理事　　必要人数
④理事　　　　支部総数
⑤顧問　　　　若干名
⑥会計監査　　2名

第17条　各役員の役割は以下の通りとする。

①会長は本学会を代表し、業務を総理する。

②副会長は会長を補佐し、会長に事故ある時はその職務を代行する。

③専務理事は小学校・中学校・高等学校・大学の各部会、選考委員会、大会、映画英語フェスティバル、学会誌、事務局、各種業界出身者で構成し、それらの重要活動分野に関する業務を役割分担総括する。

④事務局担当専務理事（事務局長）は本学会の事務を統括し、学会事業の円滑な執行に寄与する。

⑤理事は理事会を構成し、各地方の実情・意見を反映しながら、本学会の全国的活動に関する事項を協議する。

⑥顧問は本学会の活動に関する著作権上または専門的諸課題について助言する。

⑦会計監査は学会の決算を監査する。

第18条　各役員の選出方法ならびに任期は以下の通りとする。

①会長は理事会の合議によって決定され、総会で承認する。

②副会長は専務理事の中から理事会で互選され、総会で承認する。

③専務理事は本学会に1年以上在籍している者より、理事会が推薦し、総会によって承認された会員とする。

④理事は原則として都道府県支部長とし、支部の決定の後、理事会に報告・承認により、自動的に交代する。

⑤顧問は本学会の活動に賛同する会社（団体）または個人の中から、理事会が推薦し、総会によって承認された担当者（個人）とする。

⑥会計監査は理事以外の会員の中より会長がこれを委嘱する。

⑦役員の任期は、承認を受けた総会から翌々年度の総会までの2年間、1期とする。ただし、会長の任期は最大連続2期とする。他の役員の再任は妨げない。

⑧役員に心身の故障、選任事情の変更、その他止むを得ない事情の生じた時、会長は理事会の同意を得てこれを解任できる。

第5章 理事会

第19条 ①理事会は会長、（副会長）、専務理事、理事、（顧問、名誉会員）にて構成する。

②理事会は会長が必要と認めた時、あるいは、理事会構成員の4分の1以上からの請求があった時に、会長がこれを召集する。

③理事会は原則としてメール理事会とし、出席理事会を開催する事がある。出席理事会は委任状を含む構成員の2分の1以上が出席しなければ議決することができない。

④理事会の議長は事務局長がその任に当たり、事務局長欠席の場合は副会長とする。

⑤理事会の議決は、メール理事会は賛否返信の構成員、出席理事会は出席構成員の過半数で決し、可否同数の時は会長の決するところによる。

⑥顧問ならびに名誉会員は理事会に出席し助言することができ、出席の場合に限り（委任状は無効）構成員の一員となり、議決権を有する。

第6章 委員会

第20条 本学会は映画英語アカデミー賞選考委員会を常設する。委員会の詳細は細則に定める。

第21条 本学会は理事会の下にその他の委員会を臨時に置くことがあり、委員会の詳細は理事会の議決によって定める。

第7章 大 会

第22条 ①定例大会は原則として1年に1回、会長が召集する。

②理事会の要請により、会長は臨時大会を開催することができる。

第23条 大会は（会員）総会、映画英語アカデミー賞の発表、映画鑑賞、研究発表および会員の交流の場とする。研究発表者は理事会より依頼された会員・非会員、あるいは理事会に事前に通告、承認された会員とする。

第24条 総会に付議すべき事項は、以下の通りとする。

①活動報告と活動計画の承認

②会計報告と予算案の承認

③役員人事の承認

④会則（細則）改正の承認

⑤その他

第25条　総会の議決は出席会員の過半数で決し、可否同数の時は議長の決するところによる。

第8章　会　計

第26条　事務局長は会計および事務局員を任命し、理事会の承認を得る。

第27条　本学会の経費は会員の会費、学会誌出版による著作権使用料収入、講演会等の収入及び寄付の内から支弁する。

第28条　学会業務に要した経費は、理事会が認めた範囲で支払われる。

第29条　本学会の会計年度は毎年3月1日に始まり、翌年2月末日に終わる。

第30条　会計は年度決算書を作成し、会計監査の後、理事会に提出し、その承認を得なければならない。

第9章　支　部

第31条　本学会は理事会の承認の下、都道府県別に支部を設けることができる。その結成と運営方法については別に定める。

第32条　支部は必要に応じて支部の委員会を設けることができる。

第33条　理事会は本学会の趣旨・目的、あるいは会則に著しく反する支部活動があったときは、理事会の3分の2以上の同意をもって支部の承認を取り消すことができる。

第10章　会則の変更及び解散

第34条　本会則を変更しようとする時は理事会において決定した後、総会で承認されなければならない。

第35条　本学会を解散しようとする場合は構成員の3分の2以上が出席した理事会において、その全員の同意を得た後、総会で承認されなければならない。

第11章　責任の範囲

第36条　本学会は学会の公認・後援、及び依頼のもとに行われた行為であっても、その結果起こった損失に対してはいかなる責任も問われない。また、会員は学会に補償を請求することができない。

第12章　付　則

第37条　本学会は第1回映画英語アカデミー賞が映画英語教育学会中部支部によって開始され、本学会の基礎となったことに鑑み、同学会中部支部会員（本学会の結成日時点）は、本人の入会申込があれば、本学会結成日より満2年間、本学会会員としての資格が与えられるものとする。会費の納入は免除とする。ただし、学会誌の受け取りは有料とする。

第38条　書籍「第1回映画英語アカデミー賞」に執筆者として協力されたその他の地方の著者も前条同様とする。

第39条　本会則は2016年（平成28年）3月12日に改定し、即日施行する。

運営細則

第1章　総則

第1条　本賞を映画英語アカデミー賞（The Movie English Academy Award）と称する。

第2条　本賞は、米国の映画芸術科学アカデミー（Academy of Motion Picture Arts and Sciences、AMPAS）が行う映画の完成度を讃える"映画賞"と異なり、外国語として英語を学ぶ我が国小・中・高・大学生を対象にした、教材的価値を評価し、特選する"映画賞"である。

第3条　本賞を映画の単なる人気投票にしない。特選とは文部科学省「新学習指導要領」の学校種類別外国語関係を参考とした教育的な基準で選出されるべきものとする。

第2章　対象映画の範囲

第4条　本賞は前年1月1日から12月31日までに、我が国で発売開始された英語音声を持つ、新作映画メディアを対象とする。

第5条　新作とは映画メディア発売開始前の少なくとも1年以内に、我が国で初めて映画館で上映が行われた映画とする。

第6条　映画とは映画館で上映されるために製作された動画作品のことであり、テレビで放映されるために作成されたテレビ映画その他を含まない。

第7条　メディアとは学習教材として一般利用できる、原則的にDVDを中心とするブルーレイ、3Dなど、同一映画の電子記録媒体の総体である。

第8条　日本映画のメディアで英語音声が記録されている場合は対象に含む。

第3章　選考委員会

第9条　選考委員会は会長、副会長、ノミネート部会長によって構成する。

第10条　選考委員会の議長は選考委員会担当専務理事がその任にあたる。

第11条　選考委員会に付議すべき事項は以下とする。
①ノミネート映画の決定
②投票方法と集計方法の詳細
③投票結果の承認
④特別賞の審議と決定
⑤その他本賞選考に関わる事項

第12条　選考委員会の決定は多数決による。同数の場合は会長が決する。

第4章　ノミネート部会

第13条　選考委員会の下に小学生・中学生・高校生・大学生部会を編成する。

第14条　各部会の部会長は専務理事である。

第15条　各部会の部員は会員の中から自薦・他薦とし、部会長が推薦し、選考委員会が決定する。

第16条　部会の決定は、所定の方法により、各部員の最大3作までのノミネート推薦を受けての多数決による。同数の場合は部会長が決する。

第5章　候補映画の選抜と表示

第17条　本賞の候補映画は、DVD発売開始直後、まず事務局で選抜される。

第18条　選抜は学習かつ教育教材としてふさわしいと評価できるものに限る。

第19条　選抜DVDは、学会ホームページで表示する。

第20条　表示後、会員は選抜に漏れた映画DVDを、事務局に追加提案できる。

第6章　ノミネート映画

第21条　選考委員会は毎年1月上旬に、ノミネート映画を審査、決定する。

第22条　選考委員会の審査は以下の方法による。
①各部会から、『R指定』等を考慮して、3作以上の映画タイトルの提案を受ける。
②同一映画が重複した場合はいずれかの部会に審査、調整、補充する。
③各部会の最終ノミネートは原則として3作とする。
④選考委員会は部会からのノミネート提案映画を過半数の評決をもって否決することができる。
⑤また、過半数の賛成をもって追加することができる。

第7章　会員投票

第23条　投票は本学会会員による。

第24条　投票の対象は選考委員会によって決定されたノミネート映画のみとする。

第25条　投票期間は毎年、1月下旬から2月末日までとする。

第26条　投票の集計作業は原則として毎年3月1日、非公開かつ選考委員会立ち会いで、事務局

長責任の下、事務局により厳正に行う。

第27条　投票結果は各部とも1票でも多い映画をもって確定、同数の場合は部会長が決し、選考委員会の承認を受ける。

第28条　投票総数ならびに得票数はこれを公開しない。

第29条　投票方法と集計方法の詳細は選考委員会によって定める。

第8章　発　表

第30条　本賞は毎年3月初旬、受賞映画を発表する。

第31条　発表は適切な日時、場所、手段と方法による。

第32条　受賞の対象者は、原則として発表時点に、我が国でその映画メディアを発売している会社とする。

第9章　学会誌「映画英語アカデミー賞」

第33条　学会誌の、学会内での発行責任者は会長である。

第34条　学会誌の、学会内での編集責任者は学会誌担当専務理事である。

第35条　ただし、書店販売書籍としての、学会外での発行者は出版会社の代表者であり、「監修映画英語アカデミー学会」と表示する。

第36条　総合評価表（A5サイズ、見開き4ページ編集）

①学会HPで映画DVDが表示されたら、原則、その後2ヶ月を期限として総合評価表原稿を募集する。

②原稿は所定の見開き4ページ書式パソコンデータ原稿に限る。

③応募は本年度会費を納入したことが確認された会員に限る。

④応募期限終了後、学会誌担当専務理事は一定の基準により、その映画の担当部会を決し、その部会長に採用原稿の決定を諮問する。

⑤総合評価表の具体的項目と編集レイアウトは学会誌担当専務理事が出版会社と協議の上、適時、変更することができる。

第37条　部会別査読委員

①部会長は、部会内に若干名にて査読委員会を編成する。

②査読委員会は学会誌担当専務理事から諮問のあった原稿を精査する。

③部会長は査読委員会の報告に従って、採用原稿を決定する。

④部会長は採用に至らなかった原稿には意

見を付して会員に返却する。

第38条　詳細原稿（A5サイズ、約30頁）

①部門別アカデミー賞映画が決定されたら、学会誌担当事務理事は原則、各部会長を責任者として詳細原稿を依頼することがある。

②詳細原稿は所定のページ書式エクセル原稿に限る。

③詳細原稿には、著作権法に適法したワークシート数種含むものとする。

④詳細原稿の具体的項目と編集レイアウトは学会誌担当専務理事が出版会社と協議の上、適時、変更することができる。

第39条　学会誌担当専務理事はその他、出版社との連携を密にして適切に学会誌を編集する。

第10章　著作権

第40条　学会誌「映画英語アカデミー賞」に掲載されたすべての原稿の著作権は学会に帰属する。

第41条　ただし、原稿提出者が執筆実績として他の出版物等に掲載を希望する場合は書類による事前の申し出により、許可されるものとする。

第42条　学会はスクリーンプレイ社と契約し、学会誌の出版を同社に委託する。

第43条　前条に基づく、著作権使用料は全額を学会会計に計上する。

第44条　掲載の原稿執筆会員には、学会誌当該号につき、アカデミー賞担当会員で1名で執筆には10部を、2名以上の複数で執筆には各5部を、総合評価表担当会員には3部を無料で報償する。

第45条　理事会はすべての原稿につき、PDF化して学会ホームページに掲載したり、データベース化して同一覧表掲載したり、そのほか様々に広報・啓蒙活動に使用することがある。

第11章　細則の変更

第46条　本細則の変更は理事会構成員の3分の2以上が出席した理事会において、その過半数の同意を得て仮決定・実施されるが、その後1年以内に総会に報告、承認されなければならない。

第12章　付　則

第47条　本細則は、2017年（平成29年）3月11日に改定し、即日施行する。

支部会則

第1条 支部は映画英語アカデミー学会○○都道府県支部（○○ branch, The Academy of Movie English）と称する。

第2条 支部は毎年アカデミー賞受賞映画の鑑賞・学習会を主催するなど、本学会の事業をその地域的な実情に即してさまざまに創意・工夫して発案し、実行することを目的とする。

第3条 支部の事務局は原則として支部長または支部事務局長が勤務する職場におく。

第4条 本学会の会員は入会時に、原則として居住または主な勤務先が所在するどちらかの支部（支部なき場合は登録のみ）を選択する。その後は、居住または勤務が変更されない限り移動することはできない。居住または勤務地に変更があった時に一回限り移動することができる。

第5条 会員は所属支部以外のいずれの支部事業にも参加することができるが、所属支部（都道府県）以外の支部役員に就任することはできない。

第6条 支部に次の役員を置く。
①支部長　　1名
②副支部長　若干名
③支部委員　若干名
④事務局長　1名
⑤会計監査　2名

第7条 各役員の役割は以下の通りとする。
①支部長は支部委員会を招集し、これを主宰する。
②副支部長は支部長を補佐し、必要に応じて支部長を代理する。
③支部委員は支部の事業を協議、決定、実行する。
④事務局長は事務局を設置し、支部活動を執行する。
⑤支部長、副支部長、支部委員、事務局長は支部委員会を構成し、委任状を含む過半数の出席にて成立、多数決により議決する。

第8条 各役員の選出方法ならびに任期は以下の通りとする。
①支部長は支部委員会の合議によって決定される。
②副支部長・事務局長は支部委員会の互選による。
③支部委員は支部会員の中から支部委員会

が推薦し、支部総会において承認する。
④会計監査は支部委員以外の支部会員の中より支部長がこれを委嘱する。
⑤役員の任期は承認を受けた総会から翌々年度の総会までの2年間、1期とする。ただし、支部長の任期は最大連続2期とする。他の役員の再任は妨げない。
⑥役員に事故ある時は、残任期を対象に、後任人事を支部委員会にて決定することができる。

第9条 支部長は毎年1回支部大会を招集する。また支部委員会の要請により臨時支部大会を招集することがある。

第10条 支部結成の手順と方法は以下の通りとする。
①支部は都道府県単位とする。
②同一都道府県に所属する会員5名以上の発議があること。
③理事会に提案し、承認を得ること。
④発議者連名で所属内の全会員に支部設立大会の開催要項が案内されること。
⑤支部結成大会開催日時点で所属会員の内、委任状を含む過半数の出席があること。
⑥支部結成大会には、上記の確認のために、理事会からの代表者が出席すること。
⑦支部結成後はその都道府県内の全会員が支部に所属するものとする。

第11条 事務局長または支部長は会員個人情報管理規定（内規）にしたがって支部会員個人情報を責任管理する。

第12条 事務局長は会計および事務局員を任命し、支部委員会の承認を得る。

第13条 支部の経費は理事会から配分された支部活動費およびその他の事業収入、寄付金、助成金などをもってこれにあてる。

第14条 支部委員会は、毎年度末＝2月末日時点での会費払い込み済み支部所属会員数×1,000円の合計額を支部活動費として理事会から受け取ることができる。

第15条 会計は会計監査の後、毎年1回支部（会員）総会において会計報告、承認を受け、また理事会に報告しなければならない。

第16条 本支部会則の変更は理事会の提案により、全国総会の承認を受けるものとする。

第17条 支部会則は平成26年3月1日に改定し、即日施行する。

発起人

平成25年3月16日結成総会現在153名。都道府県別、名前（五十音順。敬称略）。主な勤務先は登録時点で常勤・非常勤、職位は表示されません。また会社名の場合、必ずしも会社を代表しているものではありません。

都道府県	名前	主な勤務先	都道府県	名前	主な勤務先	都道府県	名前	主な勤務先
北海道	穂元 民樹	北海道釧路明輝高等学校	福井県	原口 治	国立福井高等専門学校	〃	的馬 淳子	金城学院大学
〃	池田 恭子	札幌市立あいの里東中学校	山梨県	堤 和子	目白大学	〃	武藤美代子	愛知県立大学
〃	小林 敏彦	小樽商科大学	岐阜県	匿名	個人	〃	諸江 哲男	愛知産業大学
〃	道西 智拓	札幌大谷高等学校	〃	網野千代美	中部学院大学	〃	山崎 倬子	中京大学
福島県	高橋 充美	個人	〃	伊藤明希良	岐阜聖徳学園大学大学院生	〃	山森 孝彦	愛知医科大学
栃木県	日野 存行	株式会社エキスパートギグ	〃	今尾さとみ	個人	三重県	林 雅則	三重県立本名高等学校
埼玉県	設楽 優子	十文字学園女子大学	〃	今川奈津美	富田高等学校	滋賀県	大橋 洋平	個人
〃	チェンバレン暁子	聖学院大学	〃	岩佐佳菜恵	個人	〃	野村 邦彦	個人
〃	中林 正身	相模女子大学	〃	大石 晴美	岐阜聖徳学園大学	〃	八里 葵	個人
〃	村川 享一	ムラカワコンサルティング	〃	大竹 和行	大竹歯科医院	山口県	山口 治	神戸親和女子大学名誉教授
千葉県	内山 和宏	柏日体高等学校	〃	岡本 照雄	個人	〃	山田 優奈	個人
〃	大庭 香江	千葉大学	〃	小野田裕子	個人	京都府	小林 龍一	京都市立日吉ヶ丘高等学校
〃	岡島 勇太	専修大学	〃	加納 隆	個人	〃	中澤 大貴	個人
〃	高橋 本恵	文京学院大学	〃	北村 淳江	個人	〃	藤本 幸治	京都外国語大学
〃	益戸 理佳	千葉工業大学	〃	小石 雅秀	個人	〃	三島ナヲキ	ものづくりキッズ基金
〃	宮津多美子	順天堂大学	〃	小山 大三	牧師	〃	横山 仁規	京都女子大学
〃	大和 恵美	千葉工業大学	〃	近藤 満	個人	大阪府	植田 一三	アクエアリーズスクールオブコミュニケーション
東京都	石垣 弥麻	法政大学	〃	白井 雅子	個人	〃	小宅 智之	個人
〃	今村 隆介	個人	〃	千石 正和	個人	〃	太尾田真志	個人
〃	大谷 一彦	個人	〃	武山 箏子	個人	〃	竪山 隼太	俳優
〃	小関 吉直	保善高等学校	〃	東島ひとみ	東島獣医科	兵庫県	金澤 直志	奈良工業高等専門学校
〃	清水 直樹	エイベックス・マーケティング	〃	戸田 操子	くわなや文具店	〃	行村 徹	株式会社ワオ・コーポレーション
〃	杉本 孝子	中央大学	〃	中村 亜也	個人	香川県	日山 貴浩	尽誠学園高等学校
〃	杉本 豊久	成城大学	〃	中村 充	岐阜聖徳学園高等学校	福岡県	秋好 礼子	福岡大学
〃	平 純三	キヤノン株式会社	〃	長尾 美武	岐阜聖徳学園大学付属中学校	〃	Asher Grethel	英語講師
〃	堤 龍一郎	目白大学	〃	橋爪加代子	個人	〃	一月 正充	福岡歯科大学
〃	中垣恒太郎	大東文化大学	〃	古田 雪子	名城大学	〃	岡崎 修平	個人
〃	中村 真理	相模女子大学	〃	寶壺 貴之	岐阜聖徳学園大学短期大学部	〃	小林 明子	九州産業大学
〃	仁木 勝治	立正大学	〃	宝壷 直親	岐阜県立各務原高等学校	〃	篠原 一英	福岡県立福岡高等学校
〃	Bourke Gary	相模女子大学	〃	宝壷美栄子	生涯学習英語講師	〃	高瀬 春歌	福岡市立福翔高等学校
〃	道西 隆侑	JACリクルートメント	〃	吉田 譲	吉田胃腸科医院	〃	高崎 文広	日本赤十字九州国際看護大学
〃	三井 敏朗	相模女子大学	〃	鷲野 嘉映	岐阜聖徳学園大学短期大学部	〃	鶴田知嘉香	福岡常磐高等学校
〃	三井 美穂	拓殖大学	〃	渡辺 康幸	岐阜県立多治見高等学校	〃	鶴田里美香	楽天カード株式会社
〃	吉田 豊	株式会社M.M.C.	静岡県	久保田 真	フリーランス	〃	中島 千春	福岡女学院大学
神奈川県	安部 佳子	東京女子大学	愛知県	石川 淳子	愛知教育大学	〃	中村 茂徳	西南女学院大学
〃	今福 一朗	横浜労災病院	〃	伊藤 保憲	東邦高等学校	〃	新山 美紀	久留米大学
〃	上原寿和子	神奈川大学	〃	井土 康仁	藤田保健衛生大学	〃	Nikolai Nikandrov	福岡学園福岡医療短期大学
〃	上條美和子	相模女子大学	〃	井上 雅紀	愛知淑徳中学校・高等学校	〃	Haynes David	福岡学園福岡医療短期大学
〃	大月 敦子	相模女子大学	〃	梅川 理絵	南山国際高等学校	〃	福田 浩子	純真学園大学医学部循環器内科臨床科学講座
〃	鈴木 信隆	個人	〃	梅村 真平	梅村パソコン塾	〃	藤山 和久	九州大学大学院博士後期課程
〃	曽根田憲三	相模女子大学	〃	大達 誉華	名城大学	〃	三谷 泰	有限会社エス・エイチ・シー
〃	曽根田純子	青山学院大学	〃	久米 和代	名古屋大学	〃	八尋 春海	西南女学院大学
〃	羽井佐昭彦	相模女子大学	〃	黒澤 純子	愛知淑徳大学	〃	八尋真由実	西南女学院大学
〃	三浦 理高	株式会社キネマ旬報社	〃	小島 由美	岡崎城西高等学校	長崎県	山崎 祐一	長崎県立大学
〃	宮本 節子	相模女子大学	〃	子安 恵子	金城学院大学	熊本県	進藤 三雄	熊本県立大学
〃	八木優美紀	横浜清風高等学校	〃	柴田 真季	金城学院大学	〃	平野 順也	熊本大学
新潟県	近藤 亮太	個人	〃	杉浦恵美子	愛知県立大学	大分県	清水 孝子	日本文理大学
富山県	岩本 昌明	富山県立富山視覚総合支援学校	〃	鈴木 雅夫	スクリーンプレイ	宮崎県	南部みゆき	宮崎大学
石川県	須田久美子	北陸大学	〃	濱 ひかり	愛知大学	〃	松尾祐美子	宮崎公立大学
〃	安田 優	北陸大学	〃	松浦由美子	名城大学	鹿児島県	吉村 圭	鹿児島女子短期大学
福井県	長岡 亜生	福井県立大学	〃	松葉 明	名古屋市立平針中学校	海外	Alan Volker Craig	言語学者

理事会

映画英語アカデミー学会は、2013年3月16日結成大会にて、初代理事会が承認されました。

理事会 (2013年3月16日総会承認、2017.4.12修正、2017.4.27修正、2017.5.16修正、2018.1.29修正、2018.2.6修正、2018.4.1、2018.5.9修正、2018.5.11、2018.5.25修正)

役職	担当（出身）	氏名	主な勤務先
顧　　　問	レンタル業界	世良與志雄	CDV-JAPAN 理事長（フタバ図書社長）
〃	映画字幕翻訳家	戸田奈津子	神田外国語大学客員教授
〃	弁護士	矢部　耕三	弁護士事務所
会　　　長	学会代表	曽根田憲三	相模女子大学名誉教授
副 会 長	映画上映会	吉田　　豊	株式会社ムービーマネジメントカンパニー
〃	選考委員会	寳壺　貴之	岐阜聖徳学園大学
〃	出版業界	鈴木　雅夫	スクリーンプレイ
専務理事	大会	網野千代美	岐阜聖徳学園大学
〃	学会誌	小寺　　巴	スクリーンプレイ
〃	フェスティバル	高瀬　文広	日本赤十字九州国際看護大学
〃	ハード業界	平　純三	キヤノン株式会社
〃	レンタル業界	清水　直樹	株式会社ゲオ
〃	雑誌業界	三浦　理高	株式会社キネマ旬報社
〃	IT 業界	田野　存行	株式会社エキスパートギグ
〃	小学部会	子安　惠子	金城学院大学
〃	中学部会	松葉　　明	名古屋市立滝ノ水中学校
〃	高校部会	井上　雅紀	元愛知淑徳中学校・高等学校
〃	大学部会	安田　　優	関西外国語大学
〃	事務局長	鈴木　　誠	スクリーンプレイ
理　　　事	宮城県	Phelan Timothy	宮城大学
〃	埼玉県	設楽　優子	十文字学園女子大学
〃	千葉県	小暮　　舞	個人
〃	東京都	中垣恒太郎	専修大学
〃	神奈川県	宮本　節子	相模女子大学
〃	山梨県	堤　和子	目白大学
〃	富山県	岩本　昌明	富山県立富山視覚総合支援学校
〃	石川県	轟　里香	北陸大学
〃	福井県	長岡　亜生	福井県立大学
〃	岐阜県	寳壺　貴之	岐阜聖徳学園大学
〃	愛知県	久米　和代	名古屋大学
〃	三重県	林　雅則	三重県立木本高等学校
〃	滋賀県	Walter Klinger	滋賀県立大学
〃	京都府	小林　龍一	京都市立塔南高等学校
〃	大阪府	植田　一三	Aquaries School
〃	奈良県	石崎　一樹	奈良大学
〃	兵庫県	金澤　直志	奈良工業高等専門学校
〃	香川県	日山　貴浩	尽誠学園高等学校
〃	福岡県	八尋　春海	西南女学院大学
〃	大分県	清水　孝子	日本文理大学
〃	長崎県	山﨑　祐一	長崎県立大学
〃	宮崎県	松尾祐美子	宮崎公立大学
〃	鹿児島県	吉村　　圭	鹿児島女子短期大学
会　　　計		小寺　　巴	スクリーンプレイ
会計監査		前田　偉康	フォーイン
〃		菰田　麻里	スクリーンプレイ

ノミネート委員会

■小学生部（18名、平成28年10月7日現在）

東京都	土屋佳雅里	ABC Jamboree
愛知県	石川 淳子	愛知教育大学
〃	大達 誉華	名城大学
〃	河辺 文雄	春日井市立春日井小学校
〃	木下 恭子	中京大学
〃	久米 和代	名古屋大学
〃	黒澤 純子	愛知淑徳大学
〃	子安 惠子	金城学院大学
〃	柴田 真季	金城学院大学
〃	白木 玲子	金城学院大学
〃	杉浦 稚子	安城市立作野小学校
〃	戸谷 鉱一	愛知教育大学
〃	服部 有紀	愛知淑徳大学
〃	松浦由美子	名城大学
〃	的馬 淳子	金城学院大学
〃	矢後 智子	名古屋外国語大学
〃	山崎 僚子	名古屋学院大学
宮崎県	松尾麻衣子	（有）ARTS OF LIFE

■中学生部（9名、平成29年4月12日現在）

北海道	池田 恭子	札幌市立あいの里東中学校
千葉県	高橋 本恵	文京学院大学
東京都	竹市 久美	御成門中学校
福井県	伊藤 辰司	北陸学園北陸中学校
愛知県	比嘉 晴佳	個人
〃	松葉 明	名古屋市立滝ノ水中学校
三重県	井本 成美	三重県熊野市立有馬中学校
大阪府	能勢 英明	大阪市立本庄中学校
〃	飯田加壽世	株式会社ユニサラパワーソリューションズ

■高校生部（22名、平成30年5月11日現在）

北海道	若木 愛弓	苫小牧工業高等専門学校
福島県	吾妻 久	福島県立須賀川高等学校
〃	大石田 緑	福島県立あさか開成高等学校
群馬県	亀山 孝	共愛学園高等学校
茨城県	多尾奈央子	筑波大学附属駒中・高等学校
千葉県	小暮 舞	個人
神奈川県	伊藤すみ江	個人（元川崎市立総合科学高等学校）
〃	清水 悦子	神奈川県立百合丘高校
〃	中原 由香	ECCジュニア
富山県	岩本 昌明	富山県立富山視覚総合支援学校
岐阜県	日比野彰朗	岐阜県立岐阜北高等学校
愛知県	井上 雅紀	元愛知淑徳中学校・高等学校
〃	岡本 洋美	東邦高等学校
〃	大橋 昌弥	中京大学附属中京高中高等学校
〃	濱 ひかり	東邦高等学校
〃	平尾 節子	元国立京都工芸繊維大学
〃	林 雅則	三重県立本本高等学校
三重県	上田 敏子	大阪女学院高等学校
大阪府	清原 輝明	TK プランニング
〃	谷野 圭亮	大阪教育大学大学院生
〃	由谷 晋一	津田英語塾
福岡県	篠原 一英	福岡県立久留米高等学校

■大学生部（51名、平成30年5月22日現在）

北海道	小林 敏彦	小樽商科大学
宮城県	Timothy Phelan	宮城大学
埼玉県	設楽 優子	十字学園女子大学
〃	チェンバン暁子	日本大学
千葉県	大庭 香江	千葉大学
〃	岡島 勇太	専修大学
〃	宮津多美子	順天堂大学
東京都	石垣 弥麻	法政大学
〃	今村 隆介	個人
〃	小嶺 智枝	明治大学・中央大学
〃	中村 真理	相模女子大学
〃	水野 資子	目白研心中学校高等学校
〃	三井 敏朗	都留文科大学
〃	三井 美穂	拓殖大学
神奈川県	岩坪 明美	相模女子大学
〃	上原寿和子	電気通信大学
〃	近江 萌花	相模女子大学
〃	曽根田憲三	相模女子大学
〃	田中 浩司	防衛大学校
〃	田中 優香	相模女子大学
〃	堤 龍一郎	相模女子大学
〃	宮本 節子	相模女子大学
山梨県	堤 和子	目白大学
石川県	井上 裕子	北陸大学
〃	轟 里香	北陸大学
〃	船本 弘史	北陸大学
福井県	長岡 亜生	福井県立大学
〃	原口 治	国立福井工業高等専門学校
岐阜県	古田 雪子	名城大学
〃	寳инт地 貴之	岐阜聖徳学園大学
愛知県	井土 康仁	藤田保健衛生大学
〃	小林憲一郎	南山大学
〃	杉浦惠美子	愛知県立大学
〃	田中 里沙	金城学院大学
〃	服部しのぶ	藤田保健衛生大学
〃	諸江 哲男	愛知産業大学
滋賀県	Walter Klinger	
京都府	藤本 幸治	京都外国語大学
〃	村上 裕美	関西外国語大学短期大学部
大阪府	植田 一三	Aquaries-School of Communication
〃	朴 真理子	立命館大学
〃	安田 優	関西外国語大学
奈良県	石崎 一樹	奈良大学
兵庫県	金澤 直志	奈良工業高等専門学校
〃	行村 徹	株式会社ワオ・コーポレーション
福岡県	秋好 礼子	福岡大学
〃	小林 明子	九州産業大学
〃	高瀬 文広	日本赤十字九州国際看護大学
〃	八尋 春海	西南女学院大学
宮崎県	松尾祐美子	宮崎公立大学
熊本県	平野 順也	熊本大学

リスニングシート作成委員会

委員長		鈴木 雅夫	（副会長）
委 員		Mark Hill	（スクリーンプレイ）
〃		Bourke Gary	（相模女子大学）
〃		Walter Klinger	（滋賀県立大学）
〃	中学担当	小池 幸子	（鎌倉市立第一中学校）
〃	中学担当	水野 資子	（目白研心中学校高等学校）
〃	高校担当	小暮 舞	（個人）
委 員	高校担当	岩本 昌明	（富山県立富山視覚総合支援学校）
〃	大学担当	大庭 香江	（千葉大学）
〃	大学担当	松尾祐美子	（宮崎公立大学）
〃	上級担当	石崎 一樹	（奈良大学）
〃			映画英語アカデミー学会会員有志
協 力			スクリーンプレイ編集部

■映画英語アカデミー学会に入会希望の方はこの用紙を使用してFAX または郵送にてご連絡ください。
For those who wish to join The Academy of Movie English (TAME), please complete this form and send by FAX or post.

Tel: 052-789-0975　Fax: **052-789-0970**　E-mail：**office@academyme.org**

送付先は、〒464-0025 名古屋市千種区桜ヶ丘292 スクリーンプレイ内 TAME 事務局
Please send applications to：〒464-0025 TAME Office, Screenplay Dept., Sakuragaoka 292, Chikusa, Nagoya.

■学会ホームページに接続されると、メールで申し込みができます。http://www.academyme.org/index.html
Applications can also be made via the TAME website or by e-mail.

映画英語アカデミー学会入会申し込み用紙
Application to join The Academy of Movie English (TAME)

氏名 Name	フリガナ			フリガナ	
	姓 Family name			名 Given name	
E-mail					
自宅 Home	住所 Address	〒　　-			
	電話 Phone number	-　　　-		FAX FAX number	-　　　-
職場 Work	名前 Company or Academic Institute				
	所属				
学校 Academic	住所 Address	〒　　-			
	電話 Phone number	-　　　-		FAX FAX number	-　　　-
所属支部 Preferred branch		□自宅地域 Home Area		□職場地域 Work/Academic Institute Area	
郵便物送付 Preferred mailing address		□自宅優先 Home		□職場優先 Work/Academic Institute	
部会 Group	委員 Membership	次のノミネート部会委員を引き受ける用意がある。 I would like to participate as a member of the following group. □小学生部会　□中学生部会　□高校生部会　□大学生部会 Elementary group　Junior high school group　High school group　University group			

後日、入会の確認連絡があります。万一、一ヶ月以上経過しても連絡がない場合、ご面倒でも事務局までご連絡ください。
TAME will send confirmation of your application once it has been received. Please contact the office if you do not receive confirmation within one month.

映画英語アカデミー学会

TAME (*The Academy of Movie English*)

賛助会員 入会申込み用紙

年　　月　　日

映画英語アカデミー学会の会則を承認し、賛助会員の入会を申し込みます。

会社名	社　名	（フリガナ）			
	住　所	〒			
担当者名	氏　名	（フリガナ）		年　　月　　日生	
	部署名		職　位		
	電　話		ＦＡＸ		

（上記は、書類の送付など、今後の連絡先としても使用しますので正確にご記入下さい）

◇賛助会費について◇

賛助会費	年会費２０,０００円を引き受けます。

この用紙は右記まで、郵送するか
ＦＡＸにて送付してください。

映画英語アカデミー学会事務局
〒465-0025 名古屋市千種区桜が丘292 スクリーンプレイ内

TEL: (052) 789-0975　ＦＡＸ: （０５２）７８９-０９７０

著 者

石田　理可　（愛知学院大学）

井上　雅紀　（元愛知インターナショナルスクール）

上原寿和子　（電気通信大学）

大庭　香江　（千葉大学）

岡島　勇太　（専修大学）

金指　早希　（個人）

上條美和子　（相模女子大学）

國友　万裕　（同志社大学）

黒澤　純子　（愛知淑徳大学）

小暮　　舞　（個人）

子安　惠子　（金城学院大学）

設楽　優子　（十文字学園女子大学）

白木　玲子　（金城学院大学）

轟　　里香　（北陸大学）

長岡　亜生　（福井県立大学）

中垣恒太郎　（専修大学）

能勢　英明　（大阪市立本庄中学校）

林　　雅則　（三重県立木本高等学校）

寶壺　貴之　（岐阜聖徳学園大学）

松葉　　明　（名古屋市立滝ノ水中学校）

松家由美子　（静岡大学）

水野　資子　（目白研心中学校高等学校）

三井　敏朗　（都留文科大学）

宮澤　沙菜　（個人）

森　　健二　（Happy Science University）

安田　　優　（関西外国語大学）

山﨑　僚子　（名古屋学院大学）

山本　幹樹　（熊本大学）

敬称略。各五十音順。
（）内は発行日時点での主な勤務先です。職位は表示されません。

第7回映画英語アカデミー賞®

発　　　行	2018年7月2日初版第1刷
監　　　修	映画英語アカデミー学会
著　　　者	子安惠子、能勢英明、小暮　舞、國友万裕、他24名
編　集　者	小寺 巴、菰田麻里
発　行　者	鈴木雅夫
発　売　元	株式会社フォーイン　スクリーンプレイ事業部
	〒464-0025 名古屋市千種区桜が丘292
	TEL：（052）789-1255　FAX：（052）789-1254
	振替:00860-3-99759
印刷製本	株式会社コスモクリエイティブ

定価はカバーに表示してあります。無断で複写、転載することを禁じます。

乱丁、落丁本はお取り替えいたします。

Printed in Japan ISBN978-4-89407-592-4